sapientia
サピエンティア 62

ジェンダー・階層・帝国の台湾史

誰の日本時代

誰的日本時代

洪郁如［著］

法政大学出版局

はしがき

「日本時代」とは何か。それは一八九五～一九四五年に台湾が日本の植民地として統治された時期を指している。台湾語では「日本時代（リップンシーダイ）」という語彙が使われている。この言葉には、「占拠」「占領」「統治」などのいずれの語も伴わない。「オランダ時代」「清朝時代」などの語彙と同様に、日常生活では個人、家族そして台湾社会の歴史の一時期を指すのみで、それ以上でも以下でもない。

近年、日本社会に生きる人々が台湾に親しみを感じるのは、この「日本時代」の解釈とそこから派生したイメージに由来する部分が大きい。戦後日本の台湾認識は日台関係の展開と密接に連動しているが、この「日本時代」が浮上してきたのは、もう少し後のことであった。脱帝国化の課題に国家レベルで取り組むことのなかった戦後日本において、かつての植民地だった台湾の記憶が薄れていった。台湾のイメージは、蔣介石、中国国民党、そして中華民国の形象によって上書きされてしまった。一九五〇年代の台湾海峡危機、六〇年代以降のアジアＮＩＥＳの一員としての経済発展など、時事的な意味でメディアに取り上げられる頻度は増加したものの、台湾社会そのものへの関心にはつながらなかった。

日本語世代の台湾人の存在は、比較的早い時期から訪台日本人や、いわゆる台湾通の間には知られていたが、彼女ら／彼らが日本の一般社会で「発見」されたのは、ようやく李登輝総統の時代になってからである。この時代に、日本の台湾認識は大きく転換した。民主化運動の高まりのなかで、初めての台湾出身の中華民国総統の登場が大きなインパクトを与えていた。戦前に京都帝国大学に在学していた李は、日本語による強い発信力を持ち、司馬遼太郎との対談である「場所の悲哀」、あるいは司馬の『台湾紀行』の出版により、九〇年代の日本では新たな台湾イメージが広がった。同時期のテレビ番組や雑誌の特集では、日本語世代の人々がしばしば取材され、彼女ら／彼らの日本時代の回想が日本でも多く紹介されていた。日本統治下の台湾の記憶が半世紀近くを経て戦後の日本社会に蘇ったのだが、そこで語られた日本時代こそが、「親日台湾」のイメージの基調を導くことになったのである。

同時期に、台湾認識を深める新しい方向性も現れてきた。四年に一度の台湾総統選挙は、民主政治の実践、多元的な価値への尊重を世界に向けて繰り返しアピールする効果を持った。日本人観光客も年々増加し、二〇一九年には二〇〇万人を突破、また高校の海外修学旅行の目的地の一位ともなった。実際に台湾現地を訪問することにより、食文化や風土への興味・関心は高まっている。しかし、実際に接する機会が増えても、これまで流通していた親日イメージを揺るがすには至っていない。それどころか、現地体験により親日イメージが強化される側面さえ見られたのである。

台湾のなかの「日本」について、日本側による過剰な意味付与に警鐘を鳴らし、批判的な見解を示した研究や書物は少なくない。たとえば、戦前台湾の中南部にある大規模な灌漑施設「嘉南大圳」とその建設に携わった土木技師八田與一にまつわる言説の検証(1)、あるいは台湾各地で目にすることのできる日本時代の建築物(2)、旧植民地に残された日本語(3)、日本時代まで遡って丁寧に記載された学校史(4)、亡くなった日本人を祀る宗教施設の意味など(5)を対象とする一連の研究がある。日本時代を思わせる事物を残し、もしくは保存し、これを重視することは、日本の植民統治自体への肯定的な評価を意味しない。台湾社会自身の文脈を無視し、日本の視点からしか見ようとしない独善的な態度には、各論者は自省を促すべく問題提起してきている。安易な植民統治肯定論に流されないよう、それぞれの事物の今日的な意味を「親日」からは峻別して評価するよう、多くの研究者が努力してきた。しかし一方で、日本時代に生きた人間の歴史的体験と記憶への理解は、今なお九〇年代に構築された言説に大きく依存したままである。

日本の植民統治は、当時の台湾の人々とその後の人生を、どのように規定していったのか。本書は、この問いを意識して、まず日本語を駆使することのできる戦前生まれの台湾人、すなわち「日本語人」とも呼ばれる人々の語りを分析する。日本社会でその語りがどのように換骨奪胎され、親日の語りとみなされてきたかについて検証を行う。さらに、世代間の日本時代をめぐる歴史的記憶の差異も問題とする。「日本時代」をより深く理解するため、書かれなかった、語られなかった民衆層の歴史体験に取り組むことが非常に大切である。第二章以降の展開で、とくに意識したのは、以下の四点である。

第一に、学校教育の周縁や外側に排除された人々に焦点を当てることである。このことは日本教育を受けた人々の経験を重視しないという意味ではない。教育受益者は文字記録を残す機会や能力に恵まれ、そのテクストの多くは保存・整理・引用され、日台双方で比較的知られている。[7]これに対し、植民地社会では教育を受けることのなかった多数派の人々は、読み書き能力を持たず、それゆえ文字記録を残す手段を持たなかった。[8]後者の人々に関する記録は、台湾史研究において蓄積が薄い。彼女ら／彼らは戦後日本との「再会」に際しても、当然ながらメディアなどを通して声を伝えることもできなかった。

第二に、植民地教育の周縁や外部の人々は、農山漁村の住民と都市部の労働者層を含め、日本統治期の台湾民衆層の大半を占める。このような出自を持つ家族は、実のところ戦後台湾の市民社会を構成する主体であり、社会の底辺と捉えることは妥当ではない。前述の一点目に関連して言えば、日本時代に関する家族の記憶は、戦後世代に継承されることが難しいなかで、空白のまま放置されるか、あるいはしばしば他者の記憶にすり替えられたともいえる。

第三に、ジェンダーの視角から、帝国と植民地における重層的な権力関係のもとに不可視化されてきた女性たちの姿を浮き彫りにすることである。彼女たちの日本時代は、家という規範の上に、帝国と植民地という政治環境が覆い被さっており、さまざまな制約により規定されていた。帝国植民地の台湾内外における女性の移動を取り上げた第六章は、彼女たちの日本時代の歴史記憶の足跡を辿る地図になる。第七章は在台日本人女性の歴史体験に着目した事例研究である。日本人の「台湾時代」は、時間と空間軸から見れば、台湾人の「日本時代」と対になるはずだが、前者については「湾生」が注目されながらも十分な研究蓄積がなされていないのが現状である。(9) ここでは台湾人女性が性別規範のもとで経験した「日本時代」と対照する意味で、日本人女性が妻、母としての「台湾時代」の体験を個人史、家族史的な意味に限定して考察している。

第四に、戦後史を視野に入れることである。日本時代が残した影響の深さを知るためには、人々の戦後の歩みについての分析が欠かせない。第八、第九章は、少国民世代の一人だった作家、嶺月の文学活動と、日本教育とは縁遠い農村家庭出身の兄弟二人が歩んだ進学と就職の経験を通してそれぞれ検証する。戦後の視点から振り返る形で、「日本時代」が個人史と家族史に残した足跡を明らかにする。

二〇二〇年には、日本の台湾認識の転換を象徴する二つの大きな出来事が重なった。一つは李登輝元総統の逝去である。戦前世代の日本語使用者に大きく依存してきた日本の台湾認識を、世代交代に備えて更新すべきだとは、以前から日台関係者の間でしばしば提起されているところである。もう一つは新型コロナウイルス感染症の世界的大流行である。これまで緊密だった日台の往来はコロナ禍により中断されたが、卓越した感染症対策が世界に注目された台湾に対し、日本社会の側からの関心はいっそう高まることになった。台湾関連の報道内容は、これまでとは一変し、政治制度、医療政策、人材登用、ＬＧＢＴ人権の先進性、そして中国との関係などまで、広範な内容を含むようになっている。

「台湾を知る」営みが新しい段階に入っている。台湾のいまを知るためには、台湾の過去、日本が深く関わった時代に正面から向き合う作業が避けて通れない。語られてきた日本時代と、語りの外側に置かれてきた人々の日本時代について、本書は新たな視座を提供しようとするものである。真摯な姿勢で歴史に向き合うことができるならば、未来に繋がるわれわれの絆はさらに深まっていくものと確信している。

注

（1）胎中千鶴『植民地台湾を語るということ——八田與一の「物語」を読み解く』追補改訂版、風響社、二〇二〇年。清水美里『帝国日本の「開発」と植民地台湾——台湾の嘉南大圳と日月潭発電所』有志舎、二〇一五年。

（2）上水流久彦「台湾の植民地経験の多相化に関する脱植民地主義的研究——台湾の植民地期の建築物を事例に」三尾裕子・遠藤央・植野弘子編『帝国日本の記憶——台湾・旧南洋群島における外来政権の重層化と脱植民地化』慶應義塾大学出版会、二〇一六年、二六一—二八八頁。上水流久彦「台北市古蹟指定にみる日本、中華、中国のせめぎ合い」植野弘子・三尾裕子編『台湾における〈植民地〉経験——日本認識の生成・変容・断絶』風響社、二〇一一年、二二五—五三頁。

（3）安田敏朗『かれらの日本語——台湾「残留」日本語論』人文書院、二〇一一年。上水流久彦「自画像形成の道具としての「日本語」——台湾社会の「日本」を如何に考えるか」五十嵐真子・三尾裕子編『戦後台湾における「日本」——植民地経験の連続・変貌・利用』風響社、二〇〇六年、一八七—二一六頁。

（4）林初梅「湾生日本人同窓会とその台湾母校――日本人引揚者の故郷の念と台湾人の郷土意識が織りなす学校記憶」所澤潤・林初梅編『台湾のなかの日本記憶――戦後の「再会」による新たなイメージの構築』三元社、二〇一六年、二五三―二九七頁。

（5）三尾裕子「植民地経験、戦争経験を「飼いならす」――日本人を神に祀る信仰を事例に」『日本台湾学会報』第一九号、二〇一七年、一四―二八頁。林美容・三尾裕子・劉智豪「田中綱常から田中将軍への人神変質――〈族群泯滅〉の民衆史学」『日本台湾学会報』第一九号、二〇一七年、五〇―七〇頁。

（6）台湾語には、日本植民統治期に台湾で実施された学校教育全般を指す「日本教育（リップンガウギョッ）」という語彙がある。ただ単に「日本の教育」や「日本語教育」を意味するに止まらず、「日本」という時代に、「日本」という統治主体によって実施されたことに重点を置いた表現である。このため本書では、文脈限定的な「日本教育」をそのまま使用することにする。

（7）日本時代に学校教育を受けた台湾人に関する出版物や先行研究は多数にのぼる。本書では第一章を除き、主たる研究対象からは除外している。

（8）台湾の中央研究院台湾史研究所と行政院農業委員会の共同研究プロジェクト「台湾農村社会文化調査計画」は、二冊の聞き取り調査記録を出版している（許雪姫編『田庄人的故事（一）』中央研究院台湾史研究所、二〇二〇年、黄仁姿編『田庄人的故事（二）』中央研究院台湾史研究所、二〇二〇年）。そのうち戦前生まれのインフォーマントの証言は約一〇名分、収録されている。彼女ら／彼らはいわゆる日本語人とは異なる人々であり、本書に連続するような日本時代の歴史体験が語られている。その他、数は少ないが、一九九〇年代以降の女性史関連の聞き取り調査にも農山漁村出身者の語りが含まれている。

（9）顔杏如による在台日本人に関する以下の研究を参照。顔杏如「流転的故郷之影：殖民地経験下在台日人的故郷意識、建構與転折」若林正丈・松永正義・薛化元編『跨域青年学者台湾史研究論集』稲郷出版社、二〇〇八年、一七三―二一七頁。顔杏如「歌人尾崎孝子的移動與殖民地経験：在新女性思潮中航向夢想的「中間層」」『台湾史研究』中央研究院台湾史研究所、二三巻二期、二〇一六年、六五―一一〇頁。

誰の日本時代◎目次

凡例

1　文中の（　）は筆者の説明。引用箇所について、（　）は原文通りで、〔　〕は原文の注釈、〔　〕は筆者による注釈である。

2　人名を含め旧字体の漢字は、原則として常用漢字で表記した。

3　一次文献の戦前の仮名遣いは原則として原文表記にしたがうが、日記や手紙は現代の仮名遣いに直した。また読みやすさを考慮して適宜句読点を加えた。

第一章　理解と和解の間
「親日台湾」と歴史の記憶

台中州立台中第一中学校の卒業写真（1945年）。同校は1915年に設置された全島最初で唯一の台湾人男子を対象とした中学校
出所：台湾，文化部国家文化記憶庫
(https://memory.culture.tw/Home/Detail?Id=digitalculture.tw.taichung.6002&IndexCode=TSNCDM)

はじめに——台湾は「親日」か

和解とは何か。『大辞泉』では「争っていたもの、反発しあっていたものが仲直りすること」と定義されている。言い換えれば、衝突や争いがまず先にあるからこそ和解の必要が生じる。しかし、日本植民地統治と戦争体験に関わる台湾の言説状況を「和解」の文脈から考えると、恐らくわれわれは多くの不可解に直面することになる。帝国日本の侵略と支配を経験した近隣の中国や韓国は、歴史認識と戦争責任をめぐって日本との間に政治・外交の場で、あるいは民間の言論においても絶えず摩擦と衝突を繰り返している。両国と比較した場合、台湾は常に「親日」という修飾語を冠され、あたかも和解の課題とは遠く隔たり、甚だしく異なる存在のようである。「親日」は、そのまま日本植民統治に対する台湾の歴史評価であるかのように見なされ、各種の言論空間に氾濫している。「親日台湾」は固有名詞として、「反日韓国」「反日中国」とは対極的な存在とされている。このように単純化された図式は、今日の日本社会において、歴史問題をめぐる東アジア諸国の立場を認識する枠組みとして常用されている。

過去の歴史に対する台湾人の「非批判的な語り」をいかに理解すべきであろうか。一九九〇年代以降の日本社会では以下の四つのタイプの解釈が見受けられる。第一の解釈は、「親日」を日本植民地統治の正当性の証と見なすものである。台湾の日本教育を受けた世代からの称賛が批判よりも多いことをもって、日本の統治は収奪目的の欧米帝国主義と異なり、植民地に大いに恩恵を施した「良心的な統治」であったという論調である。第二の解釈は、国民党統治という台湾人の戦後経験に着目するものである。一九四七年の二・二八事件とその後の白色テロが、国民党政権の「後進性」と「非文明的」な性格を明白にするとともに、台湾人が秩序ある古き良き「日本時代」を懐かしむようになった、つまり眼前の「中国の悪」が台湾人に過去の「日本の善」を再認識させたという解釈である。このタイプの「親日」解釈は比較によるある種の「客観性」を強く暗示している。「親日」は日本に対する肯定だけではなく、中国に対する嫌悪感の表出でもある点が強調されている。第三のタイプは、台湾人の戦略によるという説明である。日本時代を肯定する言説は、対内的には国民党批判の戦略につながり、対外的には日本の支持を確保し、両岸関係が緊張した際には、中国政府をけん制する手段ともなる。第四のタイプは、ライフ・コースの観点から、戦前世代が自らの青春の記憶を懐かしみ、ある種のノスタルジアの表出として「親日」をとらえる立場である。それは日本時代を肯定することにより、自らの半生を肯定的に位置づける行動とされる。

第一の「植民有理」的な解釈は、台湾まで広く知られ、とくに、二〇〇一年に小林よしのりの『台湾論』の中国語訳が出版された後、文化界、学界、政界で大きな論争が起こった。日本のマスコミに取り上げられた「日本語人」(1)の発言について、文化界や学界では旧植民地出身者の言葉は日本国内の政治勢力に利用されやすいので、当事者の真意がどうであれ、こうした発言は慎むべきだという声があり、他方ではこの現象は台湾の歴史的主体性の脆弱さが露呈したものであるといった指摘があった。台湾島内では、日本語人が『台湾論』に登場したことは「台湾独立主義と日本右翼勢力の結盟」とのレッテルを貼られた。こうした言論は、当時の陳水扁政権を攻撃する材料として、政治闘争にまで発展したのである。(2)

第二、第三のタイプの解釈は、植民地の歴史そのものに対する関心というよりも、九〇年代以降の日本社会における対中意識に左右された部分が大きい。そのためここでは詳論しない。第四の言説は、日本自体を語るものではなく、台湾人が自己＝台湾を語るための道具として「日本」をとらえるものである。こうした語りについて、人類学者の上水流氏は「〈自画像〉の形成」に状況依存的に選択されたものであり、この「日本」を過大評価することはできない、と指摘している。(3)

本章は、「和解」に至る長い道のりの第一歩である「理解」に重点を置き、近現代台湾社会研究の視角から「非批判的な語り」に表れた台湾の「親日」イメージについて考察を加えてみたい。

1　「日本語人」と日本語テクストの特徴

最初に、問題の整理を試みたい。

第一に指摘できるのは、「日本語人」による日本語テクストの特殊性と限界性である。台湾社会が日本統治期の歴史をいかに評価してきたかについて、日本では「日本語人」のインタビュー、回想録、自伝などを含めた日本語テクストに手掛かりを求めることが多い。(4) しかしながら、植民地支配の終焉後、数十年の歳月を経た今日、なおも日本語で発話しようとする行為自体が、強い意志に裏付けられていると見るべきである。まず、言語面から見ると、植民地学校教育を受けた彼ら／彼女らにとって、日本語は思考し表現するための主要言語となっていることが明らかである。次に、日本語で話すという選択には、日本社会に対する発信力が意識されている。日本語は今日の台湾では外国語であり、日本語で訴える対象は当然、台湾社会ではなく日本社会である。日本で出版された書物、日本人学者による聞き取り調査においては、こうした発話者の意識はさらに明白であろう。この言語・発話的特殊性を考えると、語る相手として台湾社会を想定しない「日本語人」の発言やテクストが、翻訳されて台湾国内に逆輸入された結果、強烈な社会的反応が引き起こされたのも当然であろう。

第二に、一般的な認識において、台湾の戦前世代と「日本語人」は常に等号で結ばれてきたことである。しかし、戦前の台湾社会ではむしろ、日本語と無縁な「非日本語人」が大多数を占めた。かつて筆者は、「日本語人」と「非日本語人」の階層的断絶の問題を指摘したことがある。[5]つまり、台湾人における日本文化と言語の浸透度には、日本語人と非日本語人の区分けに見られる階層的な区別が大きく関わっていたのである。日本統治下の台湾では、エリート層と民衆層の経済的分化と同時に階層間の文化的な分化も進行していた。地主層を温存した植民地経済構造は、台湾の社会的格差を拡大し、教育機会の有無は集団ごとに異なる歴史的経験と歴史認識をもたらした。日本教育の多寡が台湾人の社会階層のシンボルとして機能し、そして日本語の使用は識別の身体的記号ない

台北第三高等女学校新入生の台湾神社参拝，1934 年 4 月 5 日
出所：『台北第三高等女学校第十五回卒業記念帖』1938 年

し表現となっていた。植民地台湾の「非日本語人」の存在に対する戦後日本人の意識は希薄である。六〇年代でも台北を訪れた日本人は、「街に出て買い物をする時などは中年の人に話しかければたいてい通じる。話しかけて日本語が通じなければ三十歳以下か外省人と思えばよい」という認識であった。(6)日本人の一般的な認識では、「親日」でない台湾人は「外省人」(7)か「若い人」だといい、日本語による区分けに類似した認識構図を示している。これはつまり、台湾の「親日」イメージが、日本語のテクストに過度に依存していた結果でもあった。

第三に、「良いところと悪いところ」論が「日本時代」評価の典型である。「良いところ」の評価として、二つの事象が常に挙げられる。一つは衛生、交通、産業、教育などいわゆる「近代化」の指標となるインフラ整備であり、もう一つは個人の経験における「良い日本人」の存在であり、具体的には植民地の民族差別を超えた日本人の親友、恩師への深い思いであった。

興味深いのは、「親日」と見なされる日本語人の著作のなかでは、例外なく「悪いところ」にも言及していることである。日本の読者への配慮や日本側の出版社の意思に左右された結果、「良いところ」に比べれば、書籍で「悪いところ」に関する記述が占める比重はきわめて少ない。(8) ともあれ「悪いところ」は、差別の問題に集約される。「近代化」の賞賛は戦後台湾の政治力学の影響を大きく受けているのに対し、差別の問題は、当時の青少年の心に残された生々しい記憶と傷痕そのものであった。「親日」の代表格と見なされるベストセラー『台湾人と日本精神』(9) も例外ではなかった。

日本語テクストの差別に関する語りは、たいてい二つの内容を含んでいる。①制度的次元において、進学、定員枠の日本人優遇と台湾人差別など、植民統治下の教育システムの不平等、②経験的次元において、学校現場で日本人教師や生徒から受けた差別である。この種類の語りを見ると、差別体験者の当時の対応は、これを運命として忍受するか、もしくは消極的な抵抗に止まることがほとんどであった。言い換えれば、回想のなかの青年たちは大半が「体制内の抵抗」(当然、積極的な抵抗や植民体制の外側に出口を求める者もいたが、こうした歴史を記述した、日本で出版された日本語テクストは少ない)に終始したのであった。

個人の植民地差別体験において救いとなったのが、さきほど「良いところ」で挙げた、平等に接してくれた日本人の親友、恩師の存在であった。しかしここでは植民地支配関係という外部構造において、日本人の「友情」「温情」に救いを求めることに内包される不信感にむしろ注目したい。台湾最初の女性記者、楊千鶴が一九四二年に発表したチャイナドレス着用の心境を綴った文章は、この問題を婉曲な表現で提起している。内地人の友人は自分のチャイナドレス姿を常に褒めてくれたが、これと対照的だったのが、冷たい視線と言葉で責めてきた通りすがりの日本人女性であった。彼女たちは「内地人女性」という属性を共有していたが、「友人」であるか否かで、チャイナドレスの自分に対する態度が異なってくる。個人のつながりが抜きとられた場合、単なる「内地人（日本人）」と「本島人（台湾人）」といった支配と被支配の権力関係だけが残る。攻撃から身を護るための貴重な砦も、万能ではないことに彼女は気付いたのである。(10)

構造的な差別のもとでも、善意の「良い日本人」との親密な付き合いが戦後に至るまで懐古されているのである。さらに、「良いところと悪いところ」の語りがほとんど学校空間での経験に限定されていたことも一つの重要な特徴であった。

2　戦前世代の記憶と差異

本章の後半では、世代間の「日本時代」をめぐる歴史の記憶の差異について整理したい。

まず、戦前世代は、学校教育で帝国中心の歴史記述の洗礼を受けたが、その年齢と教育年数により、記憶の濃淡は一様ではなかった。図1は青少年期が一九四五年をまたぐ複数の世代を示している。ここからわかるように、教育現場で与えられた皇国臣民としての「日本人」アイデンティティの濃度は、戦前世代の間でも異なる。一九三〇年以前生まれの知識人は、おおよそ一九四五年以前に中学校、女学校の全課程を修了した世代となる。一九三〇年以降に生まれた世代は、五年程度の差とはいえ、皇民化教育の下で中等教育または初等教育を受け、その途中で日本植民統治の終焉を迎えた「少国民」に属す人々であった。一九二五年生まれの世代は、終戦時は二〇歳、一九三〇年生まれの世代は一五歳、一九三五年生まれは一〇歳であった。[11]

日本統治期の台湾の公学校では、歴史教育に即して言えば、日本史を植民地自身の歴史として教え、台湾人児童に日本を「わが国」として植え付けようとするのが特徴であった。教科書の中の台湾は歴史を持たない単なる地理的空間にすぎず、つまり「過去のない郷土」であったという。[12]少国民たちが教わった歴史がどのような範囲まで影響を及ぼしたのか、年齢層と人口規模から把握してみたい。まず、年齢を縦軸に下限を提示しよう。筆者の聞き取り調査によれば、日本教育の記憶と当時の出来事を確実に語ることができたのは、すくなくとも一九四五年時点において初等教育の高学年か中等教育に在籍中であった世代の人々である。この経験を考慮し、一九三五年頃に生まれ、一九四一年に国民学校に入学し、四年時(約一〇歳)に日本教育の終末を迎えた世代を、日本教育の影響を受けた年齢的な下限とする。[13]次に、同世代でどれほど「日本教育」の経験を共有するかに

図1　戦前世代の出生年から見た日本統治の経験年数

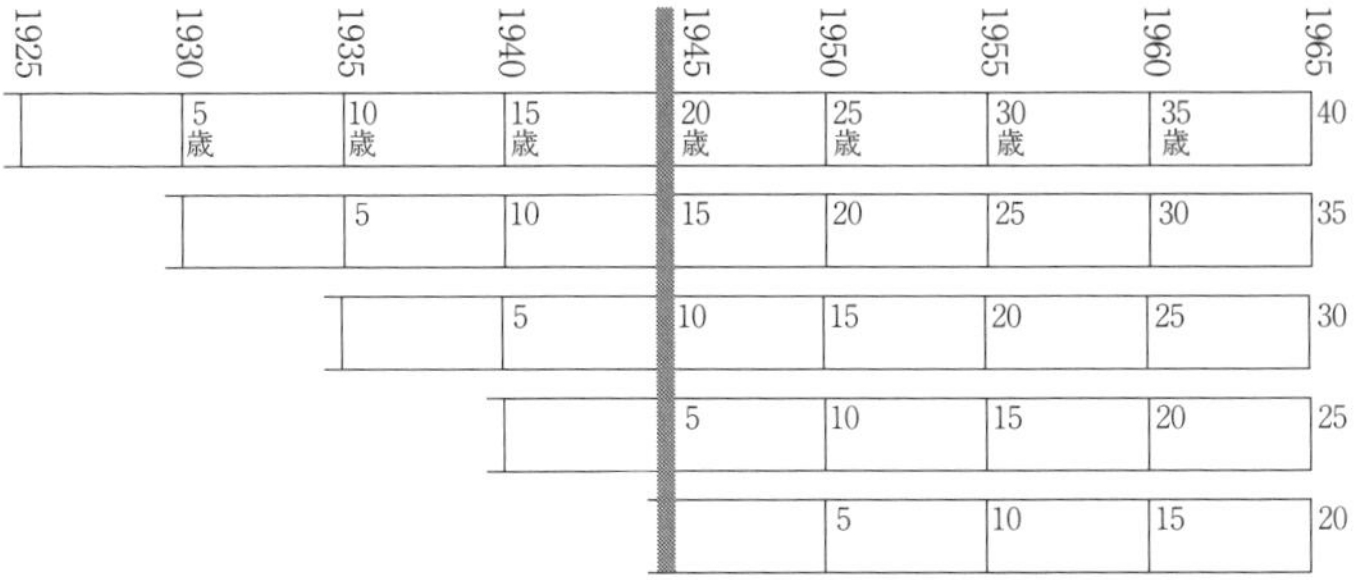

ついて、台湾人児童の就学率を見る必要がある。一九四一年における台湾人学齢児童一〇〇人あたりの就学者数は六一・六人であり、男女別ではそれぞれ七三・六%、四八・七%であった(14)。つまり男子は約七割、女子は約五割がこうした歴史教育の経験者であった。

一九三一年生まれで台湾史研究者の戴国煇は、呉濁流の小説『アジアの孤児』所収の解説で、意識的ないし無意識的に日本語を使用するのが、「われわれ」の世代的特徴であると述べている。「われわれのほとんどが、九・一八（満州事変）の前後に生まれ、植民地解放運動の洗礼を受けることがなかったばかりか、植民地の奴隷教育、強化された皇民化運動、さらには煽る一方の軍国主義教育、いわばこの三重の重いローラーの下で先輩以上に母語の福佬話《ホーロー》(15)、客家話《ハッカ》それに高山族の各方言までがまさに奪われ尽くされかかった世代に属する。われわれの世代は、「植民地の傷痕」と国語の習得未熟（習得開始年齢が大き過ぎたこともあるが、二・二八事件やそれ以降の当局の失政もあって外省人への単純な反発も深層心理に他方ではあったことが特に僕らの世代の国語習得を遅々と進ませなかった）とが重なりあわさって、台湾式日本語しかお互いの共通語に持ちうることができなかったのだ[16]」という。

戦前世代が青少年期を過ごした「日本時代」に対する評価には、植民地統治そのものと自らの人生の両方が内包されているが、世代間でも相当な差異が存在したことに留意したい。言語を例にすると、多くの日本教育世代にとって、戦後も日本語は母語と並ぶ日常言語の一つとして定着していた。しかし一九三〇年生まれの林荘生は、戦後に無意識に日本語を使って先輩世代の蔡培火から叱責を受け、この習慣を反省した経験について述べている。「彼に注意された経験のなかで、この一件は最も印象深かった。留学前のある時、彼に電話し、何も考えずに「もしもし」と言った。これを聞いた彼は「いまはいつの時代か。まだ「もしもし」などと言うのか」と直ちに反応した。「もしもし」は当時、台湾人の電話での会話には依然として常用されていた。しかし、大先輩はこれにアレルギー反応を起こした。その後、彼に電話する時は必ず「ウェイ、ウェイ」〔中国語のもしもし〕と一、二回咳払いをしてからダイヤルを回すようになった。無意識に「もしもし」と口を滑らせ、この抗日の元勲を刺激する事態を防ぐためであった[17]」。

林荘生のこの著作は中国語で書かれていることに注目したい。一九四三年に台中第一中学校に入学した林が中国語を習い始めたのは、三年生の時に戦争が終わってからであった。だが、文壇、学界に身を置く者を除き、林と同じ一九三〇年代初頭生まれの台湾人世代が中国語で過去の記憶を綴ることはむしろ例外的であった。

学校教育に即して言えば、戦後教育も戦前世代の歴史の記憶に影響を与えたもう一つの要因であった。高校、大学への進学、アメリカ、日本など海外への留学を経験した知識人集団にとって、時代と政権の移り変わりにともない、公式的な歴史観が更新されるたび、個人の歴史の記憶と評価も再調整を余儀なくされた。戦前・戦後をまたいで学生時代を過ごした世代は、これまでの歴史記述を相対化する機会も得た。自らの努力により日本語以外の中国語、英語、母語などの言語手段を獲得した。その後の個々人の経歴により自己表現のための言語の選択も異なってくるが、ここには戦前の日本語世代が「植民地の傷痕」を克服しようとする強い意志が示されている。

一九三二年生まれで、終戦時に台南二中の一年生であった数学研究者の韓良信氏は、次のように述べている。「私の世代の台湾人は台湾語、北京語、日本語、英語、共にある程度出来ますが、すべて生半可です。もうアメリカに半世紀も住んでいますが、恥ずかしいことに、英語では、アクセントや文法上の間違いから抜け出せません。日本語はご存知のように小学生程度、北京語も大差はありません。台湾語では、よく母から発音を矯正されていました。……吾々にとって、此れは「悲しい」のか「得した」のか解りかねます。確かに、英語や日本語で専門書、論文、小説などが読めるのは、得だと思います。しかし、いざ発表となると、何語で書けば、知識人らしい文章を書けるのか、甚だ心細い次第です」[18]。戦後半世紀以上の歳月にわたり、「植民地の傷痕」を主体的に乗り越えようとしてきた台湾人の複雑な心情を、言語の問題からも読み取ることができる。

高校時代の韓良信とその家族。戦後，台湾人男子を対象とする台南二中は一中と改名。撮影の 1951 年頃に韓良信は同校の高中部に在学中。前列の父韓石泉（1897-1963）は熊本医科大学博士，母荘綉鸞（1905-2001）は台南第二高等女学校卒業生（本書第三章を参照）。前列左から弟の良平，良憲，良博，後列左から淑真，淑馨，良誠，良信本人，良俊，淑清。良俊の表現を借りれば，後列の淑馨，良誠，良信，良俊の 4 人は戦前の教育を受けた「日本組」，ほかの兄弟姉妹は「戦後組」である。韓良俊提供。

3　国民党統治下の世代と記憶

台湾では戦後、義務教育の実施が本格化した。日本統治期、国家主導の歴史記述の影響が及ぶのは、学校教育を受けた一部の台湾人に限られていたが、戦後の教育の普及により、就学児童数は一九四五年の八五万人から、一九六七年には二三四万八〇〇〇人に急増し、二二年間で三倍近くの増大であった。就学率は一九四五年の八〇％から、一九六七年には九七・一六％まで上昇した(19)。中国の抗日戦争による「国仇家恨（国家を侵略され家庭を壊された恨み）」という台湾外部からの集合的記憶が、義務教育を通して広まった。一九四五年以前から台湾在住のいわゆる「本省人」に向けて、国家の公式的歴史記述モデルは戦前日本教育の経験を持たない民衆層まで浸透していった。

戦後の公式的な歴史記述の特徴を見てみよう。国民党の台湾移転後、大陸奪還は最高の国家使命となり、台湾社会において新たな国民統合が展開された。"learning to be Chinese" が歴史記述の主軸となり、正統的な中国史が教え込まれた。それは、周、春秋戦国、秦、漢以来の五〇〇〇年の悠久なる「中原」の歴史であり、とりわけ注目されるのは、共産党の中華人民共和国史に対抗して、一九一一年から中華民国が代表してきた「正統中国」に重点を置くことである。こうした歴史記述で、日本は日清戦争以来の国難をもたらした最大の侵略者として位置づけられている。近代史の記憶は、蔣介石の「東征（陳炯明討伐と広東防衛）、北伐（北洋軍閥に対する制圧戦）、剿匪（共産軍

戦後初期のスピーチ・コンテストと女生徒たち。壁の中央は国父である孫文の写真，左は中国国民党の党旗，右は中華民国の国旗，1950 年
出所：台湾，文化部国家文化記憶庫
授權人：花蓮縣文化局（https://cmsdb.culture.tw/object/8CAD2168-1EC8-4642-BACD-F525239F8A8C）

殲滅作戦）、抗日（日中戦争）」の国民党史に取って代わられる。歴史記述において日本とは、侵略と虐殺をもたらした八年間にわたる抗日戦争の敵であった。

他方、台湾人の植民地の記憶がここでは継承されなかったことに注目したい。中華ナショナリズム中心の教育のもとで、本省人家庭の戦後世代は、外省人の同級生と席を並べることで中国大陸の抗日の歴史を記憶として内面化し始めた。日本統治期の台湾史で唯一取り上げられたのは、中華ナショナリズムの枠組みで定義された前期武装抗日運動と一九三〇年の霧社事件であった。本省、外省出身を問わず、台湾人は自分が育った台湾という土地の過去に非常に疎い。彼らは国民党のお決まりの語り方によって台湾の歴史を理解するしかなかったと社会学者の蕭阿勤は指摘している。また、父親が戦前の抗日運動に深く関わったにもかかわらず、台湾の歴史について知識も興味もなかった台湾人の事例を取り上げ、外省出身者はなおさらであったと示唆している[20]。

呉念真の自伝的映画『多桑』（一九九四）は、家庭内における戦前世代と戦後世代のイデオロギーの衝突を描いている。いつも「昭和四年生まれ」と自称する一九二九年生まれの父は、小学生の娘の国旗を描く宿題を手伝った際に、中華民国の「青天白日満地紅」の左上の白い太陽を赤く塗りつぶした。娘が兄に訴えると、父は台湾語で「白い太陽があるかい」「日本の国旗を見てみろ、何色か」と怒り出す。娘は中国語で「何でも日本、日本。汪精衛か」「売国奴だ！　汪精衛だ！」と言い返した。中国語が解らない父は息子に「あいつは何を言ってる？」と聞くが、息子は「別に」とやり過ごし、父娘の激突を終息させたのである。

中華ナショナリズム史観の移植と台湾歴史記述の断絶は、確かに、戦前と戦後の台湾人の記憶に世代間の断層を作り出した。他方で、中華民国国民として新たに編入され、学校教育を受けられるようになった「非日本語人」家庭出身の戦後世代は、その歴史の記憶をどのように再構築したのかという問題について、まだまだ検証する余地がある。

4　民主化後の世代と記憶

第三の時期は、一九八七年に戒厳令が解除されてから二〇〇〇年の第一次政権交代までである。

この時期に台湾人の主体性が確立し、台湾史の語りが新たな意義を付与されるとともに、日本時代の記憶の位置も更新されることになった。一九八〇年代後期から九〇年代の全期にわたって、国民党の台湾移転前にすでに蓄積されていた日本時代のインフラと教育資源を強調する「近代化」記述が、国民党の排他的な中華ナショナリズムの歴史記述に対抗する言説として現れた。台湾人の尊厳と自信の回復を試みた政治社会運動のなかで、日本統治期台湾史は一つの資産と見なされ、この歴史的経験は中国文化とは異なる台湾文化の独自性の重要な構成要素ととらえられるようになる。(21) 日本時代の台湾史の強調と再構築がわれわれ意識の醸成に大きな役割を果たしたことは明白であろう。しかし長い間、戦前台湾人の歴史的経験は、「日本性」「奴隷性」の表れであると中華ナショナリズム論者によって蔑まれてきた。その汚名返上、名誉回復に努めるあまり、植民地期の近代化を過度に美化し、評価する傾向が見られた。この現象は歴史学界から批判を受ける一方で、中華ナショナリズムの支持者からもさらなる攻撃に晒されることにもなった。注意を払いたいのは、植民地近代化ないし日本時代の歴史的経験をめぐる台湾社会の論争に対する日本のマスコミの認識である。本省人対外省人、独立対統一、親日対反日といった単純化された二項対立の図式で理解すると、多元的なイデオロギーが共存していた九〇年代以降の台湾社会を見誤る危険性が高い。

世代の観点から見ると、国民党の学校教育を受けた戦後最初の世代には、民主化の過程で、これまで受けた教育の歴史イデオロギーを相対化し、徐々に歴史認識を修正していった事例が多く見受けられる。学校教育で与えられた公式イデオロギーの影響力に限って言えば、李登輝が司馬遼太郎に語った「私は二二歳まで日本人だった[22]」と同じ意味合いで、「私は〇〇歳まで中国人だった」と言える世代でもあったろう。

日本は言うまでもなく中国やアメリカと同様に、台湾の歴史に内在する重要な要素である。日本時代の記憶を構築するにあたり、一九八七年の戒厳令解除後に青年期を過ごした台湾人も、世代間の断絶の問題に直面した。映画『多桑』を例にすると、国語（中国語）番組ばかりのテレビの前に座る孫世代にあたろう。母語（台湾語、客家語、先住民各部族の言語）には疎く、国語（中国語）を唯一の使用言語とするこの世代は、祖父母とは共通言語を持たない。その距離は戦後世代の親たちよりさらに遠くなる。言語だけの問題ではなく、戦前世代の植民地の記憶を次の世代に継承することにはさらに大きな困難が立ちふさがっている。世代の断絶は家庭空間に限らない。一部の「日本語人」からすれば、孫世代の台湾人よりも日本時代について聞き取りに訪れた日本人のほうが親しく感じられるようである[23]。共通言語として日本語を用いることができ、日本人に日本時代を語ることは、台湾人の孫世代との心理的隔たりとは対照的に、親密さを感じるひとときなのである。

台湾社会に長らく存在してきた世代間の隔たりは、戦前の植民地支配と戦後の国共対峙、冷戦体制に根源をもつが、この断絶を縫い合わせるためには、戦前世代の日本時代の記憶、すなわち植民地支配下の台湾史叙述を再構築するという未完の課題に引き続き取り組んでいくしかない。

おわりに

複数の世代間に走る記憶の断層は、台湾における五一年間の日本植民統治、そして一〇〇年来の政治変動の歴史的産物であった。日本の植民地支配に対する台湾社会の歴史評価は複雑で幾重にも枝分かれしており、単純な植民地批判には収斂していかない。だからといってこのような「非批判的な語り」を安易に「親日」に結び付けるのは避けるべきだろう。「われわれの過去」を明快に語れない苦しみそのものが、数世代にわたり刻印された植民地主義の傷痕であり、和解はこうした他者の歴史を理解して初めて可能となるであろう。

歴史の記憶と記述がしばしば政治化された結果、二一世紀の台湾社会は疲労困憊しているようにみえるが、中華民国と台湾の和解に向けて、世代間とエスニック・グループ間の相互理解の努力はなお続いている。日本と台湾の、過去の歴史に向き合うための基礎作業は、いまようやく始まったばかりである。

注

（1）台湾の「日本語人」とは、戦前の日本教育を受けた世代を指す。日本語を媒介に精神生活を形成したことが特徴とされる。若林正丈『台湾の台湾語人・中国語人・日本語人――台湾人の夢と現実』朝日新聞社、一九九七年。

(2) 戦前世代の台湾人の日本経験を「植民地肯定論」として解釈する方向に導いた政治的意図に基づく歴史の操作と、日台間に新たな植民地主義的関係が作り出された経緯について、政治学者の呉叡人は、その著書の第六章で精緻な分析と批判を行い、きわめて有効な視座を提示している。呉叡人著、駒込武訳『台湾、あるいは孤立無援の島の思想——民主主義とナショナリズムのディレンマを越えて』みすず書房、二〇二一年。

(3) 上水流久彦「自画像形成の道具としての「日本語」」五十嵐眞子・三尾裕子編『戦後台湾における〈日本〉——植民地経験の連続・変貌・利用』風響社、二〇〇六年、一八七—二一六頁。

(4) 「日本語人」による日本語著作は、黄智慧が一覧表の形で整理している。黄智慧「台湾における〈日本文化論〉に見られる対日観」『アジア・アフリカ言語文化研究』七一号、二〇〇六年、一六一—一六五頁を参照。

(5) 洪郁如『近代台湾女性史——日本の植民統治と「新女性」の誕生』勁草書房、二〇〇一年、三七二—三七四頁。

(6) 芳野菊子「台湾の言語生活」『言語生活』一六五号、一九六五年、七三頁。

(7) 「外省人」とは、本来、他の省(中華民国の地方行政区画の最上位)の出身者を意味するが、台湾史の文脈では、一九四五年以降に中国から台湾に移住した者とその子孫を指す。他方、それ以前の台湾住民とその子孫は「本省人」と呼ばれる。

(8) 柯徳三はチャンネル桜のインタビュー(二〇〇九年四月二一日)で、日本で出版された本『母国は日本、祖国は台湾——或る日本語族台湾人の告白』(桜の花出版、二〇〇五年)に書いた「悪いところ」が、出版社の意向により大幅に削除されたと述べている。「私の出版した本はね、いいことわるいことたくさんあってね、あの時は私がしゃべった悪い事、今まで日本がこうした、こうした差別待遇とかたくさん書いたけど、本の中では全部削られた」。これに対し、出版社側は著者の了解を得たうえだとして反論した。

(9) 蔡焜燦は著書で制度的な差別の例として一九三九年に入学した彰化商業学校の内地人枠を取り上げ、「私が入学した当時は百人の定員に対し千八百人が応募し、その競争率は一八倍の狭き門だった。だが一年後には二二倍とさらに狭くなっていた。ところが、定員の一五パーセントが内地人枠として確保されており、そうした内地人優遇制度に差別があった」と回想している。個人の経験的次元について「内地人枠で入学してくる者の中にはデキの悪い生徒もおり、我々は当時そういう連中を〝ボンクラ〟と呼んでいたものだ。そんな〝ボンクラ〟から我々台湾人が〝チャンコロ〟とばかにされ、こうしたことがもとで殴り合いの喧嘩がはじまったこともある」が、こうした差別体験は戦後交流するなかで克服されていったという見解を示した（蔡焜燦『台湾人と日本精神（リップンチェンシン）――日本人よ胸を張りなさい』日本教文社、二〇〇〇年、八二―八三頁）。日本人引揚者と旧植民地出身者の戦後の人的ネットワークは不明な点が多く、さらなる研究の余地がある。

（10）洪郁如「植民地台湾におけるファッションと権力」『接続』四、ひつじ書房、二〇〇四年、一八頁。楊千鶴の文章は、次のように締め括られている。「私は友情にいつも感謝してゐる。友情は民族間の摩擦を緩和し、私を民族の卑下から引き上げてくれる。すぐ前にならんでゐるお友達の横顔を見ながら、この人が私の未知の人だったら、やはり先刻のやうな言葉を私に浴せるだらうと考へた」。楊氏千鶴「長衫」『民俗台湾』第二巻第四号、一九四二年、二六頁。

（11）ちなみに、NHKスペシャル『シリーズJAPANデビュー』の第一回「アジアの〝一等国〟」に登場した柯徳三は一九二二年生まれ、台湾元総統の李登輝は一九二三年生まれ、蔡焜燦は一九二七年生まれであり、台湾人学者の王育徳は一九二四年生まれ、戴国煇と劉進慶は一九三一年生まれ、許介麟は一九三五年生まれ、涂照彦は一九三六年生まれであった。また自伝的小説『さよなら再見』を著した黄春明は一九三五年生まれであった。

（12）周婉窈「植民地主義の後遺症――台湾を中心に」『立命館言語文化研究』二〇巻三号、二〇〇九年、一三六頁。周婉窈『増補版　図説台湾の歴史』平凡社、二〇一三年、一四一頁。

（13）植民地台湾の初等教育機関であった小学校・公学校の入学年齢は満六歳と規定されている。実際には、経済的要因、親の意向、健康状態などさまざまな原因で、入学を数年遅らせる事例は珍しくはなかった。

(14) 台湾省行政長官公署統計室編『台湾省五十一年来統計提要』台湾省行政長官公署統計室、一九四六年、一二四一頁。

(15) 福佬語は河洛語、閩南語、あるいは台湾閩南語などとも呼ぶ。使用者が大きな比率を占めるため、「台湾語」と称することも多い。

(16) 戴国煇「解説 植民地体制と「知識人」——呉濁流の世界」『アジアの孤児——日本統治下の台湾』新人物往来社、一九七三年、三二〇—三二一頁。

(17) 林荘生『懐樹又懐人：我的父親荘垂勝、他的朋友及那個時代』自立晩報、一九九二年、二八〇頁。

(18) 韓良信氏から筆者あての電子メール(二〇一三年二月一六日)。もちろんこれは謙遜した表現である。氏は日本統治期に台湾政治社会運動で活躍した韓石泉医師の次男である。

(19) 王家通「台湾の人口問題と義務教育」『慶應義塾大学大学院社会学研究科紀要』九号、一九六九年、六三—七六頁。

(20) 蕭阿勤『回帰現実：台湾一九七〇年代的戦後世代與文化政治変遷』中央研究院社会学研究所、二〇〇八年、八四—八五頁。

(21) 蕭阿勤、一四七頁。

(22) 司馬遼太郎『台湾紀行』朝日新聞社、一九九四年、一〇四頁。

(23) 黄紹恆も、一部の「日本語人」が同じ台湾人の自分には歴史の記憶を語りたがらないという現象に触れ、同席した日本人学者のお蔭で多くのお話を拝聴できたと皮肉っている。以下の論文を参照。黄紹恆「日本左翼、右翼言論光譜裡的台湾図像」陳光興・李朝津編『反思〈台湾論〉：台日批判圏的内部対話』台湾社会研究季刊研究社出版、二〇〇五年、一六頁。

第二章　読み書きと植民地

台湾の識字問題

南屯公学校女子学級（1940年）
出所：台湾，文化部国家文化記憶庫
(https://memory.culture.tw/Home/Detail?Id=digitalculture.tw.taichung.1892&IndexCode=TSNCDM)

はじめに

二〇世紀に入ると台湾社会における識字能力の必要性は増大し続けた。日本植民統治期になると、政治社会の変化と産業の発展にともない、求められる識字の内容も変化した。ここでの「識字」とは、旧来の漢語文、新たな日本語文、算数といった基本的な学習を指しているが、より広い意味では人々が生活する社会や世界に関する知識も含まれてくる。識字内容の変化は、時代、生活環境の変化への対応でもあり、社会的上昇が可能になる新たな条件、資質でもある。それでは、時代や社会が要求した基礎学力は、台湾民衆にとって、はたして実際に習得できるものだったのだろうか。

植民地台湾の識字問題は、伝統的な読み書き学習と並行して、日本語という新しい公用語の出現によって大きく影響された。植民地教育政策のもとで、台湾人の識字学習の場は書房から公学校[1]へと移行したが、そこで人々は、日本語を主とする教育の急激な拡大と、それにともなう漢文教育の消滅の危機に直面することになった。結論から言えば、こうした過程で、識字学習の非連続化、不安定化、習熟度の低下などの問題が現れるとともに、多くの「非識字者」が生み出されていった。

植民地統治下の書房教育と公学校教育については膨大な先行研究がある。しかし植民地台湾の識字問題に着目した研究は意外に少ない。本章は、植民地教育史の蓄積を土台として、近代台湾における読み書き学習の問題について、書房教育、公学校教育、および社会教育に位置づけられる国語講習所などの各領域を横断しながら考察していきたい。

1　書房の変容と識字学習の変化

台湾在来の識字学習は、清朝統治期から書房教育を中心に行われていた。「民学」あるいは「私学」と称される書房は、二つの役割をもっていた。第一に、基礎的な読み書き能力の養成であり、第二に、科挙を受験するための準備であった。伊能嘉矩は、前者について「不完全ながらも普通教育の性質」を持っていると評している。(2) 一八九五年に台湾が日本に割譲されると、科挙受験のルートが断絶したため、(3) 書房の第二の役目がなくなり、もっぱら民間の読み書き教育を担う機関になった。日本領有前後の戦乱を避け、多くの書房の運営が一時的に中断したが、一八九八年前後になると再び軌道に乗り、書房数も生徒数もどちらも増加した。

読み書きを教授する書房教育は、台湾人の口語とは異なる古典的な文語である漢文の学習に重心をおいた。授業は、読書と習字が中心であった。読書は音読と暗記を主とする。テキストを読む際、人口の七割を占める福建系住民の多い地域ではいわゆる閩南語で、二割程度を占める広東系住民の多い地域では客家語でというように、それぞれの母語が使用された。(4) 漢字の発音には日常の口語である「白話音」と、文語の発音である「文言音」があり、『三字経』『四書』などの漢籍を読む際には文言音が使われる。書房の教師が教えたのは文言音であるが、白話音は文言音との間に規則的な対応関係があるため、生徒は自然にそれを身に付ける。換言すれば、文言音を教わるときは、同時にその漢字の白話音も学習した[5]。台湾人が話す言葉を、漢字を媒介として伝承・保持するうえで書房の果たした役割は大きかった[6]。習字の授業では、字形は小楷[7]を採用し、児童に手習帖を与えて模写を繰り返させた[8]。口語である母語の表記、手紙、契約書などの作成、文書の閲読のため、漢文の習得は、台湾人の日常生活において重要な意味を持っている。これは書房が日本統治期の取り締まりを経て衰退しても、戦後教育の混乱期に至るまで半世紀以上も台湾人社会で重んじられ、支持される理由である。

注意すべきなのは、日本統治全期を通して、台湾社会全体にとって識字とは相変わらず一つの希少な技能だったということである。識字学習にとって書房が重要であったことは間違いないが、しかし、書房に通うことのできる生徒は学齢児童総数のなかではごくわずかであった[9]。こうした希少性に加え、地域差とジェンダー格差も大きかった。都会部よりも農山漁村、男子よりも女子に希少性は顕著に表れていた。

日本統治期になると、台湾総督府は日本語教育を柱とする公学校教育システムの確立を進めながら、従来の書房を法令の管理下に置く方針をとった。法令の変遷を見ると、一八九八年七月に台湾公学校令が発布され、同年一一月には「書房義塾に関する規程」（府令第一〇四号）も出された。総督府の教育目的に合致するように教科、教師、教材などが管理された。その第一条で明示されたように、規程の目的は「書房義塾ヲ改良シ漸次公学校ノ教科ニ準セシメ併セテ風儀ヲ矯正スル」こと

1922	94	118	3,664	592	4,942	195,783	28.82	199,447
1923	122	175	5,283	715	5,064	209,946	28.6	215,229
1924	126	180	5,165	725	5,095	214,737	28.6	219,902
1925	129	190	5,137	728	4,989	213,948	29	219,085
1926	136	208	5,486	735	5,117	210,047	28.42	215,533
1927	137	215	5,312	744	5,109	211,679	29.18	216,991
1928	139	218	5,597	749	5,153	223,679	29.79	229,276
1929	160	236	5,700	754	5,248	231,998	30.68	337,698
1930	164	236	5,968	758	5,358	248,693	32.64	254,661
1931	157	219	5,378	761	5,492	265,788	33.76	271,166
1932	142	202	4,700	762	5,544	283,976	35.44	288,676
1933	129	185	4,494	769	5,764	309,768	37.02	314,262
1934	110	147	3,524	770	6,034	335,318	39.3	338,842
1935	89	129	3,099	781	6,296	365,073	41.4	368,172
1936	62	102	2,411	785	6,719	398,983	43.8	401,394
1937	28	62	1,407	788	7,242	445,396	46.6	446,803
1938	19	43	1,034	796	7,781	500,271	49.8	501,305
1939	17	40	932	810	8,724	548,498	53.1	549,430
1940	17	38	996	825	9,681	621,450	57.4	622,446

出所：呉文星「日据時代台湾書房的研究」『思與言』第 16 巻第 3 期，1978 年，82-83 頁。一部修正。

表1　書房と公学校の比較

年度	書房	教員	生徒(A)	公学校	教員	生徒(B)	就学率(%)	生徒総数(A)+(B)
1898	1,707	1,707	29,941	76	247	6,636		36,077
1899	1,421	1,421	25,215	94	237	9,817	2.04	35,032
1900	1,473	1,392	26,186	117	453	12,363	2.19	38,549
1901	1,554	1,543	28,064	121	501	16,315	2.85	44,379
1902	1,623	1,629	29,742	139	553	18,845	3.21	48,587
1903	1,365	1,368	25,710	146	652	21,406	3.7	47,116
1904	1,080	1,083	21,661	153	620	23,178	3.82	44,839
1905	1,055	1,056	19,255	165	677	27,464	4.66	46,719
1906	914	916	19,915	180	738	31,823	5.31	51,738
1907	873	886	18,612	190	765	34,382	4.5	52,994
1908	630	647	14,782	203	895	35,898	4.93	50,680
1909	655	669	17,701	214	966	38,974	5.54	56,075
1910	567	576	15,811	223	1,017	41,400	5.76	57,211
1911	548	560	15,759	236	1,146	44,670	6.06	60,429
1912	541	555	16,302	248	1,282	49,554	6.63	65,856
1913	576	589	17,284	260	1,345	54,712	8.32	71,996
1914	638	648	19,257	270	1,472	60,404	9.09	79,661
1915	599	609	18,600	284	1,616	66,078	9.63	84,078
1916	584	660	19,320	305	1,805	75,545	11.06	94,865
1917	533	593	17,641	227	2,224	88,099	13.14	105,740
1918	385	452	13,314	394	2,710	107,659	15.71	120,973
1919	302	350	10,936	438	3,375	125,135	20.69	136,071
1920	225	252	7,639	495	4,013	151,135	25.11	158,732
1921	197	221	6,962	531	4,673	173,795	27.22	180,757

であった。[10] 一九二二年二月に第二次台湾教育令を出した後、総督府は修正を重ねてきた新たな「私立学校規則」(府令第一三八号)を発布した。「書房義塾に関する規程」が廃止された代わりに、書房には「私立学校規則」が適用されることとなった。[11] 同規則により書房に対する管理は強化されたため、書房と生徒は激減する結果となった。[12] 一九三七年の日中戦争の勃発後、総督府の規定を順守しない書房、認可外の書房への取り締まりが強化され、一九四三年に義務教育の実施とともに、私塾廃止令が発布され、書房の運営はついに不可能となった。[13]

統治当局は規制・管理を通じて書房に介入を試みたが、実際上、教授の仕方と内容には大きな変化は見られなかった。多くの書房教師は指定教科書の使用や日本語による教授などの取締りにはその場しのぎで対応し、面従腹背を貫いた。結局その存続に大きな影響を与えたのは、第一に公学校との競争、第二に日中戦争後に強化された取締りと廃止措置であった。

2 識字学習の供給機構——公学校

日本統治期、識字学習を希求する台湾民衆の前に、公学校という新たな選択肢が現れた。一八九六年に設置された国語伝習所は、一八九八年に公学校に改設された。帝国の植民地では、普通教育を実施する必然性はない。植民地教育史の先行研究が明らかにしているように、日本最初の植民地であった台湾の教育行政の方針は帝国中央と植民地統治当局の双方で盛んに議論されたイシューである。現地に学校を設置した目的は、植民統治に役立つ通訳を養成することから、台湾人エリート層の教育へと次第にシフトしていった。

公学校の生徒数は一九〇四年に書房を上回り、その後も持続的に増加した(表1)。世帯の職業から見れば農業従事者よりも商業従事者の家庭[14]、階層から見れば民衆層よりはエリート層[15]、地域から見れば農山漁村部よりは都市部の生徒が多かった。日本人が設置した学校に通うメリットは、数年も経ずして認識されるようになった。以下の三点を指摘できよう。

漢文の読み書きも学習できること

民衆から見れば、公学校は読み書きの教育を提供する新しい場所であった。植民地教育の基本目的は国語(日本語)の普及であったが、初期段階に台湾人の生徒を惹きつけるには、従来の書房教育の中心であった漢文の読み書きを公学校教育に取り入れることが必要であった。漢文の読み書きが公学校に吸収されたことは、民衆にある程度の安心と信頼を与えたが、書房の経営にとっては大きな脅威となった。初期の公学校では台湾人の日常生活に不可欠な漢文を取り入れ、週五時間の授業を設け、地元の書房教師にこれを担当させた。内容面では一九〇五~〇六年に漢文読本を編集し、書房が従来使う『三字経』など中国色の強いテキストは廃止した。

日本語学習の利点

漢文の学習は就学の重要な動機となったが、唯一の理由ではなかった。日本語の学習も公学校に通う台湾人のもう一つの動機であった。これは二つの側面から説明できる。第一に実用性である。帝国日本の一部に組み込まれ、植民地化された台湾の日常生活において、従来の母語に基づく漢文の読み書きだけでは不十分な状況が生まれつつあった。職業、階層、地域により必要度は異なったものの、日本語能力は日常生活、商業、公機関との交渉などの場面では不可欠となった。(16) 公学校を中心とする日本の新式学校に入学したのが商業従事者の家庭、エリート層、都市部住民の子女に多かったのも、その実際の必要度から説明できる。第二に、日本語の習得に積極的だったのは、進学のためでもあった。受験科目は「国語」のみではなかったが、「国語力」はあらゆる教科の学習達成度を左右する基礎的な教科であった。

新式学校の魅力

公学校という新式学校には、「国語」となる日本語をはじめ、算数、地理、図画、唱歌、体操など伝統的な書房にはなかった教科が設けられていた。帝国の文化統合の観点から見れば、国語はもちろん、地理、修身は帝国日本の新附の民にあるべき国家観を植え付け、体操、唱歌などは身体の規律化を達成する装置の一部でもあった。明るい校庭で遊び、整然とした校舎で学び、図画、唱歌を含む多様な授業を受けることは、台湾人児童にとって新鮮であった。一九〇一年四月に公学校の

台中市村上公学校の校門，校歌，校旗と校長肖像，1940 年 3 月
出所：台湾，文化部国家文化記憶庫
（https://memory.culture.tw/Home/Detail?Id=digitalculture.tw.taichung.5944&IndexCode=TSNCDM）

校門をくぐった台湾政治社会運動家の楊肇嘉は、「学校は子どもたちの楽園である。そこでは沢山の友だちと一緒に遊べるので、学校に入れると聞いたとき、とても嬉しかった。首を長くして入学の日を待っていた」と回想している[17]。伝統的な書房と比較して、それはまさにハリー・ポッターの「ホグワーツ魔法魔術学校」のようなものであった[18]。一九四三年まで義務教育制度が実施されなかった植民地台湾では、多くの農山漁村の児童にとって、公学校に通うことのできる生徒は羨望の的であった。そして、児童の心を惹きつける近代的な学校形態と対照的に、伝統的な書房の学習方法は無味乾燥と映るようになり、衰退の道をたどることになった。

「われわれの学校」

公学校の設置にかかる費用は、清朝統治期以来の経費調達方式を踏襲して賄った。地方エリートの寄付と住民からの資金徴収によって、地方の公共事業を起こしたのであった。まず、公学校の建設費用は、地方社会の負担となるべく規定された。一八九八年公学校令の第一条「公学校ハ街庄社又ハ数街庄ニ於テ其ノ設置維持ノ経費ヲ負担シ得ルモノト認ムル場合ニ限リ知事庁長之カ設立ヲ認可スルモノトス」[19]で、住民負担の原則が示されている。公学校の設置と維持経費の主な出所は、第一に地方の有力者の寄付金、第二に地方の公有財産（たとえば、廟（道教の寺院）、田地、市場、牛の取引所など）からの収入、第三に田地の賃料、家屋税、営業税などの金額を基準として住民に均等に割り当て徴収する方式があげられる。第三の方法は一般民衆の負担が最も重いが、これが大部分の公学校を支える主要財源となっていた。[20]学校を設置するためには、強い意志と経済力の双方を備えることが必須条件であった。

いずれにせよ、公学校の設置は台湾民衆に大きな負担を強いた。統治当局は利用者負担や旧慣尊重などの口実を巧妙に用いることで、国費を充てない理由とした。だが学校と地方社会との関係から見れば、民衆は費用を負担させられた結果、知らないうちに学校と関わりを持つことになり、人々が自らの力で建設した「われわれの学校」であるという意識を生む効果をもった。[21]問題は、地域の共有財産と調達経費で作った「われわれの学校」にもかかわらず、教育内容に関しては台湾人社会の要望が拒否され、反映できなかった点である。

3　進退両難

植民地時代における書房と公学校の相互の関連は、前記のとおりである。本節は公学校が基礎教育の独占的な位置を獲得したあとの問題に注目したい。日本の植民地教育政策の特徴は、排除と包摂の二つの原理を内包しながら、時期と情勢とを斟酌し統治者にとって都合のよい方向に調整する点にあった。[22] 初等教育の現場で見られたように、植民地主義の理念のもと経営の合理性を徹底し、現地の民衆は義務教育から除外し、公学校の設置と維持経費については台湾人社会に負担を転嫁した。他方で、同化主義の理念のもと、帝国臣民を養成するために国語と精神教育は最も重視された。一九二〇年代以降に見られるように、教科としての漢文の存続、教育現場における日本語一元化・台湾語排除に対する抗議、学校・学級の増設など、台湾人の要求は「われわれの学校」を管理・統制しようとする植民統治当局の姿勢とは相容れないものであった。

漢文の後退

公学校の整備にともない、漢文という教科の地位は次第に揺らぎ始めた。一九一八年に公学校規則の改正を行った際に、当局は書房数と生徒数の激減を見て、漢文を廃止しようとしたが、台湾世論の反対に遭い、授業時間を週二時間にまで削減することで決着した。一九二二年に第二次台湾教育令が発布されると漢文は随意科目となり、多くの公学校はこれをきっかけに漢文の授業を廃止したが、台湾人社会からの反対の声は止むことがなかった。しかしながら一九三七年の日中戦争勃発後、公学校の漢文科目は正式に廃止されることになった。[23]

公学校で漢文の比重が次第に縮小され、ついには完全に廃止されるまでの間、台湾人は絶えずこれに抗議してきた。一九二〇年代以降の『台湾民報』『台湾新民報』などの台湾人民族運動の機関紙での議論を見れば、この点は明らかである。しかし公学校の権力を握るのは植民地統治当局であり、台湾人の抗議は、漢文を廃止するまでの速度をにぶらせたが、一九三〇年代以降、漢文を止めて国語をさらに効率的に普及させようとする方針を変えるには至らなかった。統治者になんとか抵抗しようとする台湾人知識人の模索については、本章の最後に言及したいが、ここで留意したいのは、公学校から徐々に排除される漢文の読み書き教育を、改めて書房に頼ることは、すでに困難となっていた点である。このどうにもならない苦境に耐え難くなった台湾人知識層の焦りは、徐々に高まっていく。

「国語」教育一本化

植民統治下の台湾人は、日本語の必要性を広く認識していたが、強圧的な国語政策により自言語が圧迫されるにつれ、不満も噴出する。こうした不満は、前項の公学校における漢文廃止とは表裏の関係であった。林茂生は一九二九年にアメリカのコロンビア大学に提出した博士論文「日本統治下の台湾の学校教育――開発と文化問題の歴史分析」のなかで、「日本語が本島の公用語で教育言語である事実に対し土着の人民の間で反対はない。問題は土着言語が現在のように教育活動の全てから完全に締め出されてよいのか……現実に台湾人民は日本語を話すことができる価値を認めている。しかし、日本語が分からなくても、社会的に、経済的にそれほど不便というわけではない」と指摘し、同化の手段としての国語政策を批判した。「台湾で国語〔日本語〕は土着の人民にさらに親しまれ、さらに有用になるであろう、しかし決して台湾語が国語と置き換わることはない……台湾語は揺り籠から墓場まで台湾語を常用する人間に関係をもつ。台湾語は退嬰状態にあるのではなく、生きて、成長して、変化して、台湾人民の思想と感情を表現している。台湾語は台湾人の子供が成人するための一部をなしている。台湾語と国語は疑いもなく隣合わせに発展するであろう」という見解を示した(24)。教育システムにおける日本語の独占的位置は、包摂と排除の原理を内包していた。台湾人母語を排除することにより、言語的に同化を図る一方、教科書の内容に差異を設けて、上級学校を受験する台湾人児童は不利になった。いったん公学校に吸収された台湾人児童は、出身家庭の経済的・文化的資源の多寡により次第に授業についていけなくなったり、退学したりするようになった。

すべての科目を日本語で教えるということは、日本語力こそが学力の基本要件になることを意味する。先に引用した林茂生は、教育現場の補助手段として台湾語を使用しないのは、不合理で非効率的だと指摘している。[25] 学校で学習した日本語を使いこなすことができず、家庭でも何らかの形で日本語学習をサポートできない場合は、生徒の学習成果と意欲の低下につながった。中退はすなわち（漢文も含めた）読み書き学習の中断を意味した。

公学校の量的不足と教育機会の喪失

長期にわたり、公学校は質的にも量的にも台湾人の就学の需要を満たせないままであった。公学校は日本当局の強力なバックアップを得て、書房を抑えて初等教育機関の座を勝ち取ると、入学者数は漸増する（表1）。しかし義務教育制度を実施しなかった植民地台湾では、入学者が増加したにもかかわらず、公学校の整備・拡充は行われなかったため、多くの入学希望者は入学をあきらめなければならなかった。

とりわけ公学校を設置できるような経済的・文化的資源を持たない大部分の農山漁村では、教育とは依然として手の届かない奢侈品であった。義務教育が実施される直前の一九四二年のデータを見ると、台湾人の学齢児童一一二万四〇六八名に対し、学校数は八一一校で、地域の格差を無視して単純に計算しても、その年に入学すべき台湾人児童一三八六名につき公学校は一カ所しか用意されていなかった。在台日本人子弟と比較すると、同年の学齢児童五万一三八二名に対し学校数は一五三校で、児童三三五名につき一校である。ここで都市部と農山漁村部の格差をさらに考慮すれば、読み書き学習の機会が皆無に近い地域が台湾全島に広く存在したことは容易に想像できる。通学に片道で徒歩一時間以上かかり、危険な川や山道にさえぎられて就学を断念せざるを得ないケースも多かったろう。

公学校が複数ある地域でも、その数の絶対的不足により、多くの希望者は入学がかなわなかった。公学校の校数と学級数は毎年増加しつつも、希望者全員を収容することはできなかった。台中州の場合、一九三六年度には公学校で一四〇学級が増設されたにもかかわらず、二八〇〇余名の入学拒絶者を出した。各街庄や保護者会は「隠れたる私生的学級」と称される非正規のクラスを作り、もともと国費で負担すべき教員給料を肩代わりするなどの対策を講じた。しかしながら、学級を増やせない多数の地域では、入学を一層厳しく制限するしかなかった。その結果、多くの児童は就学の機会を失ったのである。[26]

この問題について台湾知識人は、『台湾民報』『台湾新民報』などを通じ、総督府は教育の普及に誠意がなく、台湾人を差別していると批判を展開し、義務教育の早期実施により抜本的解決を図るよう当局に再三求めた。とくに一九二八年前後、台北帝国大学の設置に際し、多くの知識人は台湾人社会には高等教育よりも初等教育の普及こそが緊要だとして、反対を表明していた。林茂生は「台湾人子弟のための学校の設備が痛々しいほど貧弱であるという時代に、日本内地で高等教育を受ける機会が十分あるにも拘わらず、わざわざ台湾で特別に教育され、もっと重要なことに使用されたかも知れない厖大な予算を費消する六〇名の学生のために、台湾人子弟の七二%が全く教育から見放されていることはいかがなものか」と痛烈に批判する。そのうえで、解決策は義務教育の普及にほかならないと主張し、日本当局が口実とする教育予算の不足は問題とならず、実行の可能性は十分にあると指摘している[27]。実際に義務教育が普及するのははるか後の一九四三年、台湾人の戦争動員が必要となるとともに、通常の教育活動も難しくなる時期であった。

4　農山漁村の公学校教育経験

本節ではこれまで比較的注目されなかった農山漁村の公学校に通った人の事例を取り上げたい。就学率が五〇%を超えていなかった時代に、公学校を卒業できた二人は恵まれていたといえよう。

まず、一九〇六（明治三九）年生まれの男性実業家の洪掛の事例である。洪掛は一九一五年四月に設立された二林公学校番挖分教場の一期生であった。開校当初、校舎はなく、民家と道教寺院の普天宮を臨時の教室として借用した。一九一九年に四つの教室を建て、初めて校舎ができた。同年四月に同分教場は番挖公学校として独立し、一九二〇年に沙山公学校に改称した[28]。洪掛の就学は、兄らの意思によるものであった。洪掛は、自分は幸運であったと述べている。なぜなら、自分がちょうど学齢期に貧しい故郷にも公学校ができたため、就学の機会に恵まれたからである。五人の兄はいずれも学校教育を受けることができなかった。彼は就学によって多くの知識を得た。「日本帝国」、自分が生活している台湾、そして最も重要なのは「台湾人の祖国である〈支那〉」を知り得たことであった。「支那」を知ったことは、彼の中の「中国人アイデンティティ」を呼び起こした。

「私の民族意識は三学年の頃に芽生えた」という。四学年に上がる直前のある日、村の年配者から、台湾人の先祖は唐山から来たと聞いた彼は、その後の学校の地理の授業で、世界地図を見せられた。地図に描かれた中国を見て、彼は初めて「〈支那〉は日本よりも数十倍の版図をもつ大きな国」であることを発見した。この「発見」は、少年に、植民地の支配関係に不信の念を抱かせることとなった。洪掛は少年時代のこの「納得できない気持ち」について以下のように述懐している。「地図上の〈支那国〉は広大な国だ。元々〈支那国〉に隷属していた台湾が、小さな国の日本に割譲され、統治されることなんかあるもんか」。納得できない少年の心に、日本人に対する反感が生まれた。学校の日本語の授業にも少し反抗的になり、先生が国語読本を教えているときには散漫で消極的だった。日本語を話す意欲を失い、真面目に学習することができなくなった。

洪掛（1906–2005）
出所：台湾，文化部国家文化記憶庫
授權人：國立臺灣師範大學（https://cmsdb.culture.tw/object/61BEDCCB-0A2F-4C79-94EA-417C65E4A95C）

しかし日本語学習の消極的な態度とは対照的に、漢文の授業には積極的だった。「なぜなら、これはわれわれの言葉」であった。洪掛によれば、漢文の授業が始まったのは三年生であり、学校側に招聘された地元の「漢学先生」は、台湾語で授業を行っていた。教科書には「一人大、一人小、一山低、一山高……」のような内容が書かれていた。五年生になると、赤い表紙の漢文読本は黒い表紙のものに変わり、これまでの分量から一冊を減らされ、年間一冊となった。漢文の授業が半減された結果、学習内容も限られ、漢文能力は応用するほどには至らなかったという(29)。

一九二一年に洪掛とともに卒業した生徒は、男子三〇名、女子一名であった(30)。公学校卒業後、洪掛は兄たちが始めたばかりの事業を手伝った。少年時代の日本語学習について、洪掛は後年、次のように振り返っている。「言語は道具である。学習できる時に学習しなかったのは、自分が感情的になりすぎたせいだ。成人して商売上日本語が必要になると、ようやく日本語ができないことの不便を痛感した。しかし後悔しても遅かった。台湾東部で事業を起こした時(一九四一年以降)、取引先はほとんど日本人だった。日本内地に視察や買い付けに行った時にも、日本語を流暢に話せる友人に手伝ってもらわなければならなかった(31)」。

次に、台北県新荘郡五股庄の陳文敏の経歴を見てみよう(32)。一九二〇年生まれの彼女は、一九二八年、五股公学校に入学した。同じ村の名士の娘たちが五股公学校に通うのを目の当たりにして、自分も行きたいと母親にせがんだのである。母親は幼い娘を一時間以上も徒歩で通学させることを躊躇したが、娘の強い願いについに折れ、承諾した。実際のところ、このように順調に公学校に入学できた台湾人女児は多くはなかった。一九二八年の台湾人女児の入学率は一三・七九%であり、都市と農山漁村で分けてみると、「市」の女児入学率は三二・七三%、「街」は一九・〇五%であった。

彼女の居住地が属していた「庄」レベルでは、一〇・四一％と一段と低かった[33]。一〇人にようやく一人が公学校に入れる時代にあって、就学を可能にする主要条件はやはり家庭経済であった。ここでいう家庭経済とは、入学するための資産額というよりは、女児の労働力まで動員する必要がない、という意味での経済的ゆとりを意味している。陳が生まれた頃、家庭経済はすでに改善されていた。さらに重要なのは、彼女は再婚した両親の唯一の子女であり、父親が四五歳のときに生まれた娘であった。他の兄弟姉妹とは年齢が離れており（出生時、養女の姉は一八歳、異父の兄は一六歳、養子の兄は九歳）、そのため両親と家族にかわいがられていた。学用品などの費用は事業で成功した異父兄からの援助を得た。

両親を含めて先祖代々、農業に従事しており、読み書きができる者は家族に一人もいなかった。姉と兄も教育を受けなかったが、養子の兄は母親によって公学校に入れられはしたが、「喧嘩好き」のために二年間で中退している。異父兄が妹の就学の諸経費を負担した理由の一つは、自分が教育を受ける機会を持てなかったからである。

彼女が最も好きな科目は国語と算数であった。公学校で学ぶ科目のうち、とくにこの二つは日常生活においても効力を発揮した。国語については、狩猟の途中、村に迷い込んだ日本人軍人の通訳を彼女がこなし、周囲を驚かせたことがある。算数については、四年生から算盤を学び、簡単な計算であればできるようになった。家に帰ると実際に父親の茶葉やタケノコの重量を測り、地面に山盛りにして積み上げた竹の数量の計算も手伝うことができた。以前は他人にお願いしていた仕事であり、このことで父親は娘を誇りに思ったという。公学校で習得した国語と算数の実用性が、家族と近所の人々に認められ、称賛されたことについて、本人は長く記憶に留めていた。

しかし一九三四年の卒業にあたって、彼女は進学を強く希望したものの、母親の猛烈な反対に遭い断念せざるを得なくなった。理由の一つは、娘が実家を離れて台北に行くことに母が抵抗を感じたこと、もう一つは、女子は学歴が高くなるにつれて縁談が難しくなるという認識であった。

進学の夢が破れた後、未婚の彼女に残された選択は裁縫の稽古と漢文書房での学習であった。ところが年ごろの女性の単独での外出は常に人々の注目を集めたため、気後れした彼女は通学を断念するに至った。一九三八年、彼女は台北の兄宅に寄宿し、いったん中断していた漢文の受講を再開した。だが道教寺院裏の「唐山先生」(中国大陸から来た教師)の漢文書房に通い始めて二カ月も経たないうち、書房教師の自宅に隠してあった漢文の禁書が日本人警察により摘発され、教師は中国大陸に強制送還されてしまった。ともあれ、断続的な学習で得られた漢文の基礎は、戦後に彼女が映画制作を試みた際に役立ったという。

二つの事例を通じて、いくつかの傾向が指摘できる。第一に、就学した生徒は末っ子であったことである。家族構成員のなかで、ただ一人が就学を実現させた事例は、近現代台湾の農山漁村では普遍的な現象でもあった。「幸運な子」の多くは、兄弟の中で年少の子どもであった。両親と年長の兄弟の労働によってある程度の経済基盤ができたのち、限られた資源の投資の対象が、往々にして年少の子どもの就学だったのである。そして男尊女卑の考え方のもと、陳文敏のような特別な例を除き、女児はほとんど考慮の対象外であった。第二に、国語と算数の実用性である。とりわけ第二次・第三次産業に従事しようとする際、これらの技能は必要不可欠である。第三に、漢文学習の不連続性である。一九一五年に入学した洪掛には公学校で漢文の授業が縮小され習熟できないことへの不満が見られ、一九二八年に入学した陳文敏は、卒業後の社会生活に漢文の読み書き能力が依然として必要であったこと、また書房が進学を断念した人の受け皿となったことがわかる。彼女は二回にわたって自主的に書房に通ったが、一回目は性別要因で、二回目は政治的要因でいずれも挫折している。とくに二回目の中断は、総督府の書房取締まり政策が推進された時代環境を如実に反映している。

5　置き去られた広大な非識字層と「国語普及運動」

近代台湾における児童の教育機会の欠如は、公学校の質的・量的な制限と書房の衰退により深刻化していった。公学校に門前払いされ、就学の機会を失った台湾人は、読み書きを習得する伝統的な教育機関である書房に戻ることもできなかった。一九三〇年代初期、公学校への入学率は三〇％程度に止まっていた。しかし、総督府の規制強化と時代の変化によって書房もすでに衰退しており(34)、公学校に入れなかった七〇％の台湾人児童を受け止める力を持たなかった。表1で示したように、書房の数は一八九八年の一七〇七校から一九三〇年の一六四校まで減り、一九四〇年にはわずか一七校となった。

こうしたなか、一九三〇年代以降の上からの国語普及運動は政策の一環ではあったが、民衆側からすれば、識字学習のわずかに残された機会であった。政策のもと各地に設立された国語講習所に殺到する学習者や、教育に熱心に取り組む台湾人教師の姿勢は、こうした文脈から理解する必要がある。国語講習所の規定と運営形態は地域によって異なるが、台北州では、教育機会を逃した一二~二五歳の青少年を対象に日本語を教えた。修業年限は一~四年で、夜間に毎回二~三時間の授業が行われた。国語講習所よりも運営コストが低い「簡易国語講習所」という速成の教育施設もつくられた。そのほとんどは、それまで各地の自治体や有志が開設した国語練習会、夜学会、国語普及会などから改編を経たものであり、それまで教育を受けられなかった青少年や一般民衆を対象としていた。修業期間は三~六カ月で、農閑期や夜間を利用し毎回二~三時間、合計六〇日以上の授業を行った。民衆はどちらも国語講習所と呼んでいた。講師は公学校教員のほか、地方官僚、青年団、地方の有志である。授業は公学校や書房、集会所、寺院、民家などを借りて行われた。経費は市街庄費、州庁、国庫補助金などによる。一九三三年に総督府は「国語普及十箇年計画」を策定し、日本語を理解できる人の割合を五〇%に引き上げる目標を掲げた。[35] 一九三一年、台湾全土の生徒数は国語講習所と簡易国語講習所を合わせて三万五六四九人であったが、皇民化運動[36]以降の一九三八年には四七万二〇四二人に急増し、一九三九年にはピークの九二万四二〇四人まで達した。女性の受講者数が男性よりも多かった点は、重要な特徴として注目すべきである。ジェンダー要因によって就学の機会を失ってきた彼女らは、わずかな機会をつかもうとする意欲をもっていたのである。講習所の数も一九三一年の六八校から、一九三八年の三四五四校、さらに一九三九年の六三八八校という勢いで増加した（表2）。教育機会に恵まれなかった台湾人にとり、生活圏内にできた読み書き学習の場は、当局の意図はどうであれ、利用するに値したのだった。

施設数が多く通学が容易であることの他には、国庫補助があったため講習費が無料であったこと、授業が農閑期や夜間に行われ、農民、労働者層にとって利用しやすかったことも、国語講習所の盛況に密接に関連する。そして民衆が受講する動機は、なによりも識字のためであった。小琉球[37]で国語講習所の経験者に聞き取り調査を行った藤森智子の研究は、識字が教える側と教えられる側双方の目標であったと指摘している。生徒側は「皆、文字を知りたかったの。……私は文字を知ればそれでいいと思っていたわ」と証言し、講師側は「字を知らないとね、自分の名前も書けない。非常に不便。それで、その関係でね、〈講習所〉に入ったんだ。実際に自分の名前も書けない者は非常に不憫ですよ」と回想している[38]。

国語普及運動は、民衆の視点に立ってみれば、下からの識字運動の性格を帯びていた。国語講習所では簡単な読み書き学習を中心としたが、統治側は、国語学習に止まらず、国民の精神教育こそが究極的な目標であると呼びかけた。他方で台湾知識人たちは、民衆層の読み書き学習が国語普及運動に吸収されることを危惧した。台湾文学史において有名な一九三〇年代初頭の郷土文学論戦[39]は、こうした文化的危機感を抱いた知識人たちの、プロレタリア階級の教化の主導権をめぐる統治者と

1937	1938	1939	1940	1941	1942
2,812	3,454	6,388	11,206	5,364	5,011
	5,991	9,603	16,915	7,822	6,878
	2,134	1,830	1,268	1,732	1,054
	8,125	11,433	18,183	9,554	7,932
	86,027	144,660	153,776	100,107	80,879
	128,738	242,688	393,693	219,651	204,674
185,590	214,765	387,348	547,469	319,758	285,553
1,555	3,852	8,738	4,627	108,644	10,509
	6,320	15,238	6,425	15,216	12,401
	146,822	265,199	112,483	167,875	106,312
	110,455	271,657	103,311	204,836	139,880
77,782	257,277	536,856	215,794	372,711	146,192
4,367	7,306	15,126	15,833	16,228	15,520
	14,445	26,671	24,608	24,770	20,333
	232,849	409,859	266,259	267,982	187,191
	239,193	514,345	497,004	424,487	344,554
263,372	472,042	924,204	763,263	692,469	531,745

表 2　1931-1942 年　国語講習所と簡易国語講習所の概況

年度	1931	1932	1933	1934	1935	1936
国語講習所	68	185	361	960	1,629	2,19
教員						
台湾人						
日本人						
計		593	1,066		4,030	5,03
生徒						
男		3,849	5,661	20,713	36,501	
女		7,070	18,019	42,331	69,269	
計	4,448	10,919	23,680	63,024	105,770	131,799
簡易国語講習所	805	702	827	882	754	1,735
教員	1,891	1,747	1,779		1,423	1,469
生徒						
男		14,739	15,956		15,625	
女		12,936	16,891		15,753	
計	31,201	27,675	32,847	35,634	31,378	73,415
合計講習所数	873	887	1,188	1,842	2,383	3,932
教員		2,340	2,845		5,453	6,506
生徒						
男					52,126	
女					85,022	
計	35,649	38,594	52,059	98,658	137,148	205,214

出所：呉文星『日据時期台湾領導階層之研究』五南，2008 年，297 頁。

の戦いであったといわれる。そしてこの論戦の出発点は、「台湾の〈文盲症〉を治そう」であったという。[40] 中国の白話文の移入、台湾語ローマ字や台湾語台湾字運動などをめぐる台湾知識人の提唱は「国語」主導の識字運動に対抗する活動として位置づけることができる。

しかしながら、公的な教育資源を握る統治側に対し、植民地知識人の努力が実を結ぶことは困難であった。郷土文学論戦の中で、「歌仔冊」[41] などの民間文学を通じて識字を達成させようと主張する台湾語台湾字運動の論者に対し、頼明弘は「政治、教育方針によって奨励されず、各文化機関が宣伝しなければ、どれほど低コストで理想的で、学びやすい方法があったとしても、挫折の運命を辿るであろう」「台湾人の文盲症を治療するには、従来の台湾社会―政治、経済、教育機関の××（伏せ字）を改革し、台湾人の手に掌握しなければ、台湾人の文盲症は救いようがないであろう」と批判した。[42] 統治側主導の国語普及運動に対し、結局台湾知識人からは有効な対抗策を打ち出せなかった。一九四三年に義務教育が実施されたが、戦局が厳しくなるなか、労務動員、防空演習、空襲そして疎開に追われる教育現場では、通常の学校運営が不可能となった。そして台湾人社会の識字問題は戦後にまで尾を引いたのである。

おわりに

公学校の設置を切望した台湾人社会の積極性は、従来から教育史の研究者に注目されてきた現象である。日本統治期の教育熱は、近代化の追求として解釈され、台湾人の主体性の象徴と理解される傾向がある。しかし本章では、この教育熱の背景には、近代化の希求という大きな話よりも、植民地に生きる台湾民衆が生活の必要のために、非識字から抜け出そうとする願いであったことを明らかにした。本章の考察からわかるように、新しい時代において日本語文と漢語文の読み書き計算技能の必要性は高まったものの、台湾民衆の多くにとって習得は容易ではなかった。植民地社会に生まれた青少年たちは、教育資源の貧弱さと混乱、体系的でない知識の問題に直面することになった。その多くは、卒業してから、あるいは社会に出てからはじめて自分自身が置かれた教育の非体系性、断片化の問題に気づくことになった。

日本語教育を受けた戦前世代の台湾人は、一九九〇年代以降の言説では「日本語世代」「日本語人」と称されている。安田敏朗は「〈世代〉としてしまうと、世代のなかでの差異をとらえそこなうことにはなるが、〈日本語人〉とすると、〈世代〉に焦点化できなくなるきらいもある」[43]と二つの用語の限界について的確に指摘している。だが、社会階層の視点で見ると、多くの台湾人家族史には、こうした「日本語世代」や「日本語人」は存在すらしなかった。「日本語世代」と同時代に生きた圧倒的多数の「非日本語人」は、すでに母語のみや非識字の世界で安住できなくなっており、そこからの脱出を試みた様子を本章で垣間見ることができた。

読み書き計算を基本内容とする識字学習の渇望を仮に「近代化」と名付けたとしても、それは帝国の植民地という枠によって制限を受け、多大な挫折を味わった。近代化を目指す台湾人の主体性は確かにあったとしても、無学の世界から脱却を図り、そして植民地の政治的経済的現実により叶えられなかった「文盲」と呼ばれる民衆の傷痕をも正視すべきであろう。たとえ今日、植民地教育政策の傷痕に気付かないほど稀薄となっているにせよ、それは時間による癒しというよりは、戦前から戦後の数世代をかけた台湾人自らの巻返しにより克服されたものに他ならない。

注

（1）日本が植民地台湾で実施した初等教育は、日本人子弟を収容する小学校と台湾人子弟を収容する公学校の二つの系統に分かれていた。小学校は内地と同様に文部省編纂の教科書を使用したのに対し、公学校は台湾総督府編纂の教科書を使用した。

（2）伊能嘉矩『台湾文化志　中巻』刀江書院、一九六五年、五四頁。

（3）中国の科挙制度が廃止されたのは一九〇五（光緒三一）年であった。科挙廃止後、官吏任用の道がなくなり、多くの知識人が生計を立てるため、書房教師に転じたことはよく知られている。

（4）先住民社会における漢文の学習状況については資料不足のため、ここでは省略せざるを得ない。

（5）王育徳『台湾語入門』日中出版、一九八二年、六三頁。呉宏明「台湾における書房教育の一考察――その実態と変遷」『木野評論』一九八三年、五〇頁を参照。また、王育徳によれば、厳格に分類すれば、一つの漢字を台湾語で読むときに、文言音と白話音と訓読の三種類の発音があるが、そのうち白話音と訓読は早い時代から混同されていたという。王育徳「文言音と白話音と訓読と(1)」『王育徳の台湾語講座』東方書店、二〇一二年、四九―五三頁を参照。

（6）呉宏明「台湾における書房教育の一考察――その実態と変遷」『木野評論』一九八三年、五〇頁。

（7）細字の楷書。

(8) 伊能嘉矩『台湾文化誌 中巻』刀江書院、一九六五年、六一―六二頁。

(9) 書房に通う生徒の年齢層は約七〜一六歳で、近代学校のような学年別の編成ではないので、各年度の生徒数の統計は存在するものの、学齢児童数から就学率を算出することが難しい。表1を用い、公学校生徒の数と就学率を対照しながら推定するしかない。

(10) 財団法人台湾教育会編『台湾教育沿革誌』財団法人台湾教育会、一九三九年、九七四頁。

(11) 財団法人台湾教育会編『台湾教育沿革誌』財団法人台湾教育会、一九三九年、九八〇頁。

(12) 呉文星「日据時代台湾書房的研究」『思與言』第一六巻第三期、一九七八年、七二―七三頁。

(13) 呉文星「日据時代台湾書房的研究」『思與言』第一六巻第三期、一九七八年、六二―八九頁。

(14) 公学校の前身である国語伝習所時代から、生徒の保護者の職業を見れば、商業従事者が多いのが特徴であった(許佩賢『殖民地台湾的近代学校』遠流出版、二〇〇五年、四一頁)。

(15) 科挙の称号を持つ知識人や全島の名望家などを含むエリート層は、既存の経済的、政治的、社会的地位を確保し、発展させるため、日本当局が設置した新式学校に自ら率先して入学、または子女を就学させた。呉文星『日据時期台湾領導階層之研究』五南、二〇〇八年、三一三―三一五頁を参照。

(16) 興味深いのは、こうした生活の実用性からくる日本語学習により、自らの母語の言語体系に合わせて簡易化され変形された「国語」が、台湾の人々の間に形成されたことである。「正しい国語」の存在を疑いなき前提とする植民地台湾の日本人「国語」教育論者から見れば、当時、台湾人社会で使用された日本語は誤ったものであり、一日も早く「正しい国語」へと導かれなければならなかった。こうした認識は、戦後の「日本語」研究者たちの一部にも無批判に踏襲され、「誤用」であるか否かという語学上の問題としてしか論じられてこなかった。一方で、日本の旧植民地や占領地の人々が戦後でもなお使用し続けている日本語そのものに、親しみと懐かしみを感じ、日本への愛情や、植民地統治自体を肯定する要素として解読する傾向も、戦後日本の一部の論者には見られる。こうした現象について、安田敏朗はその「過剰さ」を批判し、「かれらの日本語」は「かれらの日本語」であって、それ以上でも以下でもない」と指摘している。すなわち

「それ以上でも以下でもない」という観点をもたなければ、差別や排除の機制が容易にはたらいていってしまう。そしてまた、一見妥当な「多言語社会の共通語としての日本語」という主張も、この同化と排除の力学のなかでしか存在しない」と警鐘を鳴らしている（安田敏朗『かれらの日本語――台湾「残留」日本語論』人文書院、二〇一一年、二三八頁）。

(17) 楊肇嘉『楊肇嘉回憶録』三民書局、一九七〇年、二四頁。

(18) 許佩賢『殖民地台湾的近代学校』遠流出版、二〇〇五年、一四―一五頁。

(19) 財団法人台湾教育会編『台湾教育沿革誌』財団法人台湾教育会、一九三九年、二二三頁。

(20) 許佩賢『殖民地台湾的近代学校』遠流出版、二〇〇五年、八七―八八頁。

(21) 許佩賢『殖民地台湾的近代学校』遠流出版、二〇〇五年、八八、一〇二頁。

(22) 排除と包摂をめぐる植民地台湾の教育政策の性格については、以下の研究は精緻な分析を展開している。駒込武『植民地帝国日本の文化統合』岩波書店、一九九六年。小熊英二『〈日本人〉の境界――沖縄・アイヌ・台湾・朝鮮：植民地支配から復帰運動まで』新曜社、一九九八年。

(23) 公学校における漢文教育の変遷について、呉文星「日据時代台湾書房的研究」『思與言』第一六巻第三期、一九七八年、七五―七九頁を参照。

(24) 林茂生著、古谷昇・陳燕南訳『日本統治下の台湾の学校教育――開発と文化問題の歴史分析』拓殖大学海外事情研究所華僑研究センター、二〇〇四年、一四六―一四八頁。原タイトルは Public education in Formosa under the Japanese administration: historical and analytical study of the development and the cultural problems.

(25) 林茂生著、古谷昇・陳燕南訳『日本統治下の台湾の学校教育――開発と文化問題の歴史分析』拓殖大学海外事情研究所華僑研究センター、二〇〇四年、一四九―一五〇頁。

(26) 「來年度の増設は百廿学級程度か、台中州教育課の要求に比し約五十学級を減ず、入学難緩和、果して成るか」『台湾日日新報』一九三六年一二月二〇日。游鑑明『日据時期台湾的女子教育』国立台湾師範大学歴

史研究所専刊20、一九八八年、一〇一頁。
(27) 林茂生著、古谷昇・陳燕南訳『日本統治下の台湾の学校教育――開発と文化問題の歴史分析』拓殖大学海外事情研究所華僑研究センター、二〇〇四年、一七〇、一七一―一七三頁。
(28) 康原『芳苑郷志 文化篇』彰化県芳苑郷公所、一九九七年、八頁。
(29) 洪掛口述、黄玉峯整理『看台湾成長：洪掛回憶録』允晨文化、一九九六年、六四―七一頁。
(30) 康原『芳苑郷志 文化篇』彰化県芳苑郷公所、一九九七年、一〇頁。
(31) 洪掛口述、黄玉峯整理『看台湾成長：洪掛回憶録』允晨文化、一九九六年、七一、一五一、一七一頁。
(32) 以下、陳炎生『台湾的女児：台湾第一位女導演陳文敏的家族移墾奮門史』玉山社、二〇〇三年を参照。
(33) 游鑑明『日据時期台湾的女子教育』国立台湾師範大学歴史研究所専刊20、一九八八年、二八六―二八七頁。
(34) 呉文星「日据時代台湾書房的研究」『思與言』第一六巻第三期、一九七八年、六九―七〇頁。
(35) 財団法人台湾教育会編『台湾教育沿革誌』財団法人台湾教育会、一九三九年、一〇四四―一〇五四頁。呉文星『日据時期台湾領導階層之研究』五南、二〇〇八年、二九八―二九九頁を参照。
(36) 一九三六年末から台湾総督府が実施した一連の同化政策。その影響は、台湾人の文化、宗教、言語など生活全般に及んだ。
(37) 台湾南部、屏東県西南部の外海に位置する島嶼である琉球郷の俗称。
(38) 藤森智子「皇民化期(一九三七～四五)台湾民衆の国語常用運動――小琉球「国語講習所」「全村学校」経験者の聞き取り調査を中心に」『日本台湾学会報』六号、二〇〇四年、一四七―一四八頁。
(39) 一九三〇年代、台湾郷土文学の創作言語やそのあり方などについて激しい論争が繰り広げられた。この台湾郷土文学論戦は「台湾話文論戦」とも呼ばれ、台湾話文か中国白話文かの言語問題がそこでの主な争点となった。
(40) 陳培豊『日本統治と植民地漢文――台湾における漢文の境界と想像』三元社、二〇一二年、第三章を参照。
(41) 歌仔とは台湾伝統俗謡の一種。歌仔冊とは、その歌詞を記載した唱本を指す。歌仔冊を見ながら俗謡を歌うことは、当時の台湾農村社会では最もポピュラーな娯楽の一つであった。

(42) 頼明弘「絶対反対建設台湾話文摧翻一切邪説」『新高新報』四一〇—四一二、四一四—四一七、四二二号、一九三四年二月二日〜四月二九日連載。中島利郎編『一九三〇年代台湾郷土文学論戦史料彙編』高雄市、春暉出版社、二〇〇三年、五〇七—五〇九頁を参照。

(43) 安田敏朗『かれらの日本語——台湾「残留」日本語論』人文書院、二〇一一年、一七頁。

第三章　植民地の法と慣習

台湾社会の女児取引をめぐる諸問題

『民俗台湾』特集号「養女・媳婦仔制度の再検討」（第 3 巻第 11 号，1943 年）
の表紙

はじめに

植民者にとってその地の旧慣は、必ずしも一元的ではなかった。統治基盤の確立という緊要な使命に関わるものもあれば、副次的な重要性しかないものもあった。つまり旧慣の中にもすぐさま対応すべきものと、とりあえずは改変せずに放置しても構わないものというように、序列があった。従来の研究で指摘されてきたように、数多くの慣習の中でも、政策上最も急を要し、かつ深刻な問題となったのは、阿片と土地所有に関する旧慣であった。この二つは、漢族系を中心とする台湾人の人心掌握、および総督府の財政基盤の確立という課題に深く結びついており、慎重な対応が必要であった。それゆえ、学界でも両者に照準を合わせた研究成果が多く蓄積されてきた(1)。

こうした状況にも関連するが、旧慣問題に関わる先行研究は、植民統治政策史の側面から問題を捉えるものが多く、台湾社会史の視角からその変容を扱うものは少ない。台湾人の生活に深く関わっていながら、当時政治的経済的には重視されていなかった慣習は、如何なる法の管理体制のもとにあったのだろうか。また植民政府側の対応は、台湾社会にどのような影響をもたらしたのか。このような慣習を考察することにより、植民地の法と慣習の関係性、およびその特徴を新たな視角から浮き彫りにすることができると考える。

このような問題意識に基づき、本章は養女・媳婦仔《シンプアー》・査某嫺《ツアボカン》を含む女児取引の慣習を研究対象としてとりあげる。売られたり、貰われたりする養女・媳婦仔・査某嫺にあたる女性は、台湾の民衆社会では普遍的な存在であった。ここから、植民地台湾の家族形態を理解するためにも、そして民衆層が如何なる法的環境に置かれていたかを究明するためにも、女児取引の慣習の変容はきわめて重要な手がかりを与えてくれる。

1　養女・媳婦仔・査某嫺の内容と特徴

台湾の実態

近代台湾社会の①養女、②媳婦仔、③査某嫺の定義・区分の問題は、植民地研究を専門とする研究者によってしばしば提起されている。字義通りに見れば、まず①養女は養子縁組によって子となった女子であり、②媳婦仔（表3）は中国研究や東洋史研究ではよく知られている「童養媳」、つまり息子の嫁にするために幼いときにもらったり、買ったりして育てた女子のことであり、③査某嫺（表4）は中国大陸では「婢女」と言い、下女のことである。

しかし台湾では、三者の境界は必ずしも明確ではなかった。『台湾私法』の記載によれば、台湾では女子の収養（もらって育てること）は、三つの様相を呈していた。

一　異姓ノ女ヲ養入スルトキニ養媳トスルカ養女トスルカヲ声明セズ他日成長ノ後ニ其性行ヲ

見テ或ハ媳婦トシテ家男ニ配シ或ハ養女トシテ出嫁又ハ招婚セシムルモノアリ
二　又初養女トシ入レタル者ヲ後ニ至リ変シテ媳婦トシテ家男ニ配シ（一部ノ人士ニ於テハ既ニ兄弟姉妹ノ名分定ル上ハ相婚セシムルコトヲ得スト為セリ）或ハ其反対ニ養媳トシテ入レタル者ヲ変シテ養女ト為シ出嫁又ハ招婚セシムルモノアリ
三　北部ノ閩族及澎湖島ニ於テハ異姓ノ少女ハ其夫タルヘキ者ノ定リタルト否トヲ論セス皆之ヲ養媳ト為シ或ハ家男ニ配シ或ハ出嫁招婚セシムルモノアリ従テ観念上ニ於テ両者ノ間ニ判然タル区別アルモ実際ニ於テハ之ヲ識別スルコト困難ナル場合アルノミナラス之ヲ表示スル言語モ亦屢混用セラル丶コトアリ(2)

第一に、異姓の女子を収養するとき、その身分は媳婦仔か養女か最初から決定するのではなく、その成長の過程で女子の品性（性格と日ごろの行動）を見て決めた。嫁として家の男子と結婚させるか、あるいは養女として嫁に行かせたり、婿をとったりすることもある。第二に、媳婦仔と養女の身分は相互に変更可能であった。養女を媳婦仔に変更したり、媳婦仔を養女に変更して、養女の慣習にしたがい、嫁に行かせたり婿をとることも可能である。第三に、台湾北部や澎湖島など一部の地域では、異姓の女子を収養する際、「有頭対」（養家で夫となる男子が定められているもの）か「無頭対」（夫となる男子が未定のもの）かを問わず、養女あるいは媳婦仔としての収養はすべて「媳婦仔」と称する。家の男子と婚姻させるか、嫁に行かせたり、婿をとったりするかは、成長し

表4　査某嫺の比較

	中国大陸（婢）	台湾（査某嫺）	備　　考
発　生	買断のほか，犯罪，家生（その子孫）など。清律では特殊な場合を除き，庶民はすでに奴婢である者以外は，新たに良人の子女を奴婢とすることを禁じている。	主に買断。	
買断の手続き	条例の定めるところに従ってこれを官に届け，その官印を契字に受ける手続きを要する。	売り主において契字を作成し，これを身価銀と引き換えに買い主に交付。手続きは比較的簡単。	
解　放	解放されなければ永久に奴婢。解放も，法令の規定以外はみだりにできない。	法規上の束縛を受けることなく，家長はいつでも自由に解放することができる。査某嫺になることも贖身も容易。贖身の手続きは一般に所生の父母または兄弟からか，または娶って妻にしたい将来の夫から持ち出され，家長が承諾すれば可能となる。	
身分継承の有無	本人だけでなく，子孫も原則的に永久に奴婢。	子孫には身分が継承されない。ただし婚姻せず，私通によって出産すると査某嫺子と言われて一般に軽蔑され，財産分与でも劣位に置かれる。大陸と異なり，私生児はその母に帰属するが，実際には直ちに売断され螟蛉子，養媳，養女などとなり，その身価銀は家長に帰属。その家長に男子がない場合はまれに螟蛉子になることもある。	台湾では査某嫺は家長の妾となることが多い。家長と私通して出産した子は，慣例上家長の子となる。これを嫡出（正妻の子）や庶出（婚姻儀式を行い正式に認められた第二，第三夫人の子）と区別して孽出といい，劣位に置かれる。昭和15年前後には普通の私生児と区別せず，嫡子や庶子と同様の財産分与に預かるようになった。

出所：杵淵義房『台湾社会事業史』徳友会，1940年，623-624頁をもとに筆者作成。

表 3　媳婦仔（養媳）の定義と比較

名　称	媳婦仔（閩族）の通俗語，養媳（法律用語），小媳婦（粵族の通俗語），または過門童養之媳，略して童養媳，童媳，幼媳，苗媳		
字　義	媳＝子の妻 養媳＝子の妻を養う。将来の嫁		
養媳と幼女の区別	養　媳	養　女	
	①将来家男の妻となる目的を有する。 ②将来その夫足るべき者が定まっていること，姓を異にすることが必要。 ③将来夫となる相手とは，結婚した男女の一方が他方の親族に対するのと同一の親族関係を生じ，したがって養媳の父母と夫となる男性とは岳父母（義父母）と女婿の関係を生じる。 ④本姓を維持してその上に養家の姓即ち夫姓を冠する。	①単に家女として養う。 ②夫となるべきものは定まらず，かつ養家と姓を異にすることを必要としない。 ③養者と親子の関係あり，養者の男子即ち家男とは兄弟姉妹の関係が生ずる。 ④本姓を棄てて養家の姓を名乗る（北部台湾および澎湖島においては養媳と養女の区別は不明瞭で，異姓の幼女はすべてこれを媳婦仔と称し，元々の姓を維持する）。	
起　源	清朝の康熙年間，中国本土において初めて起こった。正当の嫁娶をなすには莫大な費用を要するので，その経済的負担を軽減する目的をもって他人の幼女を抱養し，後日簡易の婚姻をなさんがためであった。清朝期に台湾に伝来し，慣習となった。		
清の条例および刑案における養媳の3要件		中国大陸	台　湾
	①養家に将来その夫となるべき男子がいること	○	×
	②その夫となるべき男と姓を異にすること	○	○
	③すでに男家に養入されていること	○	○

出所：『台湾私法　第二巻下』臨時台湾旧慣調査会，1911 年，413-416 頁，杵淵義房『台湾社会事業史』徳友会，1940 年，494-495 頁をもとに筆者作成。

て状況を見てから決める。そのほか、養女あるいは媳婦仔の収養を名目とした下女（査某嫺）の人身売買も、収養と偽りながら頻繁に行われたのである。

以上からわかるように、台湾社会の文脈では、養女、媳婦仔、査某嫺の三つの身分を、それぞれ独立した身分として理解することは適切ではない。清朝統治期から三者の境界線は曖昧であり、呼称までも混用される事態が続いていた。「女児をもらって育てる」行為自体に絡む取引内容は、今日的意味のいずれの語彙にも収まり切らないが、ここでは三者を「もらって（または買って）育てる娘」という共通項において確認した。

清朝政府の対応

こうした女児取引の慣習を、清朝政府は基本的に容認する姿勢をとっていた。光緒初（一八七五）年、閩浙総督何璟および福建巡撫兼台湾学政葆亨は「戒俗八条示冊」を定め、台湾と福建地方で公布した。「溺女宜禁也」の条文には、次のように示されていた。

「如し女は心外に向ふと謂はゞ、贅婿門に在り、転々其奉侍を資くべし、即ち然らざるも、童養姻家に寄らば、もと未だ人口を増多せず、婢妾大戸に鬻がば、少しく貲財を獲る無からず、何ぞ天倫を蔑絶し、骨肉を残傷するに至るや、用て特に勧喩す」(3)。

こうした条文が必要であった社会的背景として、当時の福建地方に、女児が生まれたら溺死させる風習があった。一八世紀末から一九世紀中葉にかけて、この風習は移民とともに台湾に持ち込まれた。女児を間引きする理由はさまざまで、貧しい家庭では多くの子どもを養育できず、男児よりも女児が先に犠牲となったこと、裕福な家の下女が子どもを持つと仕事の障碍となること、私生児は家族の不名誉となるため、とくに女児はほぼ死の運命を逃れないことなどが挙げられる。このほか、将来必要となる結婚費用を節約するために間引きが行われることも少なくなかった。だが行政側にとってみれば、女児を溺死させるよりも、媳婦仔か査某嫺として他家に出させる方が合理的である。幼いうちに媳婦仔として他家にやれば、家族の負担にはならないし、査某嫺として売れば家計の一助にもなるという論理であった。

女児取引の慣習に関し、清朝政府が干渉しようとしたのは、査某嫺（婢女）を家庭内に束縛することであった。前出の「戒俗八条示冊」では、「錮婢宜禁也」の一条が定められていた。「閩俗好みて婢女を蓄ふ、素封大戸は論無きのみ、即ち衣食僅に足るの家も、亦必ず一二の使女あり、以て力役を資く、年既に長成するも婚配を為さず、日に外に出でゝ物件を市買し、一切奔走饋問の労に与り、其遊行を恣にせしめ、管束を加へず、有孕に至るに及び、陽に聞く無きが如く、分娩の時に於て、其生む所の使女あり棄てしめて、己の子女を乳哺せしむ、名づけて奶子頭（奶丫頭の誤植）といふ、延きて中年に至りて、始めて出売を行ふ者あり、終身を錮閉し、竟に遺嫁せざる者あり」[4]。査某嫺を一生のあいだ家に縛りつけてはならないとし、成年になれば結婚させるべきだと明記した。清朝統治期、査某嫺に関わる禁令はたびたび出ていることから、台湾では普遍的な習俗であったことがわかる。

養女や媳婦仔をかたった人身売買の規制は、管見の限り、以下に引用する光緒三（一八七七）年の諭告しかない。これは福建巡撫丁日昌が地方官に発した諭告であり、当時台湾北部に赴任した淡水同知がこれを受け、淡水庁下に公布した。「一八歳以上の婢女（査某嫺）については、その長年の労働に鑑み、早期に嫁に行かせるべきである。陋習に拘り、長年縛りつけるべきではない。また偽りに養女や媳婦仔の名を用いて、成人しても配偶者を与えず、強制的に娼婦にしてはならない。敢えて違反するものがあれば、本部院の調査によるものであれ、告発によるものであれ、前例に従い、罪を定める。主として査某嫺を結婚させること、および違反する者への懲罰を明示したものである[5]」。

媳婦仔、養女、査某嫺、営利のための人身売買などは、他家の娘をもらうという単純な手続きを経てそれぞれの目的を満足させることができた。このような習俗が存続できたのは、国家による社会の管理が比較的緩やかであったことの反映に他ならない。清朝の公権力には、諭告を民衆に広く伝達し、法律を確実に実行し、禁令に反する行為を把握・摘発し、懲罰を与えるといった統治能力があるとは言い難い状況であった。

2　植民地法制度による管理

こうした習俗は、日本の植民地統治下にあってはどのような扱いを受けたのだろうか。植民地を法の管理下に置くにあたり、植民地政府は媳婦仔、養女、査某嫺の慣習を、旧慣調査事業の一環である家族制度調査の対象に含めた。大勢の法学者と民俗・人類学者により、女児取引の慣習に関する知識が大量に蓄積されることになった。留意したいのは、媳婦仔、養女、査某嫺の慣習について、植民地政府は法に基づく社会の管理を基本方針とした点である。慣習を判断する基準は、日本社会の養女縁組や妻などの既存概念であり、それに対応する形で法的な分類区分が行われた。一体どの程度の公権力が慣習に介入したかというと、基本的には戸籍登記と「慣習法」の確立の二つの領域に限定されていた。

さらにこうした措置は、必ずしも社会改革に結びついたわけでもなかった。人身売買の問題は改善されたのか、公的規定は遵守されているのかをチェックすることもなく、それまでの社会慣習を揺るがすものではなかった。

無頭対媳婦仔について

統治側に媳婦仔、養女、査某嫺の慣習に対処する必要性が生じたのは、全島人口を把握するために行った戸口調査簿の登記がきっかけだった。戸口調査において最大の問題は、媳婦仔と養女の区別、とりわけ夫を定めていない「無頭対」媳婦仔の扱いであった。統治側の認識と指導方針が反映された重要な文書は、(1)明治四三（一九一〇）年の民政長官より各庁長への通達「妻及媳婦仔ヲ戸口調査簿及同副簿ニ登記スル場合取扱方ノ件」（明治四三年一〇月民内第六九一五号）、(2)大正五（一九一六）年の警察本署長から各庁長に宛てた通牒「夫未定ノ媳婦仔取扱ニ関スル件」（大正五年一二月本保第一八〇八号）[6]、および(3)大正一四（一九二五）年八月四日高等法院上告部判決（大正一四年上民第百二号大正一四年八月四日判決）[7]の三つである。主要な争点となった「無頭対」媳婦仔の定義と処理法の変遷については、それぞれ次のように整理できる。

(1)　媳婦仔という馴染みのない身分については、妻と養女という日本社会での既存カテゴリーの中間に置いて理解していた。行政側の立場としては、媳婦仔または普通の養女かの登記を正確かつスムーズに行うために、便宜的にであれ、とにかく明確に区別しようとしたのであった。同通達に添付された解説は、「養女ト媳婦仔ノ区別ヲ明ニシ、決シテ混淆スルコトナキヲ要ス。養女ハ其ノ字ノ示ス如ク己ノ女トシテ養フモノヲ云ヒ、媳婦仔ハ己ノ子ノ将来ノ妻トシテ養フモノヲ云フ」といった基準に立っている。旧慣上は両者の身分の流動性、地域による名称の混用はあるにせよ、登記事務上、明瞭な区分と統一的処理の必要性が強調された。つまり「事務ノ統一ヲ必要ト認メ候ニ付旧慣ノ存スルト否トニ係ラス」、通達どおりに執行せよという指示であった。いわゆる科学的な分類の原則では、カテゴリー間のグレーゾーンは許されない。養女はその家の「準」娘の身分として認定されるのに対し、媳婦仔は「準」嫁の身分と見なされる。明治四三年の通達ではこのような認識に基づき、以下のような登記方法が指示された。

一　妻ヲ登記スルニハ其ノ実家ノ姓ニ夫ノ姓ヲ冠スヘキモノトス

二　媳婦仔ヲ登記スルニハ実家ノ姓ニ其ノ夫ト為スヘキ者ノ姓ヲ冠スヘキモノトス若シ其ノ夫ト為ルヘキ者ノ定マラサルトキハ単ニ実家ノ姓ニ従フヘキモノトス
三　養女（媳婦仔ヲ含マス）ヲ登記スルニハ実家ノ姓ヲ捨テ養家ノ姓ニ従フヘキモノトス
四　前項ニ関スル届書ハ総テ其ノ主意ニ依リ作製セシムヘキモノトス。故ニ二字姓ヲ冠スヘキモノ、実家ノ姓ニ依ルヘキモノ、又ハ姓ノ変更ヲ要スルモノハ区別ヲ明カニセシムヘシ。従来南部各庁ニ於テ散見スル養女中ニハ媳婦仔ヲ包含シ居ルモノ甚タ多キカ如シ、二者決シテ混淆スルヲ許ササルヲ以テ、届書整理ノ際ハ特ニ留意シ誤リナキヲ要ス

まず第一に、普通の妻の概念は明白であり、問題にならなかった。当時の台湾では、既婚女性は実家の姓の前に嫁ぎ先の姓を加える習慣があったので、戸口登記はこれを踏襲した。たとえば「楊」家に嫁いだ「蔡」家の娘は、「楊蔡」という苗字になる。第二に、養女とは他家の娘をもらい、自分の娘として育てるものと思われたので、養子縁組の概念に沿い、元の姓を捨て、養家の姓を名乗るべきと規定された。たとえば「楊」家の養女になる「蔡」家の娘は、「蔡」を捨てて「楊」を名乗る。ここで媳婦仔に注目したい。将来の結婚相手が決まっている「有頭対」媳婦仔は、夫の姓を自分の姓の前に付け加え（先の例では「楊蔡」）、いわば妻に準ずる登記となる。第三に、将来の結婚相手が決まらないまま引き取られた「無頭対」媳婦仔は、そのまま実家の姓を記載される。たとえば「無頭対」媳婦仔として「楊」家に入った蔡さんの姓は、戸口調査簿に「蔡」と登記された。

(2) その結果、一部の地域では、他家の娘をもらい受ける際には、容認された「無頭対」媳婦仔の登記が「養女」よりも大きな比率を占めることになった。大正五年、台南庁長は警察本署長に「当庁下阿公店支庁以南即チ元鳳山庁管内タリシ各支庁ニ於テハ当初夫トナルヘキ男子ナクシテ媳婦仔ヲ認メタル結果現今ニ於テモ男子ナキ媳婦仔ノ届出甚タ多キ状態ニ有之候如此ハ全然認メサルコトニ改ムヘキヤ若シ認メサルコトニ改ムトセハ巳ニ登記セラレタルモノハ之カ訂正ヲ為サシムヘキヤ」という内容の照会文書を送り、指示を求めた。これに対して警察本署長は「夫未定ノ媳婦仔取扱ニ関スル件」という通牒をもって、「夫未定ノ媳婦仔取扱方ニ関シ照会ノ趣了承本件ハ貴見ノ通全然之ヲ認メサルコトニ取扱相成度尚既登記ノ分ハ殊更ニ訂正ノ必要無之候」と回答した。文書は台南庁長以外の各庁長にも同様に発送された。この回答により、いわゆる「無頭対」媳婦仔の新規登記は認められないと行政は態度を固めたのである。この転換により、夫が決まっていない異姓女児の取引を行う際、戸籍上では新しい対応を迫られることになった。

戸籍管理を行う行政部門は、台湾人の家族関係における「媳婦仔」など女子の曖昧な地位について比較的早い段階から認識していた。ここに開示された登記方法は、行政命令に依拠するものであり、性格的には旧慣の尊重というよりも、日本人自身の家族概念を基準として分類する色彩が強かった。とくに媳婦仔のようなグレーゾーンに対する処置を見れば、この点はいっそう明瞭であろう。

(3) 他方、司法部門が自身の見解を明確にしたのは比較的遅かった。大正一四年、高等法院上告部は、これまでの行政警察部門の見解に反する判決を下した。「本島ノ慣習上媳婦仔ハ縁組当時其ノ夫トナルヘキ者ノ定マリタルト否トヲ論ゼズ将来ニ於テ必ズ子婦ト為サントスル目的ヲ以テ異姓ノ幼女ヲ養入シタルトキハ成婚ノ婦ト同ジク本姓ノ上ニ養家ノ姓ヲ冠シ養家ノ親族ニ対シ姻族関係ヲ生ズルモノニシテ養女ハ之ト異リ前叙ノ目的ヲ有セズ養家ノ姓ヲ冒シ養家ノ親族ニ対シ実子ト同一ノ親族関係ヲ生ズルヲ以テ二者全然別個ノ身分関係ヲ成立スルモノトス」。これは、夫となるべき男子の有無をもって、媳婦仔か養女かの登記基準とする前述(2)の措置を、事実上否認したものともいえよう。

ここでは植民地における行政部門と司法部門の立場の相違に注目したい。民事紛争を仲裁し、ある種の慣習法の確立を意図する司法部門は、この判決文から明らかなように、できるかぎり台湾人の慣習に寄り添う姿勢であった。杵淵義房によれば、この判例の解釈は、その後の法律界の定説となった。[8] しかし、大正一四年の判決が出ても、「無頭対」媳婦仔の登記を認める変化は見られず、夫が決まっていない他家の女児を引き取る場合は、相変わらず「養女」として登録されていた。行政・警察部門と司法部門の見解はそれぞれの目的の下に、異なった立場を持っていたといえる。[9]

査某嫺について

前述のように、査某嫺の慣習は人身売買の性質を帯び、売春問題と深く関連していたため、清朝政府はかねてからこれを問題視していた。だが、その諭告の内容を分析すればわかるように、清朝政府が禁止したのは、あくまでも査某嫺の虐待、売春業への関わりなどこの慣習を悪用した場合であり、慣習そのものではなかった。これに対し、日本植民政府は統治初期には清朝の方針を踏襲していたが、大正六年以降、査某嫺の慣習自体を認めない立場へと一転した。「無頭対」媳婦仔の問題に比べれば、査某嫺の慣習に関して行政部門と司法部門は歩調が合っていたように見える。

大正六年一一月七日の覆審法院（植民地台湾の第二審裁判所）による判決は、「他人ヲ以テ査某嫺トナシ終身拘束ヲ受ケシムルカ如キ合意ヲ為スモ其ノ合意ハ所謂公ノ秩序善良ノ風俗ニ反スル事項ヲ目的トスルモノニシテ無効ナリ」と、査某嫺の契約の有効性を否定した。

この判決を受け、翌年の一月には警察本署長から全島各庁長に対し、「大正六年一一月七日覆審法院ノ判決ニ依レハ他人ヲ以テ査某嫺トナシ終身拘束ヲ受ケシムルカ如キ合意ヲ為スモ其ノ合意ハ所謂公ノ秩序善良ノ風俗ニ反スル事項ヲ目的トスルモノニシテ無効ナリトノ判決有之候ニ付爾後査某嫺ニ関スル戸口上ノ届出ハ之ヲ受理セサルコトニ取扱相成度」と指示した。それに基づき戸口登記における査某嫺の新規登記を中止した。すでに登記した分については、さらにその後の大正一〇年に「査某嫺ノ如ク終生人ノ自由ヲ制限スル身分関係ヲ成立セシムル所為ハ公序良俗ニ反スルカ故ニ本人ハ相当事由アル場合ニ於テハ何時ニテモ其身分関係ヨリ脱退スルコトヲ得ヘク戸主タルモノニ於テ之ヲ拒否シ得サルヤ言ヲ待タス」とする判決も出され、査某嫺という身分関係からの脱退を希望する本人の申し出が認められたのである。[10]

「無頭対」媳婦仔の問題に関しては足並がそろわなかった行政部門と司法部門だが、査某嫺の問題ではそうではなかったのはなぜであろうか。査某嫺は媳婦仔とは異なり、公然たる人身売買の契約に基づくものである。虐待、売春などに絡み、清朝時代から大きく問題視されてきた。司法と行政が人道的考慮をしたという側面は当然無視できないが、そこには二〇世紀初頭以来の国際的な婦女売買禁止運動の高揚も関連していると考えられる。[11] 婦女、児童の人身売買に関心を高めていた国際的な潮流の中で、「文明国」としての体面を保つという側面もあったろう。

3 民衆社会の実態——人身売買と売春問題

以上のような法規制を受けた民衆社会の変化について検討したい。女児取引に関して確立された法制度と旧慣の相違点を簡単にまとめると、①旧慣の「無頭対」媳婦仔を養女として登記することと、②査某嫺という身分の法的廃止の二点が挙げられる。このような登記様式に従った結果、確かに夫なき媳婦仔と査某嫺の二つの身分は、戸口調査簿などの公文書に受理されなくなったが、これは決して慣習そのものが民衆社会から消失したことを意味しない。

養女の慣習の背後にある人身売買について、萬年宜重は次のように指摘している。「養家ハ生家ノ同意ナクシテ養子ヲ他ニ典売スルヲ得ス但シ財利ノ為ニスル養子ナルトキハ予メ縁組ノ契約書中ニ他日典売スルモ生家ニ於テ異議ナキ旨ヲ特記スルノ例アリ而シテ養女ハ実際ニ於テ婢女トナシ又ハ娼婦ト為ス等財利ヲ目的トナスモノ多シ」[12]。また杵淵義房も、査某嫺制度が形を変えて存続した状況について次のように述べる。「査某嫺制度は大正六年以降国法上認められないことになったけれども、経済的利害関係に根ざした所の強い根拠に因るものであるから、短時日の間に到底之を一掃することが出来るものでない。果せる哉該制度は養女、養媳、同居寄留人等の名目の下に、現今に於ても尚ほ暗黙の間に依然として実現されてゐる」(13)。

杵淵が強い根拠とする「経済的利害関係」について、連温卿は一九四三年に次のように論じている。「甚しいところになると、媳婦とは家内的奴隷だと極言することが出来ないかも知れないが、その性質を帯びるやうな状態に変換しつつあるのだ。即ち商品の如く金銭で自由に〈買得〉することが出来ると同時に、利得―利潤さへあれば之れまた自由に手を放すことが出来る」(14)。そこに潜んだ深刻な社会問題は、なによりも民衆層の貧困である。従来の女児取引をめぐる金銭授受について、ここで聘金との関わりから説明しておきたい。

聘金《へいきん》とは結婚に際し男性側から女性側に贈られる金品のことである。養女・媳婦仔・査某嫺を含む女児取引に共通する要件として、聘金(または身売り金)の収受が挙げられる。その中には字義通りに養女、媳婦仔を出す場合もあれば、人身売買といっても過言でない場合もあった。将来のトラブルを防ぐために、いずれも「契字」=契約書を作成する。契約書には理由、聘金の収受、条件などが詳細に記載される。

契約の特徴は以下のようである。第一に、一般的には、養女や媳婦仔の収養の場合は、養家から女児の生家へ謝礼という意味で金銭を支払うのは稀である。友人や親族間であれば、全く聘金を取らず、契字または婚書(婚姻証明)を作成しないことさえある。このような親しい間柄では、生家が契字において自分の娘と関係の保持を希望するのが常である。すなわち他家に出した後も娘に対する発言権はあるということである。契約書のなかには、養女として出された娘の婚姻は相手に一任するが、娼妓にしてはならないこと、実親が保護のために娘を買い戻す権利が明記されている場合や、[15]娘の結婚の実親への報告義務や、地域行事を通じて両家の交流機会を確保するなどの内容も含まれていた。[16]

第二に、最初から女児を売りとばす目的の取引は、きわめて高額であり、生家は娘に対する一切の権利を喪失し、親族関係、日常的付き合いも契約で一切禁止される。以下は明治三五年（一九〇二）の契字である。「貧困にして借金の取り立てに耐え難く、食事にも事欠き、そのため……養女に出すこととなり、三方面の人士によって議定を行い、……計二百大圓に決める。即日全額を受領し、娘を買い手に引き渡し、その管理に任せる。娼妓となっても異議は唱えない。もしおとなしく従わず、買い手により他に転売されるとしても、親戚縁者とは無関係である。敢えて阻止したり異議を申して問題を起こしたりしない。この女子とは今後いっさい縁を切り、探し出して買い戻すことはしない[17]」。

聘金の額とそれ以後も関係を保持できるかどうかは、ほぼ反比例の関係にあった。生家が経済的な理由などで相対的に高い金額を受けとる場合は、娘に対する権利、親族関係の保持などは契字により限定される。[18]甚だしい場合は、生家と完全に絶縁することも稀ではない。売春業者が養家として、直接貧困家庭と養女や媳婦仔の縁組をし、酌婦や娼妓とすることも珍しくはなかった。

前述した日本統治期における登記規制と司法判決が、実際に民衆社会に与えた影響は非常に限定的であった。貧困問題が現実に解消されない限り、女児取引の慣習はうわべの装いを変えるだけであり、消滅することはない。それよりも、法の隙間を縫い、法に容認される範囲で生き残るのが、多くの植民地社会の「慣習」の実態であったろう。前述した連温卿は以下のように述べる。「この傾向〔女児取引の慣習〕が領台後になってからますます怪奇な姿を以て現れた。査某嫺の慣習が法律で止められると、彼女らは媳婦として籍に入れられ、媳婦には必ず婚姻の相手がゐなければならない場合になると、彼女らはまた養女として籍に入れられたこともあった。最近では夫々合目的の条件が定められてゐるから、いづれも入籍することが出来ない。もし入籍の有無のみによって養女や媳婦の数を判断するならば、確かに減少してきたとの結論に到達するであらう。しかしながら、事実に於てはさうでもないやうだ。私は、これ以上立ち入ることを遠慮したい[19]」。

実態が変わらなかった原因としては、まず植民者にとっては統治基盤の安定化こそが第一義であり、社会改革にはむしろ消極的であった点が挙げられよう。したがって行政・警察機構の登記規制は、女児取引の慣習を改革するためではなかった。戦時中に書かれた先ほどの連温卿の文章には、総督府の人身売買取り締まりの甘さに対する批判が読み取れる。

次に、司法の動きも改革に積極的ではなかった。そもそも査某嫺の運命を強いられた女性が、法律の存在を知って国家に救済を求めることなどほとんど不可能であったろう。一九二〇年代には養女、媳婦仔、査某嫺の娘たちの家出が恋愛結婚の風潮に乗せられて跡を絶たず、新聞紙面を大いににぎわせていた。当事者の女性たちが逃亡したり、恋人と駆け落ちや自死する例が多く見られ、公権力に助けを求めたとしても、近所の警察駐在所へ駆け込むのがせいぜいであった。[20] 裁判所に告訴するにはほど遠かったといえる。王泰升は、「人民が身分法関連の紛争を裁判所に提訴しない限り、「不告不理」の原則に基づき、裁判所がみずから介入することはほとんどない。そこからさらに進んで人民の行動規範を改変したり、影響を与えたりするのも不可能であろう」と指摘した。[21] そのため、女児取引の慣習を規制する司法判決の力もきわめて限定的であった。

4 国際連盟の実地調査——アモイの台湾人「売笑婦」と養女縁組問題

前述したように、こうした慣習に対する植民統治側の方針は、法の管理下に置いたとはいえ、戸口登記の分類や、民事裁判における法源の定義に止まっていた。日常的に行われていた人身売買については、警察などの公権力は干渉しなかった。このような消極的な関与に変化をもたらしたのは、昭和五~六年にかけて国際連盟の「東洋婦人売買調査専門委員会」が行った実地調査であった。

昭和五年九月初め、パリ駐在の国際連盟帝国事務局長佐藤尚武は、外務大臣幣原喜重郎に向け、東洋婦人売買調査専門委員会が年末から翌年にかけて極東で「支那売笑婦」をはじめとした実地調査をすると極秘裡に伝達した。最も日本政府を慌てさせたのは、「本邦婦人ノ支那行竝ニ台湾婦人ノ支那行」について説明を求められることだった。日本側は調査団が台湾入りする予定に「本邦代表者ノ都合モアリ且報告作成上ニ不便モアルニ付出来レハ台湾ヲ除外スルコト」（電送第八六〇二号、昭和五年九月一九日）と最初から難色を示した。結局、連盟側は予定の変更は不可能という返事だったが、台湾について、とりあえず廈門《アモイ》または福州の領事を通じて事情聴取を行ったうえで、なおかつ不十分と判断された場合にのみ台湾に立ち寄るという案で決着した。同月末、調査事項表が調査委員から日本政府に送付され、福州領事館、廈門領事館を中心に、台湾総督府と照会しながら該当地域の台湾人「売笑婦」の調査を急いだ。

連盟側は、廈門には台湾人「売笑婦」が数多くおり、大部分は養女という身分で渡航してきたという一点に疑問を持ったようである。廈門領事寺嶋広文から台湾総督府警務局長および外務大臣に宛てた「廈門ニ於ケル台湾人売笑婦ニ関スル件」（昭和五年一二月二九日）によると、同地の（台湾）籍民料理屋組合に加入している料理屋で働く「売笑婦」は一五四名（一四歳以下二名、一四〜二〇歳一二四名、二〇歳以上二八名）、それ以外は一〇数名と推定された。「身柄売買ノ有無」については、「当地ニ於ケル台湾人売笑婦ハ料理屋営業者カ他人ノ子女ヲ買ヒ受ケ養女トシテ稼業ニ従事セシムルモノ其ノ大部分ヲ占メ其ノ百分比ハ養女七三、〇」、すなわち七三％の高い比率を養女が占めていたと説明している。これを防ぐため台湾での養女縁組は、届け出の段階で売春業に従事させることが明らかなケースについては受理しない方針だが、虚偽の申告を完全に抑止することは不可能であるとも述べている。さらに、こうした養女縁組の届け出は台湾で済ませたものであり、廈門日本領事館の管轄外の問題であるとして責任を回避しながら、もしも廈門で届け出のあった場合は受理せず、また今後の取り締まり策を考究中であると報告した。それをきっかけに、「醜業ニ入レル事情可成詳細ニ」調査することが求められることになった（昭和六年一月一〇日）。こうしてボールは台湾総督府に投げられたのだった。

国際連盟調査委員会の質問表に対する書面回答「東洋ニ於ケル婦人児童売買実地調査委員会質問ニ対スル回答（台湾ノ分）」は、昭和六年一月二九日に正式に提出されている。回答の重点は以下の三点にまとめられる。

第一に、台湾では委員会の調査対象となりうる女性や児童の人身売買は「ほとんどない」と主張した。

第二に、「ほとんどない」と主張しながら、調査団の懐疑の対象となった養女縁組については、台湾人社会の慣習に由来するものであると説明した。それは元々家の繁栄を図るための制度であり、当初は不道徳な行為ではなかったが、近年悪用されているという解釈を立てた。

第三に、「無頭対」の登記廃止と査某嫺の人身売買の廃止に関する政令と判例を材料に、自らの功績をアピールした。

同年三月六日、調査団は、廈門日本領事館で関係官僚と実際に対面して質問を行った。その後領事館から東京に応答録が提出された（出席者は国際連盟側は調査委員長のジョンソン（Bascom Johnson）、委員のピンダー（Karol Pindor）、サンドクイスト（Alma Sundquist）の三人、書記のシュミーデン（W. von Schmieden）、日本側は廈門駐在領事の寺嶋広文、台湾総督府属の谷口琴次、外務省書記生の増尾儀四郎と外務省巡査の高橋部長）。台湾に関する事情は谷口、廈門の状況は寺嶋が回答する形であった。応答の内容を見れば、その論理は従来の書面回答と変わりがない。興味深いのは、調査団から執拗に質問された女性や児童の「誘拐」問題を、回答では養女縁組と注意深く区別していたことである。つまり、「醜業」に従事させるための養女縁組は誘拐罪として成立しないが、これを目的とする養女縁組は認めない方針をとっており、厳重な取り締まりの結果、こうした慣習は急激に減少したと主張していた。「醜業」目的で婦女を国外誘拐した場合について質問されると、「刑法上ノ処分アリ」と答弁し、さらに「前記ノ事実アリヤ」には「最近五ヶ年間ニソノ例ナシ」と回答した。

結局、調査団は総督府が用意した報告に満足し、台湾行きを中止することになった。その後の東京に滞在中に予定されていた台湾のより詳細な報告の聴取も免除となった。こうして台湾総督府はさらなる追及を免れたのだ[22]。

養女縁組の合法性を利用し、親子関係を偽装して経営を行うことが台湾売春業者の特徴だとしたら、総督府は国際連盟の調査に対し、廈門の実状を、人身売買でも売春でもなく、台湾人の養女縁組という「家族的特徴」に引きつけることで説明した。こうして総督府は国際連盟からのさらなる追及をなんとか免れたのだが、養女縁組と売春の問題は正面から解決されることなく、植民統治期を通じて放置される結果となった。

5　在地エリート層の姿勢

一九二〇年代初頭に世界の新思潮の洗礼を受けた台湾の知識人青年たちは、従来の婚姻制度に苦悩と不満を感じ、婚姻の自由、男女の自由交際、婦人問題などが社会改革の中心的課題と見なされるようになった。養女、媳婦仔の問題、聘金廃止の主張は、このような文脈で展開された。一九二七年以降、恋愛結婚論の退潮と社会主義思潮の流行にともない、焦点は徐々に労働者層の女性に移行していった。養女や媳婦仔の問題、聘金問題を中心とする議論が再燃して以降、自由恋愛は単独のトピックとして扱われることがなくなり、経済的不平等や階級に付随する要素として位置づけられるようになった。

しかし、青年たちの理念の実践はさまざまな困難に直面していた。たとえば張深切は、一九二二年に留学先の東京から一時帰省した時のことを、回想録のなかで以下のように語っている。「社会に対する失望と憂鬱から、その怒りを自らの封建的な家庭にぶつけていた。奴隷を直ちに解放する(そのとき家には正式の使用人のほかに二、三人の女子奴隷〔査某嫺〕がいた)、迷信の打破、新生活の実行などを主張した。社会革命の前提として家庭革命を実行しなければならないなどと主張し、ばかばかしくも家中は大騒ぎだった(23)」。

こうして、実践に成功した事例はそれほど多くはない。総督府医学校卒で、医師を務めるかたわら抗日政治社会運動で活躍していた韓石泉と、台南第二高等女学校卒の荘綉鸞は、出会った一九二一年から四年一〇カ月の交際を経て、一九二六年に結婚した。台南市公会堂で行われた結婚式では、二人は数百人の来客の前で結婚宣誓書を読み上げた。韓が主張する婚礼改革の四つの要点は、第一に、儀式は極力簡素にすること。第二に、嫁入り道具は少なくし、ひけらかさないこと、第三に、「随嫁（陪嫁とも言う。新婦の身の回りの世話のため、嫁ぎ先に女子使用人を随行させること）」の悪習を廃止すること、第四に、婚礼の夜、新婦を冷やかしに来る大勢の野次馬を断ることであった[24]。また、一九二九年の台湾民衆党台南支部書記の胡金碖と張麗雲の結婚も、招待状に「一、聘金を廃止すること、二、祝儀をやめること、三、形式を重視しないこと」を明記し、これは『台湾民報』紙上で「新時代青年の結婚の好例」として推賞された[25]。

しかしながら、台湾人エリート社会の主流は、そうした社会問題に積極的に取り組む徴候はなかった。最も根本的な要因は、エリート層の家庭生活を成り立たせていた、いわば家庭内労働力の確保という現実的問題にあった。既述のように、査某嫺の登記が禁止されると、女子使用人にあたる者の登記は、いち早く養女、媳婦仔または同居人名義に転換されたのである。

杵淵は一九四〇年の出版物のなかで、使用人の存在理由について次のように分析していた。

〔売買による利益を目当てとする〕本島固有の利己的経済観念と、漢民族固執の労働忌避の慣習とに基づくものである。……古来本島住民の大部分を占むる所の閩族婦女は、漢民族である関係上、同民族固執の遺習に依つて甚しく労働を賤しみ、日常生活に缺くべからざる家庭労働までも之を嫌忌し、僅かに衣食するに過ぎない小家庭に於てすら、一二人の婢を畜へるといふ習俗であつた。之は蓋し漢民族婦女が古来一般に纏足を為すの結果、労働不能に陥つた為めでもある。然るに一方本島人は改隷前に於ては支那内地と同様に、一般に大家族主義を理想とし之を実現してゐた関係上、中流以上の家庭に於ては家庭労働に堪え得る、即ち纏足せざる多数の婦女を必要とした。此等の社会的缺陥と要求とを充たさんが為めに、斯制が自ら発生するに至つたものである。……中流以上の家庭で其の娘を婚嫁せしめる場合には、之に随伴させてやる侍女の必要があるからである。此の侍女を随嫁嫺といふ。(26)

「固有の利己的経済観念」など台湾人へのある種の差別的な表現には注意が必要であるものの、この引用からエリート家庭の成立が養女、媳婦仔、査某嫺に支えられ、分かちがたく結びついている側面を理解することができよう。

新世代のエリート家庭における「養女、媳婦仔、査某嫺」の役割は、高等女学校以上の学歴をもつ「新女性」のインタビュー記録でも確認することができる。(27) 昭和一五年前後、林清安、蔡娩夫婦がそろって東京に留学した際、心配した姑が家事と孫の世話をするために、養女二人を連れて内地に渡ってきた。一九〇三年生まれで、一九二四年に名門の台北第三高等女学校の講習科を卒業した邱鴛鴦《えんおう》には結婚当時、「査某嫺」一人が付いていた。彼女によれば、これは新婦の出身家庭の尊貴の象徴なので、風習にしたがうことにしたという。邱と同年で同じく第三高女卒の蔡素女の実家の母は三人の「下女」（査某嫺）を使っていた。そのうちの一人は母の専属であり、ほかの二人はそれぞれ二人の娘に付いていた。蔡素女の感想は興味深い。「下女制度は私の若い頃には非常に盛んであった。それを別段悪いこととは思っていなかった。……私の下女は私が結婚するときに一緒に連れて行った。姉妹のように互いに面倒を見ていた。彼女は一五、六歳のときに家が貧しかったため私の家に売られてきた。私はずっと彼女を家族の一員と見なしていた」。蔡は戦後、第一期台湾省議会議員に選ばれ、任期中に養女保護協会を設立、養女保護運動への取り組みによってその名を知られるようになる[28]。

台湾人エリート層におけるわずかな実践例以外には、習俗の改革運動として現れることはなかった。しかし、養女、媳婦仔、査某嫺諸問題が日本統治期に入ってからも長期にわたり根絶できなかった点について、台湾の知識青年たちは、終始、植民統治当局の無策に厳しい視線を向けていた。「慣習」の名の下に、使用人、妾、娼妓の取引が横行する無法な実態について、言論統制が敷かれた戦時中においても、台湾の知識人たちは頻繁に取り上げ、議論を重ねていた[29]。これは、戦時中に厳しい言論統制下での台湾知識人からの精一杯の体制批判と言えた。「台湾人の慣習」と蔑みながらも、確実な取り締まりに移せず、法律が存在しながらも有効な対策を打ち出せなかった植民地官僚への不満の表明であった。

おわりに

以上、見てきたように「養女、媳婦仔、査某嫺」などの女児取引の旧慣は、植民当局側は部局ごとの必要に応じ、異なる措置を取っていたが、実態を改善するための積極的な関与は欠落していた。まず、植民行政・警察機構はただ旧慣を便宜的に分類して管理下に置くに留まっている。また、司法側は民事裁判を通して法的解釈を行い、統治上の法源を作り出した。しかし、慣習と一致しない分類法により戸口登記が行われた結果、「養女、媳婦仔、査某嫺」の概念はいっそう混乱することになった。さらに実態面において、人身売買に関わる慣習に対しても、公権力による積極的な取り締まりが行われなかった点では、清朝統治期と何ら変わるところがなかった。むしろ人々の動揺と反発の可能性を巧妙に回避し、改革の気運が高まるのを待ってから、おもむろに公権力が後押ししていくというやり方が好まれた(30)。消極性と、成り行きを伺う傍観者的態度が統治側の姿勢を特徴づけていたのである。他方、在地エリート層は旧来の慣習には無自覚あるいは消極的であった。ごく一部分の知識人の実践を除き、関心を示した人々も問題提起に留まっており、社会改革に道が開かれることはなかった。「養女、媳婦仔、査某嫺」の慣習が新しい展開を見るには、戦後を待たねばならなかった。

注

（1）春山明哲「台湾旧慣調査と立法構想」『台湾近現代史研究』第六号、一九八八年、八七頁。
（2）臨時台湾旧慣調査会『台湾私法』第二巻下、一九一一年、四一五—四一六頁。
（3）伊能嘉矩『台湾文化志』中巻、刀江書院、一九六五年、三四四—三四七頁、「戒俗八条」『台湾慣習記事』第二巻第一一号、一九〇二年、四八—五〇頁。
（4）前掲『台湾文化志』中巻、三三一頁。漢文原文は「戒俗八条」『台湾慣習記事』第二巻第一一号、一九〇二年、五〇頁を参照。ただし、伊能訳文のなかの「閩属」は「閩俗」の誤りであり、『台湾慣習記事』の漢文原文を参照し訂正した。
（5）同前、三二九—三三一頁。
（6）(1)と(2)について、杵淵義房『台湾社会事業史』徳友会、一九四〇年、四九七—四九九頁を参照。
（7）姉歯松平『本島人ノミニ関スル親族法並相続法ノ大要』台法月報発行所、一九三八年、五九五頁を参照。
（8）前掲『台湾社会事業史』四九九頁を参照。
（9）たとえば当時の法学者、姉歯松平は、慣習法を認めつつも、警察機構が実際の戸口事務を行う際には、「無頭対」を「養女」として登記するよう民衆を指導することを期待していた（前掲、六一四—六一七頁）。登記指導を通じて旧慣を漸進的に改変するためであった。
（10）判決と通牒については、前掲『台湾社会事業史』六四九—六五〇頁を参照。
（11）二〇世紀初頭の国際的な婦女売買禁止運動に関しては、藤目ゆき『性の歴史学』不二出版、一九九八年、五一—八〇頁を参照。大正一〇年（一九二一年）に「婦人及児童売買禁止ニ関スル国際条約」が国際連盟により可決され、二一歳未満の売春は禁止されたが、日本政府はこれを一八歳未満としたうえ、朝鮮、台湾、関東州などの植民地には適用しないとする保留宣言を出した（廖秀真「日本植民統治下の台湾における公娼制度と娼妓に関する諸現象」『アジア女性史』明石書店、一九九七年、四一四—四二八頁）。
（12）萬年宜重『民法対照台湾人事公業慣習研究』台法月刊発行所、一九三一年、一二七—一二八頁。

(13)前掲『台湾社会事業史』六五〇頁。
(14)連温卿「媳婦及養女の慣習について」『民俗台湾』第三巻第一一号、一九四三年、八頁。
(15)臨時台湾旧慣調査会『台湾私法附録参考書』第二巻下、一九一一年、二五六頁。
(16)同前、二四三頁。
(17)同前、二四八頁。
(18)清朝の養女制度を対象とする盧彦光の研究(「清代台湾養女制度之研究」台湾 国立成功大学歴史語言研究所修士論文、一九九二年)は養女契字を詳細に分析し、聘金、身価銀の金額と実家との関係にも言及している。
(19)前掲「媳婦及養女の慣習について」八頁。
(20)洪郁如『近代台湾女性史――日本の植民統治と「新女性」の誕生』勁草書房、二〇〇一年、二一〇―二一四頁。
(21)王泰升『台湾日治時期的法律改革』台北・聯経、一九九九年、三六六頁。
(22)この件に関しては、昭和五―六年「国際連盟婦人児童問題一件、東洋ニ於ケル婦女売買実地調査ノ件」第一、二、三巻(外交史料館所蔵)を参照。
(23)張深切『我與我的思想』中央書局、一九六五年、一四頁。
(24)韓石泉著、韓良俊編注、杉本公子・洪郁如編訳『韓石泉回想録――医師のみた台湾近現代史』あるむ、二〇一七年、八一―八三頁。
(25)「地方通信」『台湾民報』第二四六号、一九二九年二月三日、七頁。
(26)前掲『台湾社会事業史』六二四―六二五頁。
(27)游鑑明『走過両個時代的台湾職業婦女――訪問記録』中央研究院近代史研究所、一九九四年。
(28)戦後台湾の媳婦仔慣習の変化および養女保護運動の展開について、曽秋美「南崁媳婦仔習俗之研究(一八四六―一九七〇)」台湾 国立中央大学歴史研究所修士論文、一九九六年、同『台湾媳婦仔的生活世界』玉山

社、一九九八年、游千慧「一九五〇年代台湾的「保護養女運動」——養女、婦女工作與国／家」台湾 国立清華大学歴史研究所碩士論文、二〇〇〇年を参照。

(29) Douglas L. Fix, "Gender, Folklore, and Nationalism: Intellectuals on simpua and adopted daughters, 1943, Taiwan", paper presented at the University of Oregon, 20 October 2000.

(30) 二〇世紀初頭の解纏足運動においても、統治当局には同様の姿勢が見られた（洪郁如前掲書の第一章を参照)。

第四章　近現代台湾女性の識字とエンパワーメント

中庄正規国語講習所（1941 年）
出所：台湾，文化部国家文化記憶庫
授權人：桃園市政府文化局 (https://cmsdb.culture.tw/object/7BDE7F72-5BE9-4974-A7CE-0B44357FA278)

はじめに——学校の外側

台湾の近代学校教育の確立は、日本統治時代の遺産であり、日本が植民地にもたらした「近代化」の成果の一つであると評価されることも少なくない。

この「近代化」言説を相対化する視点として、植民地学校教育が二面性を有していたことは、学界では比較的早くから共通認識となってきた。この二面性とは、日本による植民地教育が近代教育の礎を築いた反面、そこには民族差別が内包されていたこと、すなわち植民地的性格が含まれていたことを指す。こうした差別は入学、進学、学習内容、成績評価等さまざまな局面で現出したことが指摘されてきた。これまで植民地期台湾教育史研究では、制度、教材、教員養成、進学などの実態を究明し、そのうえで近代性と植民地性の両面に注目する重要な研究成果が数多く蓄積されてきた。

本章が注目したい問題は、台湾の日本時代に関する集合的記憶の再生産と再構築がこの「日本教育」にゆかりのある人々を中心に形成されてきたという現象である。これらの記憶は教育関係者や教育を受けた元生徒たちにより語られることが多い。教育を与える側と与えられる側のどちらも、多くの資料・記録を書き残してきた。しかし他方で、植民地学校教育の射程から外れたり、学校から排除された大量の非就学者の存在を台湾教育史ではいかに評価するのかについては、ほとんど問われてこなかった。近現代台湾研究は長らく、非識字層を主体に据える視点を欠落させてきたのである。

教育を受けなかった当事者による文字記録は当然存在せず、わずかにある関連文献のほとんどは、教育関係者や元生徒たちがそれぞれの立場から非就学者を代弁するものであった。こうしたなかには、同化主義的な理念を持つ教育官僚と現場の教員や、人道的な観点から初等教育の普及、日本語もしくは漢文の学習機会の提供を呼び掛ける台湾人知識人もいた。学校に行けなかった人々がこれまで見落とされてきたのは、「非就学層」当事者に関する史料の不足も一因と考えられる。

日本統治期の非就学者がどのように識字の問題に向き合い、「日本時代」を経験し、解釈してきたのか。その解明は、近現代台湾社会史で重要な課題である。日本統治期の社会と経済変動のなか、人々は次第に識字を望むようになった。植民地期における識字とは、伝統的な漢文の書写に加え、新たな時代に適応するための日本語と基礎的な算術の知識も含んでいた。識字欲が高まったとはいえ、伝統的な漢学教育は、植民地当局の抑圧を受けて崩壊し、このニーズに応える力はなかった。一方で、新たな近代学校教育が限られた機会しか提供しなかったことは、教育を受けるハードルをさらに上げてしまった。これは、支配原理に基づいた植民地教育の差別性の上に、さらに階層性に基づく排他的な性格を与えた(1)。学校から排除された台湾人は、自力で字を学ぶしかなかった。また、台湾人女性の非就学の問題はより深刻であった。

教育から排除された人々の歴史の記憶を掘り起こす作業は、日本語教育を受けた集団と異なる立ち位置から「日本時代」の意味について捉え直す重要な契機となる。そのための史料として、戦後にさまざまな形で文字化された口述記録を用いる。本章は、おもにこうした口述記録と自伝を中心として、識字とエンパワーメントをめぐる彼女らの「日本時代」を考察したい。

1 教育への渇望

戦前の民衆層女性の聞き取り記録からは、彼女らの教育に対する渇望が普遍的にうかがえる。日本統治期の台湾政治社会の変化と産業の発展にともない、基本的な読み書き計算能力は、生計の維持のみならず、社会的上昇のためにも必要な条件となったからである。

曾秋美は、その媳婦仔に関する生活史の研究で以下のように指摘している。戦前生まれの媳婦仔経験者二一名のうち就学できた者は四名のみであり、卒業を果たした者はわずか一名で、他の三名は中退している。「媳婦仔」とは、他家に将来の嫁として出された女児や少女のことである。養家に入ると正式に結婚するまでは娘と嫁の両方の身分を持つ。この慣習は清朝統治期から戦後初期まで台湾の民衆社会に広く見られた。また、名義上は媳婦仔であっても、実質的には人身売買の事例が少なくなかった。

一九三〇年生まれの簡香は、娘の教育に対する実母の執念を以下のように述べている。彼女の実母は貧困のため、日本人家庭の洗濯・炊事の手伝いに行かざるを得なかったが、その際に日本語を

中央で子どもを膝に乗せた女性は江香，右は夫の魏金自在，左から３人目は長女阿雲（筆者の母），1950 年頃

話せずに苦しんだ経験から、娘に教育を与えることを媳婦仔の養子縁組の条件とした。しかし、学齢になっても養母は就学を許可しなかった。「私がいくらかのお金であんたを買ったのは、手伝いが欲しかったからよ。もしも学校に行かせるために娘をもらうなら、きっと我も我もと家中が媳婦仔だらけになってしまうだろう。そんな学校に行かせるお金があるなら〔媳婦仔をもらうのではなく〕、正式な儀式でうちの息子を結婚させればいいだろう。どんな娘でも嫁に取れるだろうに」。後に、実母が粘り強く交渉してくれたお蔭で、彼女はようやく学校へ行く機会を得た[2]。

筆者の外祖母の江香は、一九二五年に台中州北斗郡田尾庄という農村地帯で生まれた。近所に住む同年代の女友達には、誰一人として学校に通える者はいなかったという。彼女は結婚をする際に「学がない」ことが不利な条件として働いた、と表現している。日本統治期に彰化街の軍帽工場で働いていた際、台湾人警察官の家に寄宿し、その母親にはかわいがってもらった。しかし、「お婆さんは私に、もし非識字者でなく、学校に行っていればお前さんを息子の嫁にしたのだけれど、と言ったのよ」。後に、彼女は父親のバナナ栽培の事業が失敗して抱えた借金のせいで、結婚費用を節約するために後妻として嫁ぐことになった。彼女はその後、生涯を通じて教育を受けることはなかった(3)。

民衆層の教育需要が高まったにもかかわらず、就学できない子どもが多かった原因は、家庭の経済事情、植民地政策による伝統的な漢学教育の崩壊、新式学校の不足などが挙げられる。そのなかで、女性らの教育に対する渇望は、経済事情と男尊女卑の伝統的な社会通念の双方によって阻まれた。公学校の学費が安くとも、家庭にとって女性の労働力は重要であり、またたとえ経済的な余裕があっても、限られた資産を子どもの教育に投入するとしたら、女子ではなく男子が優先された。女子の労働時間を、教育を受ける時間と交換することは難しく、労働力の確保に影響しない場合に限り、女子はようやく教育を受けられたのである。

労働者家庭の子女の多くは、生活のため働かなければならず、多くの場合は教育機会を失うことになった。台湾共産党の創始者である謝雪紅の場合は、家族全員が非識字者であり、金銭の借用書でさえ字の読める人に見てもらうしかなかった。謝の自伝には、親に就学を懇願したという記述は見られない。農山漁村では子女に教育を施す際に、娘より息子が優先されるのが一般的であるうえ、ましてや家庭労働力の重要な供給源とされる養女や媳婦仔であればなおさらであろう。たとえば、八歳の呉廖儉は養父に、国語講習所に通わせてくれるよう頼んだが、養父はこれを拒絶している。「女が学校になんか行けるもんか。家でおとなしく笠を五〇個編め」[4]。勉学したい思いと、草帽を編むという家庭の生計維持の必要が衝突していたことは、ここからも明らかである。日本時代の台中州北斗郡沙山庄（現在の彰化縣芳苑郷）出身の洪塩（一九二三年生まれ）によると、公学校にいくこと自体にはそれほど費用はかからなかったが、女児は学校に行かせてもらえず、家事を手伝わねばならなかった。「学齢期に学校に行けば勉強ができます。九歳で就学できますが、私たち女子は学校へ行けませんでした。やるべき作業が多く、家にいなければならなかった。母は子守であまり働くことができず、私たち姉妹に仕事をするように命じました。弟より私たち姉妹の方が年上なのだからと。当時、学校へ行けなかったため、いまになっても字が読めず、とても辛い思いをしています[5]」。国語講習所の授業時間は公学校に比べて短かったとはいえ、多くの家庭にとっては、女性労働力を手放すことは大きな経済的損失につながる。女性は家事を担っていただけでなく、労賃で家計を助ける重大な役目を負っていたのである。

また、正規の学校システム以外の教育資源も限られていた。台湾総督府は伝統的な書房を抑圧し、民間の識字学習システムを解体してしまったため、日本によって持ち込まれた新式学校が識字学習の唯一の選択肢となった。だが、それは誰もが利用できる空間ではなかった。労働者層は教育を受けるかどうかを決定する際に、経済的、時間的コストを考慮せざるを得なかったため、より利用しやすかったのは公学校よりも、国語講習所、あるいは簡易国語講習所であった。

一九三〇年から台湾総督府は積極的に国語普及運動を推進し、市、街、庄には多くの国語講習所が設置された。国語講習所の修業年限は一年から四年で、おもに夜間を利用し、毎回二〜三時間の授業が行われた。簡易国語講習所の多くは短期の国語練習会や夜学会、国語普及会が母体となり、それらを改編したものである。青少年と一般民衆を対象とし、修業期間は通常三カ月から六カ月で、農閑期や夜間を利用して、毎回二〜三時間の授業が行われた。(6)

公学校に比べると、国語講習所は近場にあり、授業時間も農山漁村の家庭労働に大きく響かないため、家長も妥協して娘に許可することもよく見られた。一九三一年、国語講習所と簡易国語講習所の生徒は合計で三万五六四九人であったが、一九三九年には九二万四二〇四人（国語講習所三八万七三四八人、簡易国語講習所五三万六八五六人）まで増加し、そのうち女子は五六％（国語講習所の女子率は六三％、簡易国語講習所の女子率は五一％）(7)にも達したことに注意したい。一九三九年の学齢児童一〇〇人のうち公学校就学者は男六七・二人、女三八・一人と性別によって大きな開きがあった状況(8)を見れば、国語講習所の女子の比率はかなり高いことがわかる。総督府は同化理念を掲げて国語教育を推進し、国語講習所の普及を喧伝したが、学習者の観点から見れば、こうしたブームが盛り上がった主因は、識字に対する女性らの渇望にほかならなかった。

経済的困難と男尊女卑の伝統的なジェンダー観は、以下のような結果をもたらした。第一に、幸運にも公学校へ入学できた女子も、中退率がきわめて高かった。(9)第二に、授業の時間帯と総時間が労働の妨げにならない教育形態が、識字を渇望する女性にとってほぼ唯一の選択肢となった。国語講習所では、女子の比率が男子より高かったのが、この点を物語っている。第三に、国語講習所や簡易国語講習所のような施設には、正規の教育システムから排除された人々が集まったが、短期間の学習が終了したあと再び学習機会を得たり進学することは難しかった。教育に時間を費やすことのできないこうした労働者層は、長期的かつ広範囲に存在した。このため、短期の学習を経験した者だけでなく、まったく教育経験がない人々も、最終的には自学自習の道を模索するしかなかった。こうした自学自習の最大の特徴が、次に見る「断片化された学習形態」である。

2　学習の断片化

自学自習の問題は、三つの断片化に表れている。第一に、学習時間と空間の非連続性、第二に、学習内容の雑多性、第三に、教師となる対象の不特定性が挙げられる。

呉廖儉の自学経験は次のとおりである。八歳のときに、養父に国語講習所へ入学したいと頼んで拒まれたが、一五歳のときに再び要求し、ようやく願いがかなった。ただし、就学の機会はわずか一カ月のみであり、その後は日本人の経営する紙帽子原料工場の女工となった。注意したいのは、この一カ月間の学習が彼女の人生において重要な啓発的意義をもつことになった点である。彼女は、この後は自分で工夫をこらして勉強に励んだ。「教会へ説教を聞きに行って、何度も口で唱えました。そして何でもできるようになった。父に「学校に行っても良いですか」と再び尋ねたが、やはりダメだった。しかしこの後、私は字が読めるようになりました。日本〔語〕の仮名から新聞、歌本〔歌詞などを記載した唱本〕まで、学べそうなものだったら何でもチャンスを逃さなかったのです。占い師、漢学塾の先生、薬舗の漢方医に字を尋ねると、彼らはみな一つ一つ辛抱強く答えてくれました」(11)。

彼女の語りにも、断片化の三つの特徴が明白に表れている。第一に、家長の意向に左右された結果、学習が断続的であり、学習空間も文昌祠という寺廟のなかの国語講習所、キリスト教の教会、地域の人々が営む商店の店先など、さまざまであった。第二に、内容的には、多種多様な「教材」と言語、文字が混在している。学習教材になるものとしては、少なくとも日本語の教科書、聖書、新聞、歌本が挙げられている。文字とは、伝統的な中国の漢字に止まらず、日本語の「かな」も含まれる。第三に、多種多様な「教師」たちの存在である。講習所の日本人教員から、教会の牧師、私塾の教師、漢方医、そして占い師まで、さまざまな人が知を伝授する先生だった。民衆社会では宗教、伝統医学、芸能、漢学教育に関する知識を備えた人々は、先生として敬意を込めて台湾語で「仙」と呼ばれていた。自学者にとって、彼らは読み書きも教えてくれる身近な存在であった。

強い学習意欲を持ち、日常生活の中で使える資源を最大限に生かした点において、植民地の新式学校教育から排除された謝雪紅も、自学の過程と内容は呉廖偸ときわめて似通っていた(12)。

第一に、学習時間と空間の非連続性は、三つの時期に分断された彼女の識字過程からも読み取れる。(1)謝の最初の識字経験は、八歳の時に一年ほど、彰化郵便局の日本人職員の家で子守をしたときであった。「日本人の子守をしていたときに、私は簡単な日本語を学んだ。彼女らは私にいくつかの日本の仮名を教えてくれて、私は竹の小枝を使って地面に書いて、練習した。これが私の識字の始まりであった。少しだけ字が解ることは、後に私が社会運動に従事する際に非常に役に立った。私は一日も学校に行ったことがなかった」[13]。(2)媳婦仔として売られたあと、養父は彼女に商売を仕込むことにし、「夜を利用してちょっとした教養、いくつかの文字、そろばん、九九、斤と両の換算方法を教えてくれた」[14]。「〔養家の所在地である〕石頭灘仔で生活した時期、時間があるたびに、地面に小枝で、仮名と簡単な文字を練習していた。一八歳になるまで、私は筆を使って文字を書く機会もなく、一九歳になってはじめて紙に文字を書き、「上大人、孔乙己、化三千、七十士」[15]などを学んだ」[16]。(3)後に、シンガーミシン会社の台中支店で働くようになると、経済的に自立した、「男の束縛を受けず、自らの運命を自分で切り開いていく」「欧米的な」職業婦人になるという希望を胸に抱いた。しかし同時に、彼女は字が読めないことが大きな障害になると考え、独学で修得しようと決心した。「このような職業婦人を夢見た時に私が最も苦しんだのは、私に教養がないことだった。……会社に勤め始めて、教育を受けたことがない苦痛を私は身をもって思い知った。この時期、私は常に新聞の切れ端を持ち、機会があるたびに人に尋ね、苦労して少しずつ文字を覚えた」という[17]。

第二に、独学した内容は混沌としており、体系化されたものではなかった。学習したのは、言語だけでなく、古典文学、日常の雑学など多岐にわたる。言語の種類は、母語の福佬（閩南）語のほかに、統治者の言語である日本語、のちに中国大陸に渡航してからの中国語、そしてソ連留学時代のロシア語が挙げられる。また、上海に渡る前には、庶民にも手の届く『三字経』や『論語』、そして新聞を学習の教材とし、周囲の人々に教えを請うた。

聞く、話す、読む、書くという基本的な四つの言語能力は、自学自習ではその習熟度に大きなばらつきがある。実際の会話により聞く力と話す力は比較的早く身に付くのに対し、読み書きはいずれも習得に時間を要した(18)。

第三に、あらゆる学習の機会も逃さないという姿勢で、教えを請うた対象も多様である。先の謝の回想からわかるように、子守先の日本人家庭の女性たちや養父、職場の人々が、識字学習の師とされたのである。

貧困と伝統的なジェンダー差別のもとで、女性は回り道をしつつも学習を続けるしかなかった。呉廖兪が居住していた台中州の清水街は、日本統治期の台湾で比較的早期に公学校を建設した(19)という意味で、教育を重視する地域であった。しかし、呉廖兪がかろうじて通うことができたのは、正規の学校ではなく、国語講習所であった。しかも、一五歳でようやく入れた国語講習所での授業もわずか一カ月ほどで断たれ、その後は紙帽子原料工場の女工として働くことになった。謝雪紅の場合も同様であった。「断片化」の現象は時間的な非連続性として現れた。彼女らは日常の中に勉学の機会を見つけ出すという戦略を採った。講習所を出て、女工生活を始めても、日々の暮らしの中で「字を読む」能力を絶えず高めようとした。自分のわずかな資源を総動員して、識字学習のあらゆる機会を積極的につかもうとしたのである。

3　エンパワーメントから社会との接続へ

日本統治期、非エリート層の女性は自学自習で識字能力を身につけたとはいえ、公教育のレールに乗らなければ、公学校の卒業資格を得られないばかりか、進学することもできない。では、どのような領域で、彼女らは識字能力を発揮することができたのだろうか。以下では、家庭と社会生活について検討する。

呉廖倫の場合は、三つの場面でその識字能力を発揮した。第一に、命名。第二に、御神籤の解説（解籤詩）。第三は、新聞を読むことである。戦前に文字の読めない労働者層の家庭では、一般的に「音」によって子どもに命名して、漢字は地元の識字者に字を当ててもらうか、役場に出生届を出す際に、職員に音に当て字して書き込んでもらった。ジェンダーの観点から見れば、台湾の民衆社会で字を読むことができたのは、圧倒的に男性であった。しかし、呉廖倫は字を読むことができたので、子どもたちのために字を選んで名付けてやれた。「自分の子どもの名前は、私が全部付けました。そんなにたくさんの字を知っていたわけではないですが、できるだけそうした字を使いました。毎回出産の三日後、寝床から降りられるようになると占いの先生の所に行き、赤ちゃんの運勢には何が足りないかと尋ねました。江と法の名前を付けた二人の子は、水が不足しているので水を補ってあげたのです。欽、銘、錕の三人は金が不足するというので金を補いました。「長銘」の命名は最も深く印象に残っています。金が欠けていると言われたとき、ちょうど床に新聞が落ちていて、「銘謝恵顧〔御愛顧ありがとうございました〕」と大きく書いてありました。すぐこの「銘」を採用して彼の一生の名前が決まったのです」。「本当の学校に行ったこともなく、ただいくつかの字を読める母親として、責任をもって自分の知っている字を子どもに与えました。一生ずっと役に立って、運気は上々でした」[20]。明らかに、識字能力は女性に自信を与え、伝統家庭における男性の知の独占に小さな風穴を明けたのである。

御神籤を解説することは、呉廖偸がその識字能力によって獲得した重要な社会活動であった。一九四五年に二七歳で始めて以降、それは家族経営の錦香珍餅店（清水の紫雲巌という寺廟の横にあり、のちに百珍香と改称）の手伝いのかたわらに行う重要な仕事となり、聞き取り時の九〇歳を過ぎても続けた。この活動により彼女は地元の人の信頼と尊敬を集めた[21]。また寺廟の老人集会で新聞を朗読する（読報）活動も五〇年以上続けてきた。呉廖偸にインタビューを行った呉念融は、序文で、「彼女は字を読めないと言ったが、新聞を開いて読める文字に頼りながら意味を取った」と述べ、それは一九二一年に台湾文化協会が全島各地で読報社[22]の設置を推進して以来、稀な事例であると評価している[23]。

前述した筆者の外祖母江香が読み書きの自学自習を始めたのは、彼女が還暦を迎えた一九八五年からであった。外祖父の他界後、外祖母は子どもに頼らず自活する道を模索し、玩具屋の経営を始めた頃であった。自分の名前と数字の書き方は小学校に上がった孫の面倒を見ながら、一緒に習得した。当時、高校生だった筆者は、実家が近かったため、時々、店に遊びに行った。玩具の値札には、ふるえがちな、たどたどしい数字が書かれていた。また、問屋で領収書にサインした自筆もあった。外祖母は、その努力の成果を恥じらいながらも得意そうな顔で見せてくれた。彼女は「日本時代」だった一九三〇年代から、ずっと読み書きの力を渇望しつづけていた。その強い思いは、少女時代に耳で覚えた日本の童謡「赤とんぼ」を一九八〇代になっても正確に歌えたことからも感じられる[24]。にもかかわらず、識字に取り組む環境を得て、この新しい能力を生計維持に活かせるようになったのはほぼ半世紀の歳月を経たあとだったのである。戦前、外祖母は日本語の単語も、いくつか耳で覚えたらしい。筆者が一九九〇年代に日本人の友人を連れて外祖母を訪ねた際に、彼女は突如現れた客に、自分の顔を指しながら「メ」、「ハナ」、「ミミ」、「クチ」とゆっくり発音した。友人はそれを見て戸惑っていたが、これが日本語教育を受けなかった外祖母の、初対面の若い日本人に対する精一杯の挨拶であったと私は思う。

謝雪紅の事例に立ち返れば、彼女が社会とつながる上で、識字はやはり重要な鍵となった。一九二一年にシンガーミシン会社の台中支店に就職してから、「嫩葉屋《わかばや》」裁縫店を開業するまで、独立自主の職業婦人を目指していた頃、彼女は独学の限界を痛感し始めた。謝の自己評価には、自信と劣等感とが併存している。自伝では独学の成果を誇る一方で、長らく「書けないこと」に苦しみ続けたと告白している。貧困から抜け出し自立する過程で、彼女は自身の断片化してしまった言語能力に困惑した。それでも一九二〇年代の各種文化運動、政治社会運動の主要な活動家の一人となった。その中で日本と中国の社会主義思想に触れ、文化活動から植民地解放運動へと転向していった。一九二〇年代以降の多くの台湾人エリートにとって、近代の諸々の主義や学説は植民地の苦悩の根源を解釈し、強権と抑圧に抵抗するための武器であった。しかし、謝雪紅は富裕層出身者が多数を占めた戦前の台湾人活動家とは異なり、貧困層出身で学校教育とは無縁であり、「主義」や「思想」は簡単に手に入るものではなく、自学自習による努力や運を手がかりとして、千辛万苦を経て

謝雪紅（1901–1970）。楊克煌と共同経営した三美堂商店の前で（1942年1月1日）
出所：台湾，文化部国家文化記憶庫
授權人：國立臺灣師範大學（https://cmsdb.culture.tw/object/A9F05F98-8EB2-43DC-AA22-24D75BA5C30E）

得た知識である。革命家謝雪紅を理解するうえで、彼女にとっての識字が持つ重要な意味を見落としてはならない。

おわりに――語られぬ「日本時代」

歴史の記憶と記述は文字に依存しているため、識字層ではない人々の記憶や語りはどうしても排除されやすくなる。ジェンダー、階層、世代などの要因により、識字の機会を奪われた集団は、植民地統治の終了後も、依然として声を発することが難しい。歴史叙述における文字記録の優位と独占状態は揺るぎなく、そのため、声なき集団の歴史の記憶は長期的な断絶の末、埋没の危機にさらされている。彼女ら／彼らが戦後、紆余曲折を経て事業に成功したとしても、家族史の記憶の継承は、一種の個人的な歴史、あるいは家族の苦難の歴史という理解にとどめられる。両親や祖父母世代が受益層から排除されており、植民地近代化の埒外に置かれた集団においては、上の世代の日本時代の経験と記憶は後の世代へ受け継がれることがきわめて困難である。その結果、後代の多くは、社会一般に流布する日本統治期の「近代化」をめぐる肯定的な言説を、そのまま受けとってしまうのだ。

このようなある種の危機意識から、本章では識字をテーマとして、植民地台湾の「教育の外側」に位置した女性の聞き取りと自伝を用いて、従来の歴史叙述とは異なる「日本時代」を提示した。

彼女らの語りには重要な特徴がある。それは識字への強い思いである。彼女らは新時代が求める知識、技能を敏感に嗅ぎ取り、経済力とジェンダー規範の制限を受けても、自力で、自らのエンパワーメントを模索した。注目したいのは、積極的に時代に向き合い、一歩一歩、貧困を脱するためにあらゆる機会を活かそうとする彼女らの前向きな姿勢である。そこには、これまで見逃されていたもう一つの「日本時代」が浮かび上がってくる。

自伝のなかで、謝雪紅は青少年期には単に運命として諦めていた境遇を、帝国主義と資本家による搾取であったと改めて指摘している。この認識の変化は、まさに彼女が貧困、家父長制、非識字者から脱出し、革命運動家になっていく歩みに呼応している。このエンパワーメントの道程を、決して見落としてはならない。もっとも、日本統治期の台湾人労働者層が、歴史を語り直すこのような力を獲得したのは、むしろ例外中の例外と言えよう。

「非就学」は当事者の語りの中では、問題ではなく運命として解釈されていた。一方、帝国日本の植民地支配者はそれを問題とはみなしたが、台湾社会自身の「後進性」に起因すると考えた。国家の資源を投入してまで解決すべき問題とはみなさず、半世紀にもわたって放置し続けた。そして識字の需要が拡大した時代に、彼女らは非識字者として困窮に甘んじることなく、自らの手で最大限にその不足を補おうとした。

一九九〇年代以降の「近代化」に焦点を当てた「日本時代」の語りに対して、本章では別種の「日本時代」の歴史的記憶の存在を指摘した。学校の外に溢れていた「日本時代」の記憶は、今日の台湾社会では、公式の歴史教育の場どころか、個々の家族史、家庭の空間においても十分に語り継がれているとは言い難い。識字から排除された結果、文字による発言力が得られず、歴史に記録を残す手段が与えられなかった。「語り」というほぼ唯一の伝承手段も、戦後の政治弾圧と言語政策による分断が影を落としていた家庭空間[25]では、きわめて無力であろう。初等教育からすでに排除されていた女性たちは、底辺層と見なされがちだが、実際には台湾民衆層の大半を占めた人々であり、戦後台湾の市民社会の構成主体である。

植民地社会のジェンダーと階層の不平等が残した影響は、戦後台湾の「日本時代」の言説のあり方を大きく規定している。「日本時代」の言説に接する際には、慎重な態度をもって臨むべきだろう。

注

(1) 日本統治期の識字教育の構造的な問題については、第二章を参照。
(2) 曽秋美『台湾媳婦仔的生活世界』玉山社、一九九八年、一五四、三〇九頁。
(3) 江香への聞き取り、彰化県渓湖鎮、一九九七年七月二〇—二二日。
(4) 呉廖倫口述、呉念融著『清水阿嬷：戴著観音耳機的呉廖倫』遠景出版、二〇一〇年、三五頁。
(5) 洪塩への聞き取り、彰化県芳苑郷、二〇一二年五月三日。
(6) 呉文星『日治時期台湾的社会領導階層』五南、二〇〇八年、二九八頁。
(7) 呉文星『日治時期台湾的社会領導階層』五南、二〇〇八年、二九七頁。

（8）台湾省行政長官公署統計室編『台湾省五十一年來統計提要』台湾省行政長官公署統計室、一九四六年、一二四一頁。

（9）游鑑明は七カ所の公学校の一八九八年から一九三九年までの女性の入学と卒業者数を分析し、女性の卒業生の割合が入学生に対して最低の年で六・七四％であり、最高の年でも五四・〇五％であることを指摘している。游鑑明『日据時期台湾的女子教育』（国立台湾師範大学歴史研究所専刊20、一九八八年、九二―九三頁）。

（10）呉廖偸の自伝に見られる「山本草帽株式会社」とは、台中州大甲郡清水街で一九二二年（大正一一年）に、山本仁太松が創業した山本紙帽子原料工場（別名は台湾紙帽子原料製造工場）であったと考えられる。台湾総督府殖産局編『台湾帽子要覧』第三号、一九三六（昭和一一）年、第四号、一九三八（昭和一三）年。台湾総督府殖産局編『工場名簿』（昭和四年末現在）―（昭和一六年末現在）、一九三一―一九四三年。

（11）呉廖偸口述、呉念融著『清水阿嬷：戴著観音耳機的呉廖偸』遠景出版、二〇一〇年、三八頁。

（12）謝雪紅の識字経験に関する分析については、洪郁如「〈植民地／女性〉を語ること――謝雪紅の評伝小説・自伝をめぐって」中井亜佐子・吉野由利編著『ジェンダー表象の政治学――ネーション、階級、植民地』（彩流社、二〇一一年、二四九―二七一頁）を参照のこと。

（13）謝雪紅口述、楊克煌筆録『我的半生記』楊翠華、一九九七年、四四―四五頁。

（14）謝雪紅口述、楊克煌筆録『我的半生記』楊翠華、一九九七年、七〇頁。

（15）伝統的な漢学教育において、子どもの手習いとしたもの。画数の少ない字が選ばれているが文句の意味が不明である。

（16）謝雪紅口述、楊克煌筆録『我的半生記』楊翠華、一九九七年、九九―一〇〇頁。

（17）謝雪紅口述、楊克煌筆録『我的半生記』楊翠華、一九九七年、一三七頁。

（18）洪郁如「〈植民地／女性〉を語ること――謝雪紅の評伝小説・自伝をめぐって」中井亜佐子・吉野由利編著『ジェンダー表象の政治学――ネーション、階級、植民地』彩流社、二〇一一年、二四九―二七一頁。

(19) はじめは台中国語伝習所といい、一八九七年に清水の旧文昌祠の跡に牛罵頭分教場が建てられ、一年後に文昌祠付近の土地に校舎を建てて独立した牛罵頭公学校となった。一九二一年に清水第一公学校に改称し、一九二六年に高等科を設置したが、一九三五年四月に校舎が使用できなくなり、光華路の現在地へ移転した。一九四一年には清水南国民学校に、戦後はさらに清水国民学校に改称された。台中市政府教育局全球資訊網(http://www.tc.edu.tw/school/list/detail/id/453 二〇一八年九月一日アクセス)。

(20) 呉廖偷口述、呉念融著『清水阿嬷:戴著観音耳機的呉廖偷』遠景出版、二〇一〇年、三八、六三頁。

(21) 呉廖偷口述、呉念融著『清水阿嬷:戴著観音耳機的呉廖偷』遠景出版、二〇一〇年、一二〇頁。

(22) 新聞、雑誌、書籍を置いた小型の図書閲覧室。知識普及の目的以外に文化活動、講演、社会運動の機能も備えた。

(23) 呉廖偷口述、呉念融著『清水阿嬷:戴著観音耳機的呉廖偷』遠景出版、二〇一〇年、一三頁。

(24) 洪郁如『近代台湾女性史——日本の植民統治と「新女性」の誕生』勁草書房、二〇〇一年、四〇五—四〇五頁。

(25) 戦後台湾に移転した中華民国政府の言語政策により、中国語が国語となり、学校教育を中心に本格的に推進された。日本語のみならず、台湾住民が使用するそれぞれの母語の使用も厳禁された。戦後生まれの世代の多くは中国語しか理解できなくなり、日本語や台湾語などを使用する上の世代との意思疎通に支障が出た。「台湾語を知らぬ孫たち爺婆と交す言葉は父母が訳して」という李聡火氏の短歌が、家庭における言語の断絶の深刻さを端的に表している(孤蓬万里編著『台湾万葉集』集英社、一九九四年、三〇一頁)。

第五章　植民地台湾の製帽業に見られるジェンダー・階層・帝国

帽子編みの女性と子どもたち（大甲街，推定：1900–1910 年代）
出所：『日本地理大系 11 台湾篇』改造社，1930 年，84 頁

はじめに

製帽業は、日本植民統治期の台湾において花形産業の一つであった。日本の植民地官僚は、製帽業の発展を「文明」の日本が「未開」の台湾にもたらした貢献であるとして、植民事業の正当性を主張していた。

文明ノ曙光、一朝草莽ノ邦土ニ臨ミ、近代的智識ノ利用、一旦未開ノ産業界ニ及ハバ、其ノ経済状態ハ頓ニ一変シテ、産業ハ発展シ、新事業ハ勃興シ、国富ハ俄カニ増殖シテ、半開ノ土民ヲ利沢スルコト頗ル多キガ上ニ、母国ヲ裨益スルコト鮮カラズ。是レ殖民事業ノ文明ニ貢献スル所多大ナル所以ノ一ナリ(1)。

また、戦前の産業関係資料や新聞の多くは、製帽業が地方に繁栄と税収の増加、および台湾人の家庭経済に改善をもたらしたことを肯定的に評価している。そして植民統治が終わった後も、とりわけ一九九〇年代以降、同様の言説は奇妙な形で台湾社会に生きながらえている。つまり、地域活性化、地方振興という文脈の中で、このような植民地期のいわゆる殖産興業に対する肯定的な歴史評価が、現地でも無批判に受け入れられる傾向にある。

戦後台湾での「日本時代」に対する歴史的な解釈と評価は、常に政治情勢と深く関わってきた。中国大陸から移ってきた国民党政府の歴史観は、中華ナショナリズムを軸とするものであり、彼らの目に映ったこの島の「日本時代」は、支配され、奴隷化された受動的かつ屈辱的なものであり、時には軽蔑の対象でもあった。このように、台湾の人々が生きていた半世紀の意義と価値は、長期にわたって軽んじられ、否定されてきた。そのため、民主化以降に台湾社会が「われわれの歴史」を語り直す作業に取り掛かった際、この「日本時代」の再構築は、とりわけ重要な作業となった。

台湾帽子同業組合聯合会が，「南方共栄圏」（戦時日本の軍政や軍事介入の下に置かれた東南アジア地域）に販路を広げようとした1940年代に制作されたポスター。上方に中国語，下方にマレー語で「台湾の帽子，このアジアの帽子」と記されている。
出所：小池金之助『台湾帽子の話』台湾三省堂，1943年，口絵。

そこには、失われつつあった記憶を取り戻す意味と並んで、「名誉回復」の願いも込められていたといえる。とりわけ人々の自尊心に結び付いていたのは、いわゆる近代化の称賛であり、日本統治期の美化と肯定的評価は、まさにこのような流れに位置づけられる。

近代化の美化と肯定的評価を相対化するため、本章は見落とされがちであった台湾の労働者層の視点から、植民地産業に内包された開発と収奪の両面性を明らかにしていく。なぜなら、近年、よく見受けられる植民地の「開発」と「近代化」を肯定する論調に対し、労働の現場にいる彼女ら／彼らは、異なる位相の「日本時代」を語ってくれるからである。植民地産業の実態を究明するにあたり、これまでは台湾総督府、地方官庁、産業界など植民地統治側による刊行物に多く依拠せざるを得なかった。そしてこうした刊行物はその性質上、「近代化」や「開発」の成果を強調するものである。植民地の戦後、もしくは帝国の戦後の文脈において、これらの資料は「近代化」や「開発」の根拠として、ふたたび利用されている。その一方で、植民地労働者層の語りは、日本統治側、産業側の旧来の視点を突き放し、相対化してくれる。

民衆層とりわけ労働者層の経験や語りに、これまで適切な評価が与えられてきたとは言い難い。とくに女性たちの日本時代に関する歴史叙述は、個人史・家族史を主軸に展開されているのが特徴である。このような個人を取り巻く日常的な記憶(2)は、日本時代の台湾政治、経済史の重要な出来事と比較してみると、ある意味で、公共性を欠いた私的な歴史と映りがちである。このため、社会の周縁部に位置した彼女らの戦前の記憶も、女性の悲運と見なされがちであった。本章は、個人の苦

謝雪紅『我的半生記』書影

難史とみなされてきたこれらの語りを再評価する試みでもある。この試みによって植民地台湾は「近代化」されたという理解を乗り越え、日本統治期の研究をさらに深化させたい。ここでは貧困とジェンダーの視点から、とくに女性の労働問題に焦点を当てる。彼女らの語りに、植民地経済とジェンダーの不平等がどのように反映されているのかを、具体的に検討したい。

日本統治期に学校教育の機会に恵まれなかった台湾人女性の回想では、労働現場についての言及が比較的多い。エリート層が学校教育の経験を中心に語っているのと比べて、階層的な特徴が顕著に表れたものといえる。こうした女性労働者の語りは、二つの意味で日本の台湾統治史研究にとって重要な意義を有している。第一に、「日本時代」をめぐるこれまでの語りに、「女性」「労働者」という新たな視点を加えること。第二は、植民者や官庁、資本家によって植民地台湾に産業化・近代化がもたらされたという見解に対し、労働現場と台湾民衆からの視点を提供すること、である。

次に、本章の分析対象となる謝雪紅と呉廖偸の語りについて、簡単に説明する。

労働者自身による文字記録の欠如は、歴史研究とりわけ民衆史研究が常に直面する問題である。

植民地においては教育政策の偏りもそこに関わっており、困難はいっそう大きかった。そうした中で、製帽業のさかんな台湾中部出身の謝雪紅と呉廖偸の聞き取りには、どちらも製帽業の労働に駆り出された経験が記されており、非常に貴重な記録である。[3] 謝雪紅は一九〇一年に彰化街の労働者家庭に生まれた。呉廖偸は一九一八年に清水武鹿庄の廖家に生まれ、生後五カ月で呉家に養女に出された。二人はともに、正規の学校教育を受けていない。二つのテクストに共通するのは、彼女らの語りが他人の手によって記録されている点である。

謝雪紅はのちに台湾共産党の創始者となり、二・二八事件の武装抵抗にも参加した、台湾史上で著名な人物の一人である。事件後、謝雪紅はパートナーの楊克煌[4]とともに香港に脱出した。中国に移った後、人代代表、政協委員などを歴任し、一九七〇年に北京で亡くなった。この自伝は晩年に謝が口述し楊が筆記したものである。楊の死後、長女（元妻との娘）は中国に赴き父の遺品を台湾へ持ち帰り、一九九七年に同自伝を出版した。近現代台湾の左翼運動への関心から、この自伝の史料的価値、とりわけ自伝の後半部の、謝が政治運動に身を投じてからの描写が、当初から研究者の間では注目を集めてきた。しかし、本章が焦点を当てたいのは、これまで重要視されなかった同書の前半部である。彼女の幼少期から成人期までにあたるこの部分は、非識字労働者層による日本時代の歴史の記憶を詳細に語っており、文字記録が少なかった台湾民衆史・社会史にとって、きわめて貴重な資料となっている。[5]

一方、呉廖偸の一生を第一人称で描いた書物は、郷土史家の呉念融が彼女に行ったインタビュー

『清水阿嬤：戴著観音耳機的呉廖偷』書影

をもとに二〇一〇年に出版したものである。語り手の呉廖偷は、台中の清水という町にある紫雲巌という道教寺院の隣りの百珍香餅店（菓子屋）の創業者である。同書は、一九九〇年代以降の「おばあちゃんのお話（阿嬤的故事）」という女性のライフ・ヒストリーを記録する運動の精神を受け継いでいる。

1　多就業化から見た貧困とジェンダー——副業と隠された植民地経済問題

謝と呉のテクストを見ていく前に、彼女たちの労働を理解するため、概念を整理する必要がある。一つは、当時の台湾総督府などの刊行物、および先行研究が彼女らの製帽業の労働を「副業」と説明している妥当性であり、もう一つは、製帽業を含めた彼女らの多就業の実態である。まず、文献で「副業」と呼ばれる労働形態は、経済史と個人史ではそれぞれどのように位置づけられてきたのだろうか。日本統治期の台湾で起こった近代産業を語る際、一般的に現地の原料の使用、技術と資本の導入、市場の開発と輸出により、生産が向上し、販売網が拡大した点が強調されてきた。しかしながら、そもそもこれらの産業が成立した裏側には、植民地の廉価な労働力が大量に供給されていた点については、充分に検討されてこなかった。こうした植民地の経済構造には、階級と民族、そしてジェンダーの問題が複雑に交錯している。

この問題点は、凃照彦と柯志明の米糖産業研究にも示唆されている。日本帝国主義と資本主義の後進性によって、植民地政権は台湾に地主階層を温存せざるを得なかった。このため農業部門で原料を調達する経済的、政治的なコストが安価であったので、欧米の植民地で盛んに行われていた大規模集約的なプランテーションとは全く異なる景観が出現することとなった(6)。すなわち、小農経営が維持され、自己搾取型の農業生産が進み、家庭労働力を無償で投入する形となった。小農が米を土礱間（金融や先物売買、仲買などの機能も備える精米業者）に、サトウキビを製糖会社に売り、その多くはさらに商社などを通じて日本内地へ移入された。台湾の農民は衣食を切りつめ、少しでも現金を得るため、生産した米は商品として市場で販売し、代わりにさつまいもや雑穀などを日常的な主食としていた(7)。凃照彦は農民の家計調査から、農民層の分解現象（農業資本家と農業労働者への分化）を分析し、一部の富農は子女に教育を施す余裕があったが、それ以外の農家は困窮し、現金支出が生活を逼迫させ、借金率がきわめて高かったと指摘している(8)。

労働者層の台湾人女性の語りには、多就業がごくふつうに登場する。そして製帽業の仕事もその一つであった。多就業を生み出した根本的な原因は、一つの仕事では生計を維持することができなかったためである。それは、低い賃金のせいだけではなく、安定した職場、持続的な雇用がなかったからでもあった。呉廖偸について見れば、養父は石を担いで運ぶ人力運搬を主業とし、夫は木工職人で、媳婦仔(9)の彼女は家事手伝いのほかに、八歳から毎日家で帽子を編み、一五歳から製帽原料工場で七年間働いた。結婚後は、山へ柴、虫の巣、相思樹《ソウシジュ》の枝を拾いに行き、自家用と販売用にまとめた(10)。また夫婦で古着の行商やビーフン販売をして稼ぎ、菓子屋の創業に至った。こうした労働の記憶は、彼女の「日本時代」をめぐる語りの大部分を占める。

また、謝雪紅が語った前半生は、日本統治期の女性の詳細な労働生活史の記録である。父親は彰化と台中を往復して人力で荷物を運ぶ苦力であり、母親は日本人家庭で洗濯と子守をし、謝雪紅は三食の準備と、弟の面倒や家畜の世話などの家事を担当し、母親と同様に日本人家庭での子守もした。兄は木工職人であった。父親が倒れてからは主な収入が絶たれ、医療費の債務が増えた。少女時代は母親と一緒に帽子の原料生産に従事したが、母の死後は媳婦仔として売られる運命から逃れられなかった。雑貨店を経営する養家は、紙製のランプ製作に従事しつつ鍋の補修なども行っていた。彼女は炊事、バナナの運搬、豚の餌やり、さらに製糖会社で甘蔗の種をまく臨時季節工も勤めた。このような複数の労働を行いながらも、残る体力を振りしぼって、編み物（ズボンの紐など）を「副業」にして稼いだ。亡くなる前の謝雪紅は、甘蔗の臨時季節工の経験を次のように位置づけている。「私が持ち帰った給料はすべて洪家に渡し、彼らは明細書を苦力頭の家へ持って行き、現金に変えた。私の従事した作業は、封建制度と資本主義という二つの抑圧と搾取を同時に受けた具体的な事例だった[11]」。

公的な統計資料や調査記録では、こうした女性を中心とした多就業形態は、常に「副業」と名付けられるが、労働者家庭にとっては「主業」収入の不足を補填するために不可欠であった。実態としては、「主業」の脆弱性と貧困化が、植民地の台湾人世帯で「副業」がさかんに行われた要因である。「副業」の有無とその収入の多寡は一家の死活問題であった。副業を称賛、推奨した日本統治期の文献史料を利用する際には、当事者（＝労働者）の観点を理解し、植民地当局や産業界の視点を無意識のうちに内面化しないよう、注意が必要である。

2　製帽業における労働と語り

本節では、植民地台湾においてとくに「本島婦人の副業」として知られる製帽産業を中心に、植民地女性労働の歴史的意味について考察する。謝と呉の自伝には、少女期に製帽業に従事したという共通する経験が記されている。製帽業全体の概況、そして植民地官僚や産業側の見方と照らし合わせつつ、「小さい歴史」とされた彼女たちの語りを、「大きい歴史」のなかで文脈化し、もう一歩、深い理解を目指したい。

製帽業は日本統治期台湾の重要な産業の一つであり、台中州の大甲、清水、苑裡一帯を主要な製造地とした。主力商品は、①イグサを材料とする大甲帽、②林投という植物（タコノキ科タコノキ

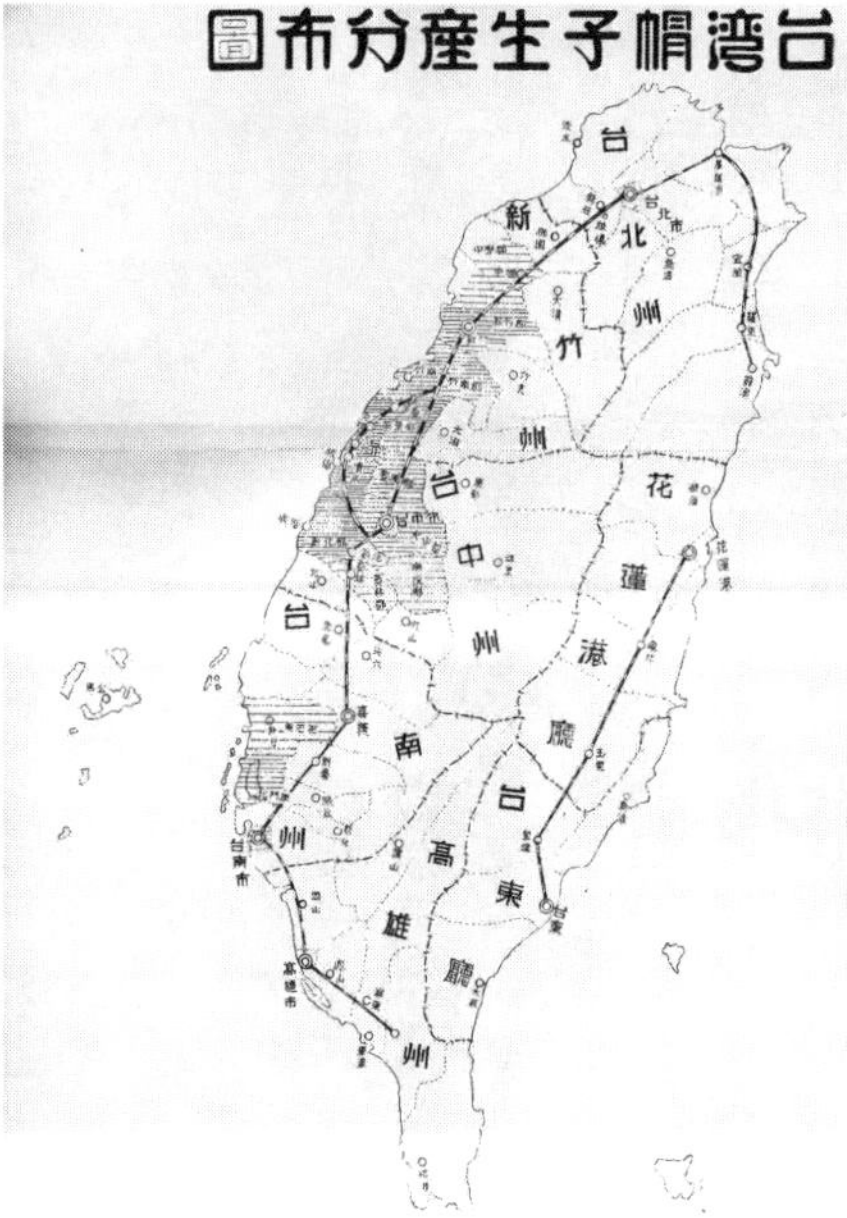

出所：台中州勧業課編『台湾に於ける帽子』台中州勧業課，1933 年

属の常緑小高木、沖縄ではアダンと呼ばれる）の繊維を材料とする林投帽、③紙帽である。この三種類の編み帽子の生産額は毎年数百万円に達し、労働者は約一五万人いたとされる。これら産品の多くは神戸港を通じて欧米へと輸出された。一九一六年、日本国内の帽子生産量において、台湾は沖縄を上回り第一位となった[12]。その背景として、沖縄県当局が放任政策を採ったのとは対照的に、台湾の製帽産業の発展には総督府の「指導奨励」があった点が指摘される[13]。一九四一年に太平洋戦争が勃発すると、従来の販路が断たれたため、日本軍政下にあった地域や軍事介入を行った東南ア

ジア地域にも市場の拡大が試みられた[14]。

ここで留意したいのは、もともと日本の領有以前から、台湾中部にはゴザ製織の手工業技術が存在した点である。清朝統治期、大甲一帯の女性はすでに家庭内でゴザを編んでおり、はじめは自家用、贈答用、物々交換用であったが、徐々に商品化され、市場経済を主導する織物となり、島内消費のみならず、対岸の中国大陸へも輸出されるようになった[15]。こうした土台のもとで、日本統治期に帽子の製造技術はさらに普及し、製帽業は台湾西海岸の重要産業になるまで発展したのである。

主力となる帽子の種類は、原料の供給のしやすさに大きく左右される。大甲帽・林投帽はそれぞれ大甲藺と林投葉などの地元原料を用いる重要商品であるが、林投葉の分布範囲は大甲藺よりも広く、原料が比較的入手しやすかった。全島の帽子生産量では、紙帽が登場する以前は林投帽が常に首位であり、一九一〇〜一五年は大甲帽の三〜八四倍で、一九一五年のピーク時には、二四八万九八九〇個であった[16]。しかし一九一五年に「東洋のパナマ帽」と称された紙帽が台湾で大量生産されるようになると、たちまち林投帽の地位を奪い、一九一六年前後から台湾帽子の主流となった[17]。『台湾帽子要覧』によると、その後も全島帽子生産量のうち紙帽が半分以上を占め、生産高でもトップに立った。一九三一年の最盛期には、紙帽の生産数量は大甲帽の一三九倍、林投帽の三五〇三倍に達した。原料が不足した一九四一年でも大甲帽の四倍、林投帽の一〇倍の生産量を維持していた[18]。

製帽業の中心的な労働力は台湾人女性であった。このため、日本統治側の資料は、例外なく台湾人女性の役割を強調している。女性を植民地経営において利潤を生み出す重要な労働力の供給源として位置づけるとともに、とりわけ製帽業は工場に拘束されず、「家庭に蟄居する」（閉じこもる）台湾人女性には最適な仕事であるとして、「近代」的な統治が台湾人に施した恩恵であると自負している。しかしながらこの自画自賛は二つの側面から破綻している。まず、製帽業の女性労働者は、必ずしも経済的に「家庭に蟄居」できる階層ではなく、そもそも製帽業の一連の作業は家庭という場で完結するものでもない。また、植民地における産業発展の利潤は多義的なものであった。低賃金の児童や女性労働力によって成り立っている製帽業者が支払った帽子検査費用と各種の税金が、台湾の地方官庁と総督府を潤した[19]。この重層的な搾取の構造は無視できない。女性労働者たちの視点からこの「恩恵論」を相対化することが、本章の課題でもある。

製帽業の関係史料では、台湾人女性労働者に関する記述の多くは、帽子を編む部門に偏っており、原料処理部門についてはほとんど注意が払われていない。以下の謝と呉の事例では、編む工程だけでなく、謝雪紅は林投帽の原料加工、呉廖傖は紙帽の原料加工にも従事していた。

謝雪紅は、九歳から一三歳まで携わった製帽産業の経験について、詳細に描写している。父親が重病にかかり、もともと住んでいた借家を追い出され、彼女は母親とともに家計の重責を担い、林投帽の原料加工・製作の仕事につかざるを得なくなった。

この時、母は林投の葉肉の削り落としと、帽子編みの作業に従事し、私は母を手伝いこれらの作業を行った。過労と精神的な負担から、母は次第に健康を害した。家に借金取りが来る時は、母は一人で目を真っ赤に泣きはらしていた。それから、生計の一部を支える私の肩に、さらなる重圧がかかってきた。当時私はわずか九歳だった[20]。

彼女が九歳であった一九〇九年当時は、折しも林投帽の勃興期であった。台湾全島の生産量は一九一〇年の五三万五三七一個から、彼女が製帽業から離れた一九一三年には約三倍の一四九万二三六個に増加していた。一方で、同時期の大甲帽は一九一〇年の一六万九七四七個から、一九一三年の一万九八八一個にまで急減している[21]。

一九一五年に総督府殖産局が出版した『林投帽製造業調査』では、原料加工業者を、作業の五段階に応じて、生葉採収業・葉裂業・煮沸業・肉削業・漂白業に分類している。謝雪紅は生葉採収以外の加工の工程すべてに関わっていた[22]。彼女の自伝には、産業資料には見られない女性労働者の視点から、これらの作業内容、とりわけ長く従事した肉削作業について細かく記されている。

まずは、煮沸工場から持ち帰った林投の葉肉を削ぐ情景である。

工場で受け取って持ち帰る林投の分量をめぐっては、毎回激しい争いが起こった。職工が尖った竹竿で柔らかくなった林投の葉を取り出し、一束一束地面に放り投げると、女性たちは争ってそれを地面から奪い取る。多くの林投を取れば取るほど、工賃は増えるからだ。鍋から上がったばかりで熱気がもうもうと立ち上る林投を奪い合う時、よくやけどをした。わずか一〇歳の私は、負けじとばかりに大人たちとつかみ合った。すばやく動くだけでなく、しっかりと見極め、どの束が削ぎやすそうか、どの束が固くて削ぎづらそうかを瞬時に判断する。それが作業効率に影響してくるからだ。林投を受け取ったら、店員に記録してもらい、家へ担いで帰る。家へ帰るとすぐに林投の束を折りたたんで、乾燥して削ぎづらくならないよう、なにかで覆っておいた。(23)

台南以外の地域では多くの肉削業者は煮沸業者でもあり、その作業は工場ではなく家庭内で行われることが多かった。謝雪紅はその作業を次のように描写している。

削りとは、よく煮込んだ林投葉が完全に乾くまでの間に、ブリキで出来たはしご状の簡単な刀を使って、葉の両面の皮と肉質の部分を完全に削ぎ落としていく作業だ。一般的に言えば、一枚の葉を四、五回削いで、残った細長い繊維がいわゆる林投糸だった。そして、所定のまとめ方にしたがい、一〇〇本を一束にし、五束を一つにまとめて大きな束にし、担いで納入しに行く。店主は加工された林投糸の長さ、裂けていないかどうかなどの良し悪しを見て、その品質に応じて工賃を支払う。うまく削ぐことができず糸を切ってしまった人は、工賃をもらえないばかりか弁償しなければならなかった。私は林投葉の削り作業に長く関わり、一〇歳から一三

肉削作業を行う女児ら
出所：黒谷了太郎編『林投帽製造業調査』台湾総督府民政部殖産局，1915年，口絵

歳で家を出るまでの三、四年間はほぼこの作業だけをしていた。(24)

総督府の調査によると、彰化一帯では煮沸した原料一万本を受け取って、八〇〇〇本を仕上げて納入すると六〇銭が支給され、九〇〇〇本納入すると八〇銭であった。個別の契約内容にもよるが、仕上げ一〇〇〇本に付き、賃金は約八〜一〇銭であった。(25)林投の原料処理の工程で、葉を削ぐ作業は最も人手を必要としたが、労働従事者数に関する正確な資料は欠落している。(26)謝雪紅の家では母親とともに、彼女と弟も夜遅くまで作業したことが記されている。

林投の葉を削ぐ作業は主に母と私が

行っていた。毎日暗くなってkia仔（石油ランプで、ガラスシェードを持つものを番仔油灯と称した）に火を灯して作業した。〔弟の〕真南はどちらかというと遊びのほうに熱心だった。といっても作業を強制的に手伝わされることもしばしばあった。夜、子どもたちが眠くなると、母は林投の葉を削ぎながら、封建的、迷信的な昔話を私たちに語って聞かせ、元気づけた。(27)

このほか、九歳の謝雪紅は母親とともに、彰化市内にある天公壇という道教寺院の裏で、肉削完了後の林投糸の漂白作業にも従事していた。彼女は以下のように詳細に描写している。

そこは、林投原料加工の最終段階である漂白を専門とする業者だった。天公壇の裏の敷地にはいくつかの大鍋があり、まず男工が大鍋に漂白剤を入れて半加工状態の林投糸を茹でる。よく煮込んだのち、私たち女工が林投糸を水できれいにゆすぎ、漂白剤の匂いを落とし、一束一束を寺院裏の屋内で乾かす。半乾きの段階で、女工が糸を真っ直ぐに揃える。林投糸の表面は滑らかで、裏面は粗いため、粗い面を内にするよう、糸を丸く巻き込む必要がある。こうして、林投糸の加工はすべて完成する。当時、女工の一日の工賃は、わずか一毛〔一〇銭〕ほどだった。(28)

政府と産業界からは女性労働の花形といわれた帽子編製は、工賃は比較的高かったが、高い技術と根気とを必要としていた。彼女は製帽作業について次のように語っている。

当時、一部の帽子業者は、林投糸の加工業者（この種の業者の資金力は比較的、小さかった）から加工された林投糸を購入し、女性たちに下請けに出し、自宅で帽子を編ませる。私も少しだけ編んだ経験がある。普通の帽子を一個編むと、大体一、二日、あるいは二、三日かかり、工賃は七、八毛〔七〇、八〇銭〕から一円ぐらいだった。この作業は勤勉で手先が器用な人でなければできなかった。真っ白で細長い林投糸で編んだ上等な帽子を納品すると、工賃は一個あたり三、四円にもなったが、素晴らしい技術がないといけなかったし、編むのに多くの時間をかけねばならなかった。これは、当時の女性が最もお金を稼げる仕事だった。(29)

こうして仕上がった帽子は日本内地に移出され、そこで仕上げ加工と飾り付けが施された。こうした付加価値が付いて価格を上げた後の商品は、その多くが神戸港から海外へ輸出され、そのうちの一部が台湾島内の市場にも回された。(30)

きれいに編まれた帽子もまだ完成品ではなく、製帽商はそれを日本に移出して貿易商に売り込み、日本の貿易商（神戸が中心で、大部分は台湾人だった）はそれらを購入し、再加工していた。まず帽子をいくつかの等級に分け、大小異なる帽子のサイズを設定し、帽子の表に布リボン（黒が多い）、裏面の縁に汚れ防止のレザークロスを縫製し、上等な帽子の裏には革の帯を縫い付けていた。このように林投帽が完成すると、貿易商はそれを卸売業者に販売し、一部はそのまま小売店に卸される。こうした帽子は価格が高く、ふつうの台湾人には買えなかった。[31]

原料加工から、編製、仕上げ、移輸出に至るまでの製帽産業の一連の生産販売過程は、植民地における資本主義と帝国主義が交錯した重層的な産業構造の投影であり、その底辺部に、われわれは台湾の女工の存在を確認することができる。

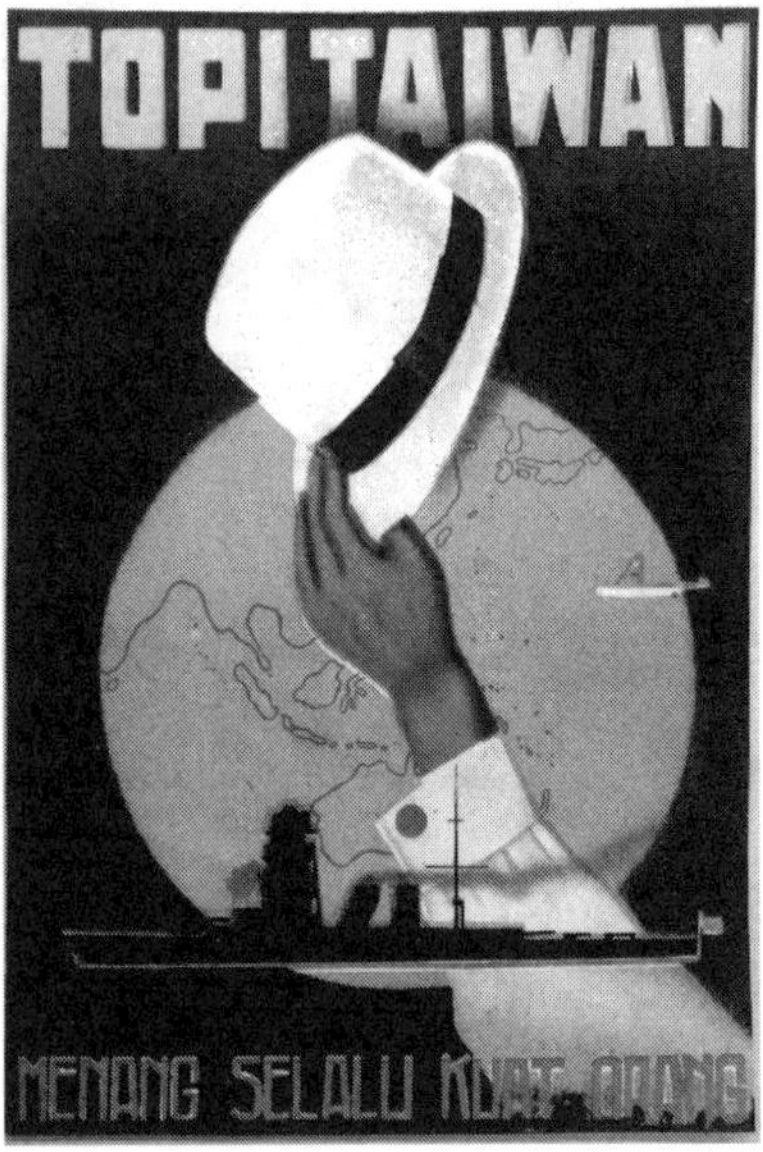

上方にマレー語の「台湾の帽子」，下方には右から左方向に「強い人はいつも勝つ」と記されている
出所：小池金之助『台湾帽子の話』台湾三省堂，1943 年，口絵

しかしながら、重要産業である製帽業を含め、多就業で得る収入は長期的な安定性を欠き、労働者はあれこれの収入をかき集めて家計を維持せざるを得なかった。

母と天公壇の裏で林投糸の漂白作業をしていたが、工場の閑散期には、観音亭の前にある薬局の裏に行って、箭粿《ジーグエ》〔炸粿とも言う。小麦粉の生地の中にカキ、ニラ、ねぎなどを入れた揚げパン〕を仕入れて行商した。……一〇歳ぐらいの時、家事、炊事、食器洗い、養豚、柴刈、野菜栽培のほかには、主に林投葉を削ぐ仕事をしていた。林投の葉を工場から担いで帰るのはほとんど私の仕事であり、一回に五〇〇〇から一万本も運ばねばならず、当時の私はかなり無理をしていた。(32)

これらの労働に関わる語りの多くは、家族史と密接に接続しており、家族成員による複数の労働経験が相互に影響しあう。謝雪紅の場合は、まず両親の過酷な労働と相次ぐ死去がある。父親については以下のように述べている。「彼は一生、長距離の荷物運びであったが、一九〇八年の台湾鉄道（いわゆる縦貫鉄道）が全面開通すると、父のような荷担ぎの苦力は時代遅れになった(33)」。過労を重ねたため肺結核を発症したが、貧困のため病院にかかれず、亡くなった。その後、母親も後を追うようにして亡くなった。「医者は私たちに母が狭心症を患っていると告げたが、その根本には貧窮があり、貧窮が彼女の人生を疲弊させ、貧窮が彼女を病気に追いやり、良い医療も受けられなくしたのだ」[34]。複数の仕事を掛け持ちしても、なお貧困から脱却することができない。こうした実態が、日本統治期に貧困層がしばしば子女を養子、妾、媳婦仔に出した背景にある。謝雪紅の家族史がそれを物語っている。

3　紙帽の原料製造工場における労働の記憶

呉廖倫が住んでいた清水という街は、日本統治期には台湾で有数の製帽がさかんな土地であった。ただし、原料加工工程に関する労働者の記述はほとんど現存しない。その中で、呉廖倫の自伝は女工の視点から、この労働史を淡々と描写した貴重な記録である。幼い頃から媳婦仔であった彼女は、一五歳の時に紙帽の原料工場に入り、二二歳まで、八年にも及ぶ女工生活を送った。

草館〔同工場の通称〕は今の萬善堂〔無縁仏を供養するための寺院〕の足元にありました。萬善堂付近の低地には、マコモダケ畑が広がっていました。草館は高い場所にあり、赤レンガの壁が連なっていて、小さな門が幾つか開いていました。黒笠仔草〔紙帽の原料〕が運び入れられると、私たちは織り始めました。私は一五歳ですでにきれいな日本式の結びを作ることができました。草館に生活の糧を求めたのは一五歳の時で、二二歳（子どもが生まれた年）までの生活のすべてでした[35]。

呉廖偸の口述に登場する「山本草帽株式会社」とは、台中州大甲郡清水街で一九二二年（大正一一年）に開設された山本紙帽子原料工場であったと考えられる。またの名を台湾紙帽子原料製造工場といった。工場主は山本仁太松といい、製帽業の製造工程で言うと、この工場は中間の原料加工部門であった。一九三〇年代、清水街の紙帽子の原料生産は最盛期を迎え、原料製造工場は一九二九年の三カ所から翌年には七カ所、さらに一九三一年には一六カ所まで急増したが、一九三二年と三四年（一九三三年のデータは欠落）には一二カ所に、一九三五年には急減して三カ所となり、その後は二〜五カ所前後で推移した(36)。台湾紙帽の原料はマニラ麻でできた強靭な和紙で、多くは日本内地から移入されたものである。山口、高知、岡山、静岡等の製紙工場で、製帽用に数種類の幅の紙テープが作られていた。それがさらに兵庫、岡山、静岡、岐阜、東京諸府県にある原料工場に送られ、紙撚り、染色、セルロイド引きなどの加工を経て、帽子織りの原料として完成される(37)。台湾島内でも原料工場は清水を含めて一〇数カ所あり(38)、山本紙帽子原料工場もそのひとつだった。

一九一六年前後、製帽業では紙帽が林投帽・大甲帽に取って代わるという激変があった。日本統治期に出版された台湾帽子に関する史料は、概ね三つの解釈を提示している。第一に、林投帽に欠かせない漂白原料が高騰したこと、第二は、林投帽と大甲帽に比べて紙帽の品質と規格化が高く、市場販売で有利であったこと、第三は紙帽の原料の質と供給が林投帽や大甲帽より安定し、安価であったことである。実際に、植民地の製帽業の発展によって日本内地の原料供給を担う工場は多大な利益を得た。紙帽の原料はすべて日本内地の製紙工場から供給されたのである。一九一七年から一八年にかけ、原料紙の日本内地からの移入額は五〇万円以上にもなり、台湾の紙帽生産総価額の三分の一にも達した。原料の移入コストを差し引いたあと、紙帽の利幅はかなり小さくなった[39]。

製帽業の各工程において、女性は重要な労働力となっており、一九二六年に八歳の呉廖倫が養父に「家でおとなしく笠を五〇個編め」と命じられた[40]のは、おそらくすでに紙帽が中心だったのだろう。同地には大甲帽と林投帽を編製する伝統があったため、紙帽の編製もこの地の技術に依存し、伝統的な帽子価格が下落した際に、女工たちは続々と紙帽の編製に転じた。紙帽の編製は比較的容易で工賃も安かったが、労働者は往々にして物量作戦を取り入れて、時間をかけて高単価な帽子を編むよりも、単価は安いが作りやすい紙帽を大量に作ることで収入を上げた[41]。

一九三三年に一五歳の呉廖倫が山本紙帽子原料工場に入り、原料生産ラインに移った頃、すでに現地の製帽業は原料の生産加工、編製から買い上げ、輸出に至るまでそれぞれに相当な規模に成長しており、台湾人だけではなく、日本人の経営者も非常に多かった。似たような紙帽の原料工場は清水に一二カ所あったが、山本は最も古くから操業している老舗であった。一九三三年のこの工場には電動機（電気モーター）一台、紙原料加工機械が三台あった[42]。彼女が工場に入った前後に雇用者の数は激増し、一九三二年には男工二人、女工一四人であったのが、一九三四年には男工一四人、女工二七人となった。一九三五年には街全体の工場は減少して同社の男工も六人となり、この後に女工の数も半減する。一九三六年には一三人、一九三七、三八年には一二人となり、男工はそれぞれ一人であった（以降のデータは不明）[43]。呉廖倫によれば、帽子の編製は納品した個数によって毎月報酬を算出する。一方で、原料工場の女工は時間給であり、かつ半年を過ぎてからようやく給料を受け取ることができる。午前と午後の二つの勤務時間を合わせ、一日で六角七銭（六七銭）の工賃となる。出勤の際には記録を付け、これに基づいて半年後に給与が支給される[44]。生産コストを圧縮することでより多くの利潤を得るという原理が、製帽業の各部門には共通していたことがわかる。編製部門において、仲買業者や集荷業者は往々にして女工の納入した帽子に厳しく注文をつけ、さまざまな理由で等級を下げて安価で買い上げた[45]。同様に、原料加工部門でも女工の工賃を低く抑え、給料の遅配などが発生することもあった。

産業史料とは異なる視点から、労働者としての彼女は現場の実態を次のように回想している。

早朝、私は機械の起動を担当しており、〔私がスイッチを入れると〕機械は轟々と唸り声を上げて動き出します。私は隣近所に住む女工たちに声をかけながら一緒に工場に入ります。笠仔草が切れると、機械をいったん止めて、私は配線を接続し直し、ふたたび始動させます。ある夏、水害が起って萬善堂から骨壷が流れてきたことがありました。草館にも水が流れ込み、枯れ枝のような手足の骨が見え、とても恐ろしかったのを憶えています。それでも山本さんは仏頂面で出入りしていました。やがて工場は一部屋では足りなくなり、もう一部屋を増設しました。

山本草帽株式会社は山本氏が経営者で、彼は日本から入り婿としてやって来た人でした。のちに娘と娘婿も仕事を手伝うようになりました。日本に帰った後、娘婿も早死してしまいました。若いころは、あの娘婿が私に向かって「笠仔草を織ってくれ、戻ってこい」と叫んでいる夢を見ると、私は決まって病気になりました。山本さんはあまり顔立ちが良くなくて、一緒に工場で働いた娘たちは彼を「ブサイク」とか「猿」と呼んでいました。私はただ静かに作業していました。(46)

「日本時代」へのノスタルジーは、現代の人々がかつての近代化に対して持つイメージや願望と切り離せない。植民地的モダンの表象は、デパート、カフェなどの華美な空間と巧妙に接合された化粧品、洋服、カメラ、腕時計、コーヒーといった数々の商品で構成されている。台湾帽子もその代表的なモノのひとつである。しかしこれとは対照的に、工場労働の記憶は、資本家、帝国主義の搾取の下での悪夢と精神的な苦痛を示している。語り手の回想により蘇ったのは、近代的な健康と美を象徴する流行りの帽子ではなく、機械のうなり音と工場主の厳格な管理、洪水で萬善堂から流れてきた骸骨であった。離職した後の一時期まで、自分を工場に強制的に連れ戻そうとする、高圧的な日本人雇用主の悪夢にうなされ、毎度、体調を崩したという。半世紀以上の歳月を経て、九二歳となった語り手は、日本人工場主に対するやるせない気持ちを、非常に間接的な語り方で表現している。それは、工場主一家の戦後の運命に触れたときに現れた因果応報の考え方や、日本人経営者の風貌を嘲りの対象としたというエピソードからも読み取れる。

他方、労働を通じて手にした和菓子や海水浴場などのご褒美が、彼女の唯一の楽しみだった。

年末になると、一箱に六個入りの日本のおもち〔回想録では中国語で「麻糬」と記載されている。大福もしくは団子の可能性もある〕が配られました。私だけは二箱、一二個が配られ、ありがたく持ち帰って両親にあげました。夏には、高美海水浴場の遊泳券が配られ、私は二枚もらって、目の悪い義母を海水浴に連れていきました。海辺に腰を下ろすと、打ち寄せてきた波で体が浮き上がり、まるで浮き輪に座っているような気分になります。このように七年一日の如く、苦境のなかでも頑張って楽しみを見出そうとしていましたが、そんな日々も、徐々に遠ざかっていきました。(47)

植民地体制下の労働搾取の下にあっても、彼女の回想には絶望ではなく、忍耐と自己肯定、そして未来への期待を読み取ることができる。「何とかなる。生き抜くしかない。貧しいから仕方ない。このような厳しい環境の中で鍛えられたのだ」(48)。戦前の労働者層の女性を主人公にした小説は悲哀に満ちているものが多い(49)が、この回想録の女性本人の語りには、人生に正面から向き合う積極性と主体性がうかがわれる。

おわりに――「日本時代」の裏側

統治者側の産業史料は植民地「近代化」の功績を全面に押し出しているのに対し、台湾人労働者側の語りは貧困から抜け出すことの難しさを訥々と表していた。両者の間には、深い溝がある。労働者層の女性の「日本時代」の歴史叙述には、直接ではないにせよ植民地批判が鮮やかに織り込まれている。呉廖儉の記憶には、「彼ら」日本人の生活は台湾人労働者層の生活とは異なり、健康的で優雅なものとして映っていた。「日本人自身は何を食べるか。彼らは夏には帽子をかぶり、歯が悪くなるのでさつまいもやグァバを好まない。妊婦は真鯛粥、肉のスープを飲む[50]」。日本人は帽子で日差しを避け、健康に気を配り、高級食材を食べるといったイメージだった。謝雪紅の回想には、日本人家庭のお手伝いに行った際、残飯を持ち帰って洗って食べる辛さが描かれている。

日本帝国主義者が収奪した植民地台湾人民の血と汗とお金によって、普通の日本人職員があのような豪華な生活を送ることができたことは、当時の私は知る由もなかった[51]。

謝雪紅は、のちに自らの力で読み書き能力を獲得し、売買婚から脱して、社会主義に出会い左翼運動に身を投じた。しかし、日本統治期の労働者層の台湾人のなかで、運命とあきらめるのではなく、これは搾取だと認識を転換できた彼女は例外中の例外であった。

日本の台湾統治をめぐる「近代化」言説が無批判に流通している現状を踏まえ、本章では、女性労働者の語りを通じ、もう一つの「日本時代」の歴史的記憶の存在を指摘した。男性労働者の語りには触れることができなかったが、「日本時代」の歴史叙述を再検証するうえで、労働者の語りを、改めて植民地の政治・経済問題の文脈から捉え直し、批判的に検証していくことが必要であろう。

注

（1）黒谷了太郎編『林投帽製造業調査』台湾総督府民政部殖産局、一九一五年、一頁、句読点を加筆。

（2）これに対して、日本帝国統治下の台湾社会「周縁史」研究の近年の一つの試みとして見いだせるのが、陳延湲編『看不見的殖民辺縁：日治台湾辺縁史読本』（玉山社、二〇一二年）である。しかし、本章の研究対象は同書とは異なり、植民地教育体制から排除された台湾の民衆層である。彼ら非識字層は社会の周縁におかれた集団ではなく、農業を基盤としていた戦前の台湾でむしろ普遍的であり、人口の大多数を占めていた。

（3）謝雪紅口述、楊克煌筆録『我的半生記』楊翠華、一九九七年。呉廖倫口述、呉念融著『清水阿嬤：戴著観音耳機的呉廖倫』遠景出版、二〇一〇年。

（4）一九〇八年、彰化生まれ、彰化第一公学校、台中商業学校卒。一九二八年に台湾農民組合、一九二九年に台湾共産党に参加。戦後は二・二八事件の後、謝雪紅とともに香港に亡命し、のちに中国に移った。一九七八年に北京で逝去。元妻の黄綉雀との間に三人の娘がおり、この回想録を出版した楊翠華はその長女である。

（5）自伝のなかで謝が語った台湾共産党史については、史料批判の観点から研究者の間では評価が分かれている。

（6）柯志明『米糖相剋：日本殖民主義下台湾的發展與從屬』群学、二〇〇三年。涂照彦『日本帝国主義下の台湾』東京大学出版会、一九七五年。

（7）涂照彦『日本帝国主義下の台湾』東京大学出版会、一九七五年、一九五―一九九頁。

（8）涂照彦『日本帝国主義下の台湾』東京大学出版会、一九七五年、二三一―二三七頁。

（9）将来の嫁として他家に出された女児や少女のこと。養家に入ると正式に結婚するまでは娘と嫁両方の身分を持つ。この慣習は清朝統治期から戦後初期まで台湾の民衆社会で続いていた。名義上は媳婦仔でも、実質的には人身売買の事例が少なくなかった。本書の第三章を参照。

（10）このような採集活動は、食糧、燃料不足を補うためであり、台湾の他の農山漁村でも見られる。都留俊太郎は旧台中州沙山庄のフィールド調査で同様な観察結果を得た。都留「日本植民地期台湾の漢人農家における農と食――甘蔗栽培技術の普及と採集活動を事例に」『農業史研究』第五三号、二〇一九年、三―一四頁。

（11）謝雪紅口述、楊克煌筆録『我的半生記』楊翠華、一九九七年、八〇頁。

（12）台湾銀行調査課編『台湾製帽業ノ現況及改善策』台湾銀行調査課、一九一九年、九―一〇頁。

（13）台中州勧業課編『台湾に於ける帽子』台中州勧業課、一九三三年、一〇六頁。

（14）小池金之助『台湾帽子の話』台湾三省堂、一九四三年、序言。

（15）王景怡「日治時期大甲地区帽蓆産業的産銷特色」台湾 国立高雄師範大学地理学系修士論文、二〇〇八年、三八―四一頁。

（16）台湾総督府殖産局編『台湾帽子要覧』昭和一六年第七号、台湾総督府殖産局商工課、一九四二年、一―三頁。

（17）小池金之助『台湾帽子の話』台湾三省堂、一九四三年、八頁。

（18）台湾総督府殖産局編『台湾帽子要覧』昭和一六年第七号、台湾総督府殖産局商工課、一九四二年、一―三頁。

（19）台湾銀行調査課は、台湾の帽子検査費用が高額で、生産コストを圧迫していることを指摘している。一九一八年には、一個あたりの生産価額は四八銭のところ、三銭の検査手数料が徴収され、一銭を同業公会に納付し、二銭を総督府帽子検査所に納付していたという。沖縄と内地の製帽業が支払う費用は台湾の約三分の一から六分の一であった。台湾銀行調査課編『台湾製帽業ノ現況及改善策』台湾銀行調査課、一九一九年、七五―七六頁。

(20) 謝雪紅口述、楊克煌筆録『我的半生記』楊翠華、一九九七年、五〇頁。

(21) 台湾総督府殖産局編『台湾帽子要覧』昭和一六年第七号、台湾総督府殖産局商工課、一九四二年、一―三頁。

(22) 謝雪紅口述、楊克煌筆録『我的半生記』楊翠華、一九九七年、五〇―五五頁。

(23) 謝雪紅口述、楊克煌筆録『我的半生記』楊翠華、一九九七年、五四頁。

(24) 謝雪紅口述、楊克煌筆録『我的半生記』楊翠華、一九九七年、五一―五二頁。

(25) 黒谷了太郎編『林投帽製造業調査』台湾総督府民政部殖産局、一九一五年、二五頁。

(26) 総督府殖産局の調査は、葉を削いで繊維とした糸の生産量を記載しているものの、注記で実際の生産量はおそらく二倍であることに注意を促している。黒谷了太郎編『林投帽製造業調査』台湾総督府民政部殖産局、一九一五年、二三―二五頁。小池金之助も台湾帽子の年間生産額と生産価格の数値は、業者の自己申告によるもので、業者が多額の税金の納付を免れるために意図的に低く申告したのではないかと疑問視している。小池金之助『台湾帽子の話』台湾三省堂、一九四三年、三―五頁。職工数も概算であり、謝家の二人の子どもが、一九一三年の台中州七二三人の職工数の人数統計（黒谷了太郎編『林投帽製造業調査』二四頁）に含まれていたかは疑わしい。

(27) 謝雪紅口述、楊克煌筆録『我的半生記』楊翠華、一九九七年、五四頁。

(28) 謝雪紅口述、楊克煌筆録『我的半生記』楊翠華、一九九七年、五〇―五一頁。

(29) 謝雪紅口述、楊克煌筆録『我的半生記』楊翠華、一九九七年、五二頁。

(30) 小池金之助『台湾帽子の話』台湾三省堂、一九四三年、六二頁。

(31) 謝雪紅口述、楊克煌筆録『我的半生記』楊翠華、一九九七年、五二頁。

(32) 謝雪紅口述、楊克煌筆録『我的半生記』楊翠華、一九九七年、五三頁。
(33) 謝雪紅口述、楊克煌筆録『我的半生記』楊翠華、一九九七年、五八頁。
(34) 謝雪紅口述、楊克煌筆録『我的半生記』楊翠華、一九九七年、六〇頁。
(35) 呉廖偷口述、呉念融著『清水阿嬷：戴著観音耳機的呉廖偷』遠景出版、二〇一〇年、六八頁。
(36) この工場の名称は、台湾総督府殖産局編『台湾帽子要覧』昭和一一年三号と昭和一三年四号では「山本紙帽子原料工場」となっており、工場主は山本仁太松であった。しかし、一九二九年から四一年の『工場名簿』ではこの工場は長期間にわたって「台湾紙帽子原料製造工場」と記載されているが、前後の年で一九二九年には「台湾帽子原料製造工場」、一九三一年には「山本帽子原料製造工場」、一九三五、三六、三九、四〇年の四年分には「台湾紙帽子原料製造所」とされ、最後の一九四一年には該当する工場が見当たらない。おそらく、戦時の原料不足など時局的な要因から操業を停止したものと見られる。工場主は、一九三〇年と三六年の調査では山本仁太郎と記載されており、誤記かどうかは不明である。参照：台湾総督府殖産局編『工場名簿』（昭和四年末現在）―（昭和一六年末現在）、一九三一～一九四三年。筆者は二〇一〇～一一年に東京の不二出版による『旧外地「工場名簿」集成：編集復刻版』第一～六巻台湾編を使用した。そのなかで、一九三三（昭和八）年調査分は欠落している。
(37) 小池金之助『台湾帽子の話』台湾三省堂、一九四三年、一一頁。
(38) 小池金之助『台湾帽子の話』台湾三省堂、一九四三年、一一頁。
(39) 台湾銀行調査課編『台湾製帽業ノ現況及改善策』台湾銀行調査課、一九一九年、二八―二九頁。原料を日本内地に依存していたためもあり、太平洋戦争の勃発後、台湾では紙帽原料の入手はきわめて大きな打撃を被った。もともと台湾島内の新竹、大甲、清水などに一〇数カ所あった紙帽原料加工工場は一九四三年までに消滅した。このため、台湾の原料を使った大甲帽がまた脚光を浴びることとなる。小池金之助『台湾帽子の話』台湾三省堂、一九四三年、一二―一四頁。
(40) 呉廖偷口述、呉念融著『清水阿嬷：戴著観音耳機的呉廖偷』遠景出版、二〇一〇年、三四―三五頁。

(41) 台湾銀行調査課編『台湾製帽業ノ現況及改善策』台湾銀行調査課、一九一九年、三八、七三—七四頁。王景怡「日治時期大甲地区帽蓆産業的産銷特色」台湾 国立高雄師範大学地理学系修士論文、二〇〇八年、三八—四一頁。
(42) 台中州勧業課編『台湾に於ける帽子』台中、台中州勧業課、一九三三年、二九頁。
(43) 台湾総督府殖産局編『工場名簿』(昭和四年末現在)—(昭和一六年末現在)、一九三一〜一九四三年参照。
(44) 呉廖偷口述、呉念融著『清水阿嬷:戴著観音耳機的呉廖偷』遠景出版、二〇一〇年、七〇頁。
(45) 小池金之助『台湾帽子の話』台湾三省堂、一九四三年、二二—二三頁。
(46) 呉廖偷口述、呉念融著『清水阿嬷:戴著観音耳機的呉廖偷』遠景出版、二〇一〇年、六九—七〇頁。
(47) 呉廖偷口述、呉念融著『清水阿嬷:戴著観音耳機的呉廖偷』遠景出版、二〇一〇年、七一頁。
(48) 呉廖偷口述、呉念融著『清水阿嬷:戴著観音耳機的呉廖偷』遠景出版、二〇一〇年、三九頁。
(49) たとえば、龍瑛宗「ある女の記録」『台湾鉄道』第三六四号、一九四二年一〇月、呂赫若「嵐の物語」『台湾文芸』第二巻第五号、一九三五年五月、楊華「薄命」『台湾文芸』第二巻第三号、一九三五年三月など。
(50) 呉廖偷口述、呉念融著『清水阿嬷:戴著観音耳機的呉廖偷』遠景出版、二〇一〇年、一二五頁。
(51) 謝雪紅口述、楊克煌筆録『我的半生記』楊翠華、一九九七年、四三頁。

第六章　帝国日本のなかの女性の移動

台湾を中心に

大阪商船蓬莱丸の基隆出帆（1930 年）
出所：『日本地理大系 11 台湾篇』改造社，1930 年，44 頁

はじめに

一九世紀末に日本が新たな植民地帝国として世界に登場したことは、内地の日本人のみならず、最初の植民地となった台湾に住む人々の空間認識に大きな変化をもたらした。国境線の変化は、政治的な意味に限らず、各個人にとっても、生計、教育、職業、婚姻などの人生の諸局面において、植民地を含めた帝国の全域が、活動の場の選択肢に入るようになる。いうまでもなく、実際に移動を促す要因は多く、個人を取り巻く経済的、社会的な諸条件のほか、国レベルの要因として、帝国中央の政策や植民地経営の方針も帝国の人の流れを左右する重要な構造的要因となる。このような重層的な要因が作用した結果、植民側、そして被植民側の家族と個人は、それぞれの思いを胸にして、自分の意思であるか否かを問わず、異郷を目指すことになった。

帝国の対外的拡張にともない、植民地側は多くの資源を帝国に供出しなければならなかった。帝国側からすると、新領土を獲得することにより本国の国民に有利な生活環境と就職先を提供できたともいえる。植民地で多くの雇用が創出され、青年男女にとってそこは海外の新天地と映った。岡本真希子は、帝国日本の植民地官僚組織について次のように指摘している。朝鮮総督府や台湾総督府の植民地官僚の規模は、日本本国の主要官庁に迫るほど巨大だったという。一九二六年に日本本国と植民地官僚の総合計は一四万八〇〇〇人であったが、五つの植民地（台湾、朝鮮総督府、樺太庁、関東庁、南洋庁）の官僚は、そのうちの四万五〇〇〇人、すなわち約三分の一を占めていたという。(1) 植民地統治システムを支える官僚、警察、教員などは日本内地から赴任してきた。短期渡航もあれば、長期滞在もあり、人々の往来は途絶えることなく、日本と台湾の海上に密集した移動線を描き出していた。帝国日本の存在は、二〇世紀の東アジア域内における女性の移動を促した構造的要因ともなっていた。

帝国各地を結ぶ交通網が確立していくなか、人々は移動に新たな夢を託すようになった。留意しなければならないのは、帝国の巨大な移動ネットワークには格差と不平等の問題が内包されており、とりわけ政治、経済、性別、民族、階層などの格差が、移動に大きな影響を与えていたことである。経済的、社会的に不利な状態を、地域を移動して打破しようと試みる人々は、そもそも属性によりその実現可能性が制限されている。帝国の人の流れは重層的な問題を内包している。移動の格差がいかに性別に表出されているのか、これは本章が明らかにしたい問題の一つである。

帝国日本と植民地の人口移動の特徴を考察する際に、女性の経験をいかに可視化するかが問題となってくる。これまでの先行研究では、個人の職業的身分からの分析が多かった。たとえば女学生、元慰安婦、娼妓、労働者などのケース・スタディが挙げられる。これらの研究は女性の移動経験をそれぞれの側面から考察し、成果を蓄積してきた。しかしテーマ別に特化した研究は比較的多いのに対し、帝国域内の女性たちの移動の全貌や、移動のメカニズムについては依然として曖昧なままである。ここから、本章は先行研究を土台にしつつ、台湾を中心とする帝国内の女性の移動について、その全体的な特徴と問題点を考察したい。

まず、第一節では、統計資料から移動における性別と民族別の差異を明らかにしたい。「帝国の本国女性」と「植民地女性」の二つのグループに分け、帝国日本の統治構造におけるそれぞれの政治的位置と直面していた問題の相違を示したい。第二節では、女性の移動の主な形態である「縁故型」移動について指摘し、分析を行う。第三節では階層の視点を加え、農山漁村の女性に見られる移動を対象に、その主体性と実践的行動の意味を論じたい。そのうえで最後に、女性の帝国内移動の特徴と意味について総括したい。

1　性別・民族別で見た移動形態

人の移動に関する統計を見ると、男女別の差異が大きかったことがわかる。一八九七年から一九四二年の台湾総督府の統計[2]に基づき、日本人（内地人）男女の渡台人数と台湾人（本島人）の日本内地渡航人数、および台湾人（本島人）の中国大陸渡航者数を分析してみれば、以下のようにまとめられる。

第一に、男性の地域間の移動者数は女性より多い。日本人と台湾人双方の帝国域内移動は、いずれも男性が女性より多い。日本人の台湾渡航者数は毎年、男性が女性の約二倍の水準を維持している。たとえば一九一一年に日本人男性渡台者は二万人を突破し、二万五二〇人に達したが、日本人

図2　日本人男女の台湾渡航者数の推移

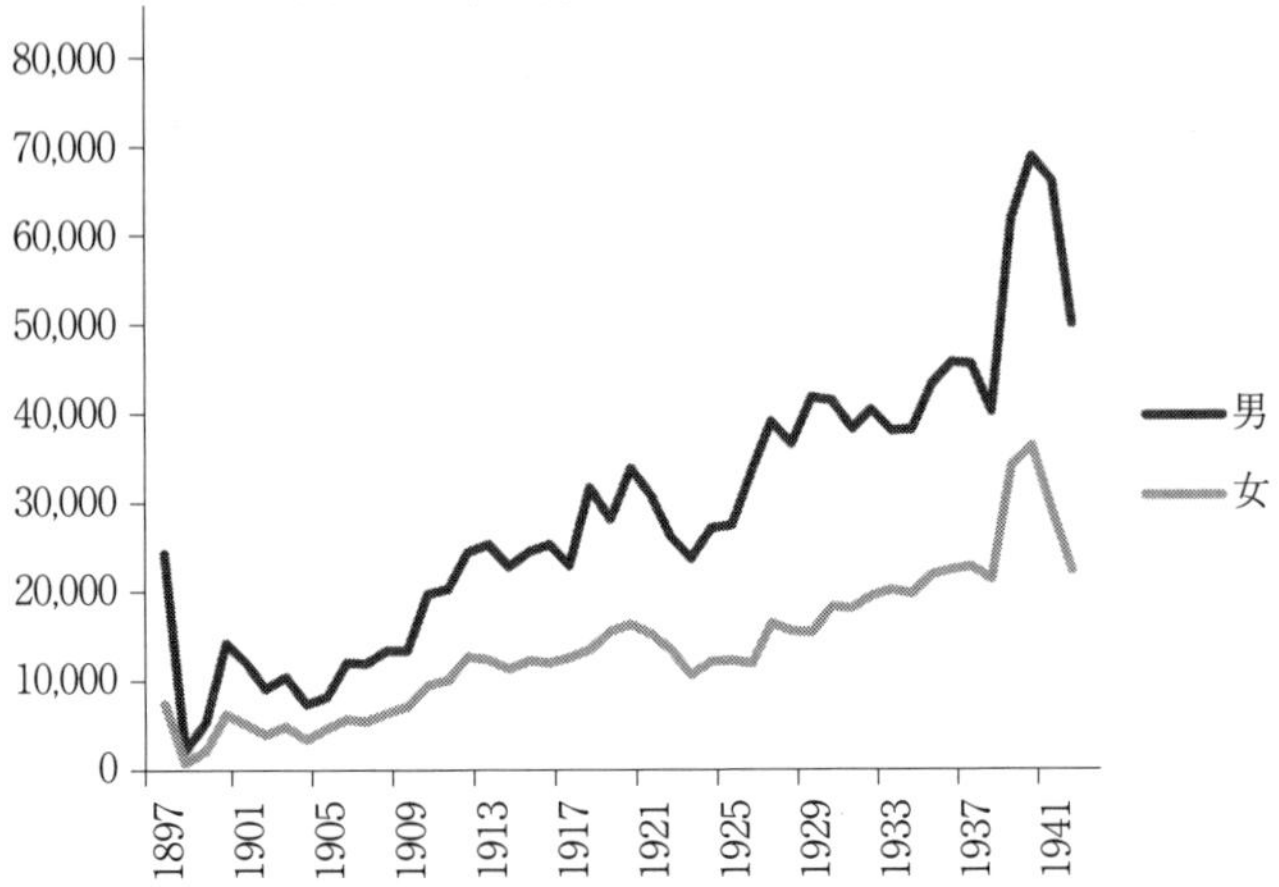

女性では一万四五五人であった。日本人渡台者が一〇万人を超えた一九四〇年、その内訳は男性六万八六四一人に対し、女性は三万六四三八人であった（図2）。

性別で分けた移動人数の落差は、台湾人ではさらに顕著である（図3）。一九一七年以前、日本内地に赴く男性の数は、女性の約一〇～五〇倍の間で推移している。たとえば、一九一七年に日本に渡航した台湾人男性数は一一〇一人だったのに対し、女性はわずか五〇人に過ぎなかった。一九二〇年代以降はその差がやや縮小したが、それでも四～一四倍の開きがあった。台湾人の内地渡航が三万人を超えた一九四〇年には、男性二万八一八八人、女性四七二四人であり、依然として六倍の差があった。一方、日本統治初期における中国大陸への渡航状況を見ると、一九一五年以前、台湾人男性の渡航者数は台湾人女性の一〇～三六倍ほどであり、その後は三～七

図3　台湾人男女の日本内地渡航者数の推移

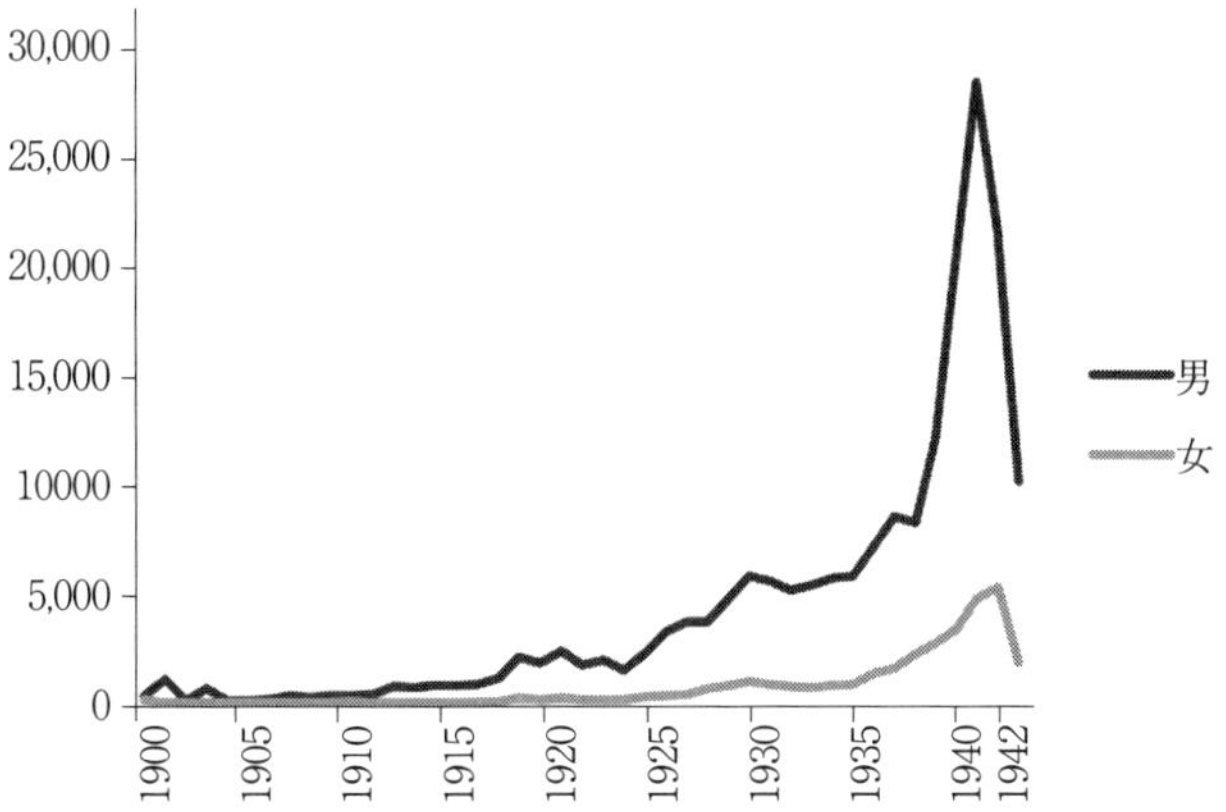

倍程度で推移している。中国への台湾人渡航者数が最も多かった一九三五年を取り上げてみると、総数二万一四一八人のうち、台湾人男性一万七五五一人、台湾人女性は三八六七人であり、依然として五倍の差がある。

第二に、民族別で見ると、日本人の移動者数は台湾人よりはるかに多い。女性では、一九一〇年以降、毎年一万人以上の日本人女性が台湾に渡り、一九三三年に二万人、一九三九年には三万人を超える規模に達した。これに対して台湾人女性の内地渡航は、統治初期には年間五〇人を超えることなく、一桁の年もあった。一九三五年には初めて一〇〇〇人台に達し、一九四一年の五二二七人をピークに、その後は再び急減している。両者を比較すると、日本人女性の渡台者は二万四一一人だった一九三三年、台湾人の内地渡航者はわずか七九四人であった。一九三〇年代以降、その差は少し縮まる傾向が見られるも

図４　日本人女性の台湾渡航者数と台湾人女性の日本内地渡航者数の推移

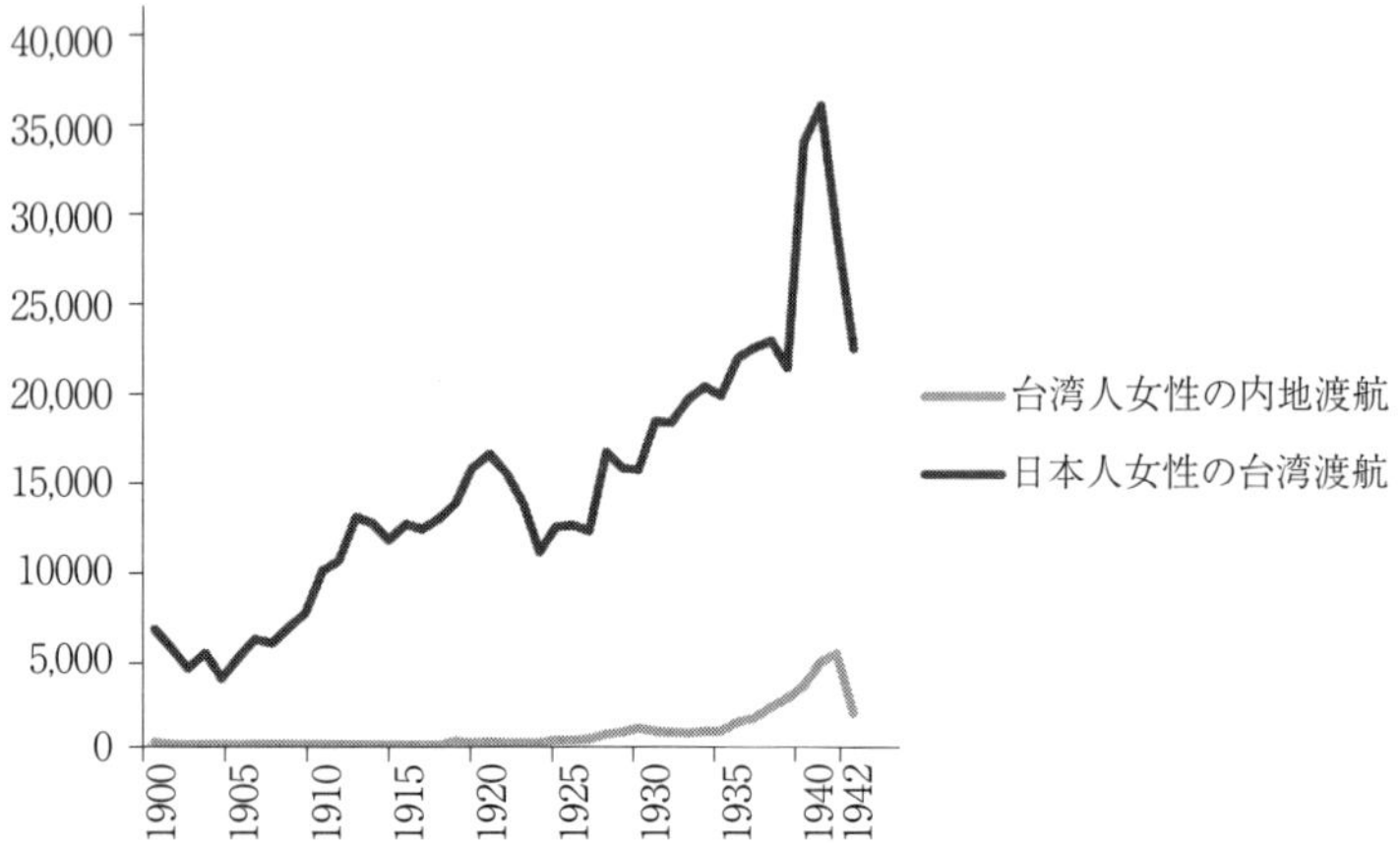

のの、依然として一〇倍ほどの開きがある。前述の台湾人女性の内地渡航のピークだった一九四一年には、日本人女性の渡台者はその約六倍の二万九一八六人であった（図４）。帝国の人口移動の民族的差異が、ここでは如実に表れている。帝国の中心から女性が植民地台湾へ大規模に移動していったのに比べて、植民地台湾から日本内地へ移動した女性の数は微々たるものであった。

第三に、渡航先から見れば、台湾人女性の中国渡航者数は、最初は日本内地への渡航者数より多かったが、その後は徐々に均衡していき、最後には逆転した（図５）。中国と日本両地への渡航者数の差は、台湾人男女で比べると、女性のほうが数字の開きが大きかった。一九一五年以前、中国への渡航者数は年間一〇〇人以上を維持しており、二〇〇～三〇〇人の年もあったが、同時期に日本内地へ渡航する台湾人女性の人数はほとんど一桁で、多い年でも三〇

図5　台湾人女性の中国渡航者数と日本内地渡航者数の推移

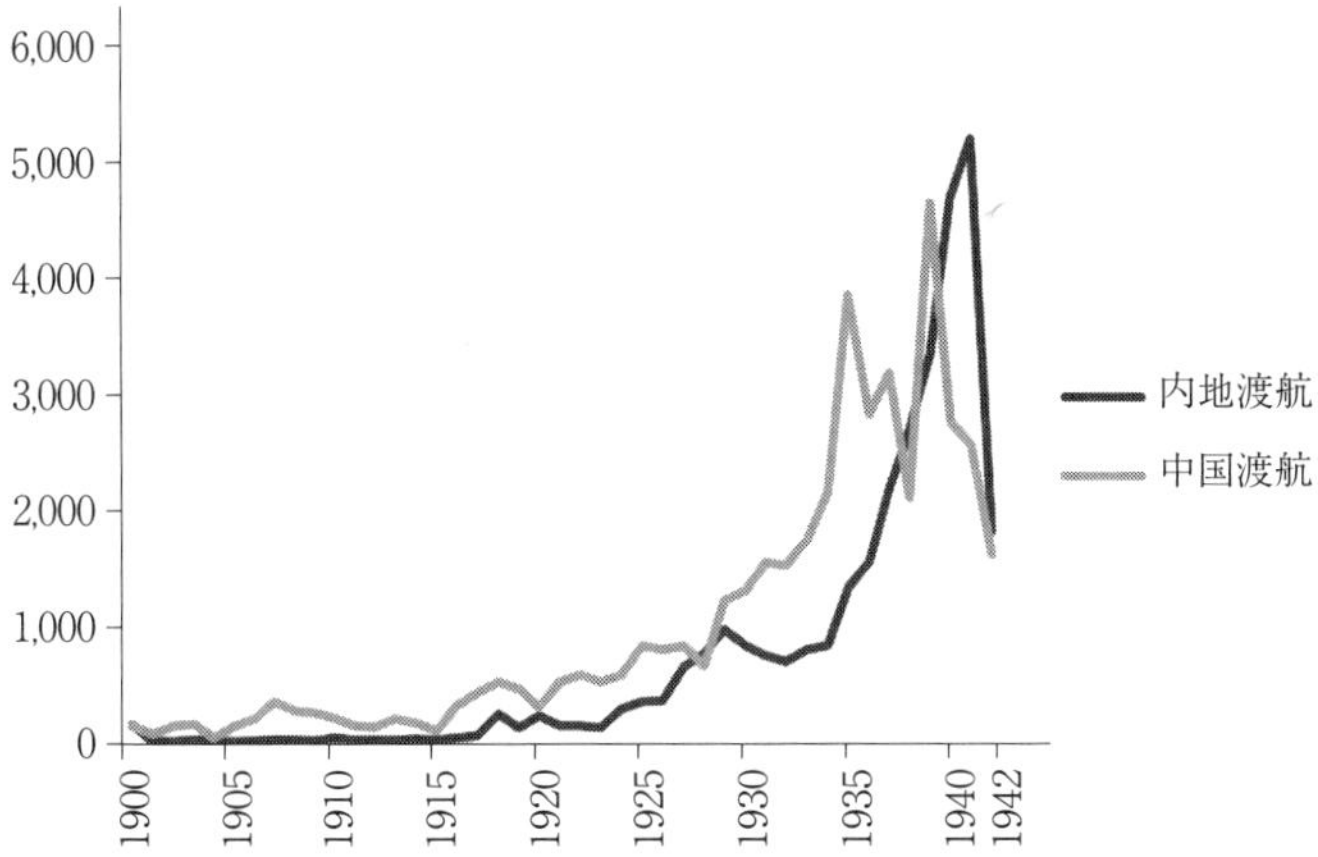

数人だった。一九一五年以降、両地への台湾人女性の渡航者数は微増し、一九二〇年代後期に入ると急増する勢いを見せた。しかしながら内地渡航者数は中国渡航にははるかに及ばなかった。一九二三年、中国渡航の台湾人女性の数は内地渡航の約四倍であり、一九二四年以降もおよそ一～三倍であった。内地渡航の台湾人女性が初めて一〇〇〇人を突破して一三三六人に達した一九三五年、台湾人女性の中国渡航者数は三八六七人で、依然として内地渡航者数の二・九倍ほどの水準だった。一九三八年以降に、両者の人数はようやく逆転することになる。

第四に、渡航方面の性別・民族別の変動幅の差異である。日本人女性の台湾渡航者数は、基本的に緩やかに増加し、日本人男性の台湾渡航者数の増加ぶりとほぼ一致している（図2）。台湾人女性の内地渡航は終始、低い水準で推移し、一九三五年以降にようやく徐々に増加するようになった。そして台湾

図6　台湾人男性の中国渡航者数と日本内地渡航者数の推移

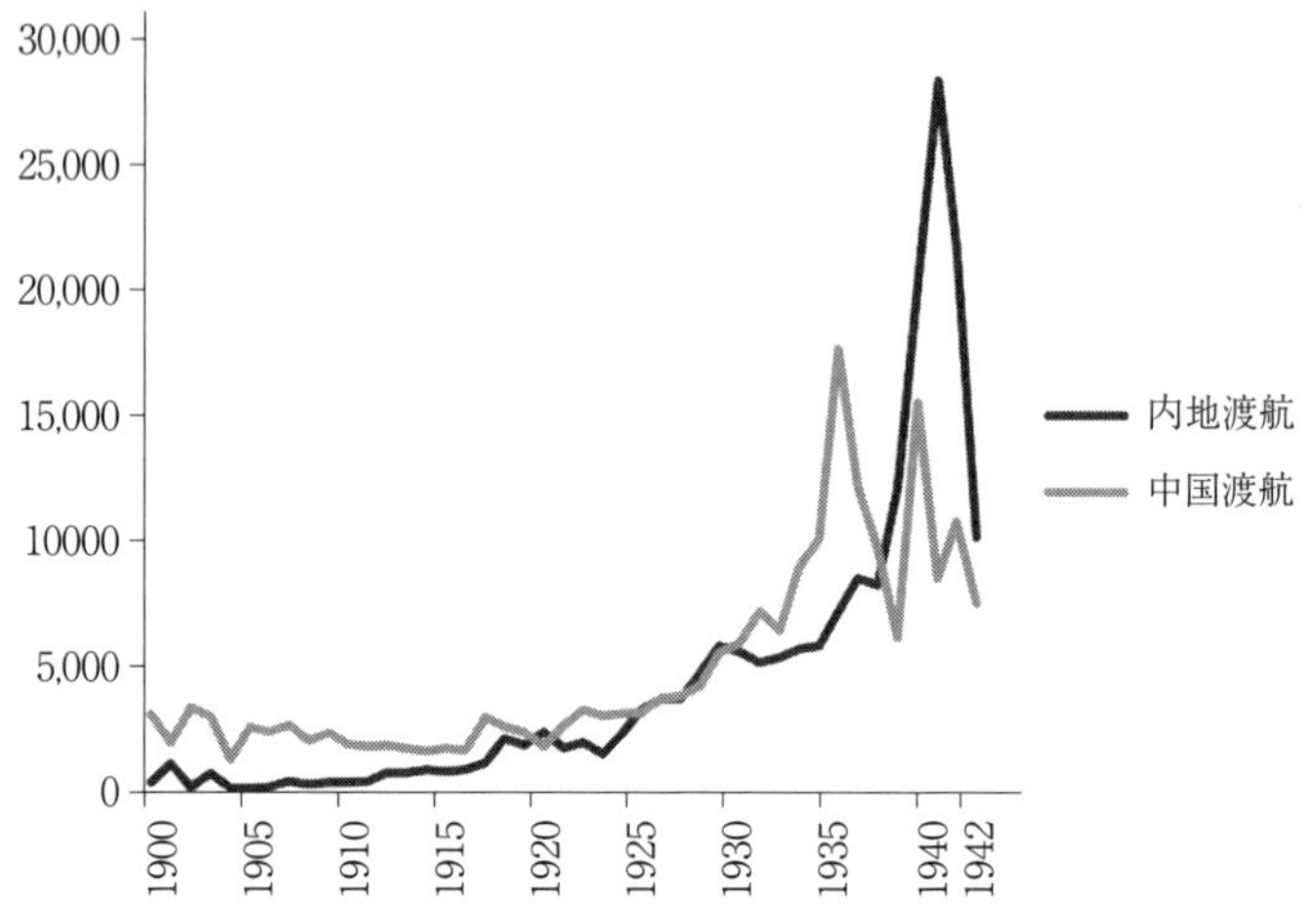

人女性の中国渡航は一九三五年以前も低く安定した状態にあったが、一九三五年以降の変動幅は内地渡航よりも激しかった。このような傾向は台湾人男性の渡航状況においても同様である(図6)。つまり一九三〇年代以降、台湾人男女の中国渡航者数は比較的大きく変動する傾向にあり、これは民族・性別を問わず日本内地への渡航者数が安定していたのとは対照的であった。

2　「縁故型」移動の特徴

植民側と被植民側に共通する女性の帝国域内移動の類型の一つに、「縁故型」と表現できるものがある。渡航地もしくは道中における家族、親族や友人などのネットワークの存在が目立っているタイプである。東アジアの家父長制の伝統規範において、女性の単独行動は容認されたものではなく、保護の名の下に女性に制約を加える一方、もしもそれが「家のため」であるならば女性の移動は可能であった。この形態の移動において女性たちは一見受動的に映るが、国や家の大義の裏に隠された彼女らの意思もまた、見逃すことができない。

帝国の使命と自己実現：帝国女性の移動経験

日本内地から植民地に移動する女性は、家族として同行するケースがほとんどであり、日本人移民村[3]にいたっては、家族同行は必須条件とされることもしばしばであった[4]。前節の統計データからわかるように、日本人女性の台湾渡航、台湾人女性の日本内地と中国渡航は、いずれも「縁故型」の移動である点で共通していた。一九一五年に台湾渡航した日本人女性一万二五五六人のなかで、無職や職業を申告しなかった者は合わせて八二四九人、従属者は三五〇五人、従業者はわずか八〇二人だった。無職者と従属者は、その多くが世帯主に付随した家族構成員である。女性に比べると、台湾渡航の日本人男性二万四七〇七人のうち従業者が一万六八二四人、無職や職業を申告しなかった者は五七八一人、従属者は二一〇二人のみであり、男性における有職者中心の分布は、女性の無職・従属者中心に比べると明白であった[5]。このように家族構成員としての女性の移動は、統計数字だけではなく、回想録などでもしばしば触れられており、就業を主目的とした男性の移動とはきわめて異なっていた。

帝国の誕生は、東アジアに大規模な人口移動をもたらした。まず、最初の植民地である台湾の領有とその後の全島鎮圧のための軍事活動は、そこに商機を見込んだ娼妓業者の渡航を促すことになった。やがて植民地統治機構の確立と内地資本の移入にともない、日本人の家族もやや遅れて渡航し始めた。植民地統治の土台を固めるため、当局は女性の家族の同行を積極的に勧奨した。その際、イギリスやフランスなど植民地帝国の経験に鑑みて、「帝国女性」の使命を十全に果たすように呼びかけた。植民地における日本人家庭の再生産が「正常」に行われるか否かの決め手は女性にあると認識されたためである。また、植民地の現地社会に対し、とりわけ日本人女性が台湾人女性に向けて発揮し得るソフトな影響力についても大いに期待された。

内地を唯一の生活圏にする同時代の女性たちと異なり、子女、妻として台湾に渡った日本人女性は、進学、就職、婚姻などを通じて、母国、植民地、占領地といった帝国の全域を活動の場とする者が少なくなかった。

歌人の髙橋鏡子を対象とした先行研究によれば、台湾と満洲で活動した髙橋は、兄と父親の人脈を通じて活動の場を切り拓いていった。その後、彼女の主体性が確立するにつれて、夫婦の力関係にも徐々に影響を与えていったという(6)。また作家の真杉静枝の生涯と文学作品を考察した研究は、ジェンダーと帝国意識の間の矛盾に注目している。植民地台湾の経験を持つ日本人女性の文学創作において、そのジェンダー意識が戦前日本の性別規範に挑戦する側面を有する反面、彼女と植民地の関係は愛憎相半ばするものであったと指摘されている。植民地台湾は彼女の人生の一部だったが、植民地の表象は内地から見ると、彼女を台湾と同一化してしまい、結局のところ、彼女は台湾と同様に帝国中心からの偏見と差別にも晒されていた。彼女の植民地台湾に対する愛憎入り交じる感情は、こうした矛盾から生じたものだという[7]。また、本書第七章で取り上げた日本人警察の妻の台湾日記からも、日本人女性にとっての植民地の意味を読み取ることができる。日本人女性が植民地台湾で勤務する警察官と結婚すると、日本内地の農家の嫁に課せられるはずの家事労働から逃れられるのみならず、植民地では中産階級の主婦として優雅な暮らしを享受できた。また、在台日本人社会の家族形態は夫婦と子どもの核家族が多く、内地のように舅姑と同居することもなく、嫁であることの重荷からも逃れられる[8]。総じて言えば、支配的な社会規範に対抗し脱出を試みるとき、日本人女性には植民地という新たな選択肢が用意されていた。したがって、帝国の側は日本人女性に家庭内再生産を期待すると同時に、中産階級出身の女性の多くも、帝国の使命という錦の御旗のもとに、家族同行などの縁故型移動を通して家の外に自らの道を見出そうとしたのである。

ただし留意したいのは、統治側の女性の「自由」や優位な生活は、帝国による植民地の獲得なしには語れないことである。巨大な植民地統治機構と、植民地に進出した本国の企業や財閥が提供する多くの就職口は、日本列島の外部に一つの「外付けの中産階級」を作り出したといえよう。中産階級の妻子たちの生活は、こうした植民地社会で行われた経済的搾取、非対称な権力構造に深く依存するものであった[9]。

女性の単独の移動は、「良家の子女ではない」イメージと容易に結び付く。娼妓業の女性たちの移動は、常に業者のネットワークを通して行われる[10]。「良家の娘」の「あるべき」行動は、常に暗黙の形で示されたのである。

一九二〇年に台湾に生まれた竹中りつ子の就職経験が興味深い。勤め先の三井物産台北支店では、昇進の機会を見出せなかったことから、彼女は母親には内緒で、上司に中国大陸の汕頭支店への転属希望を提出した。しかし同じ転属を希望した友人は、海外に娘一人で行かせる親などいない、という父親の猛反対に遭ったという。「そのころ、若い女が一人で海外にでかけるといえば、従軍看護婦以外では、慰安婦という職業しか連想されない時代であった。確かに、軽率という烙印を押されても仕方ないことであった」と竹中は述懐している。彼女自身が母を説得できた理由については、こう述べている。「今から考えると、これも合法的な家出の一種であったのかも知れないが、華南進出という国策、社策をかくれみのに、一世一代の悪知恵を働かせたものであった」[11]。国家という大義名分のもとではじめて、女性の移動は従来の規範のなかでも容認され、彼女は自己実現の機会を得たことになる。

しかしながら、国策という錦の御旗を掲げる移動は、女性にとっては両面性を有してもいた。女性の行動の自由を実現し、守旧の思想による攻撃や阻害から身を守るためには確かに有効ではあるが、国策サイドからの動員が掛けられると、抵抗は難しくなる。

植民地女性の縁故型移動と自己実現

統治者側の日本人女性と同様に、縁故型の移動は台湾人女性にとっても主たる形態であった。台湾人女性の島外への移動者数は長期にわたり、台湾に移入する日本人女性の一〇分の一以下だった。その渡航先を見ると、日本統治初期には中国大陸が大半を占めたが、半ば以降になると、日本内地が逆転する。

家族構成員の身分で日本内地に赴く台湾人女性の場合、留学目的が重要なウェイトを占めていた。女子留学生数の変化は台湾人女性の内地渡航者数全体の変化とほぼ一致している[12]（図7）。台湾人女性の内地留学熱の背景としては、台湾人エリート層の女性観の変化がある。教育重視の風潮の中で、一九二〇年代には女学校に進学する台湾人女学生数が増加してきたにもかかわらず、植民地統治当局が消極的だったため、上級学校となる女子専門学校や女子師範学校は設置されておらず、女学生の卒業後の進学先は島内にはなかった。ここから一九三〇年に入ると、多くの台湾人卒業生は、日本内地の学校を進学先として目指すようになった。帝国の一部として日本語を使用し、教育内容の連続性などから、上級校との接続が他国よりも容易であった。これは、植民地の民衆が帝国外のほかの地域ではなく日本内地を進学先に選択する構造的な要因でもあった。そして男性と同様に、女性も日本内地を頂点とした一つの知の巡礼圏を形成したのである。

台湾人エリート層が内地に移動する際は、家族を帯同する事例がよく見られた。一家の主の留学にともない、元々の家庭生活を維持するために妻子を同伴するケースが多く、そして日本内地で成長した次世代は、そのまま日本で就学することも常態となった[13]。そのほか、家族に同行する形で、商業活動を行う男性について日本内地に渡った女性のケースも回想録などに散見される。

図7　台湾人女性の日本内地渡航者総数と内地留学者数の推移

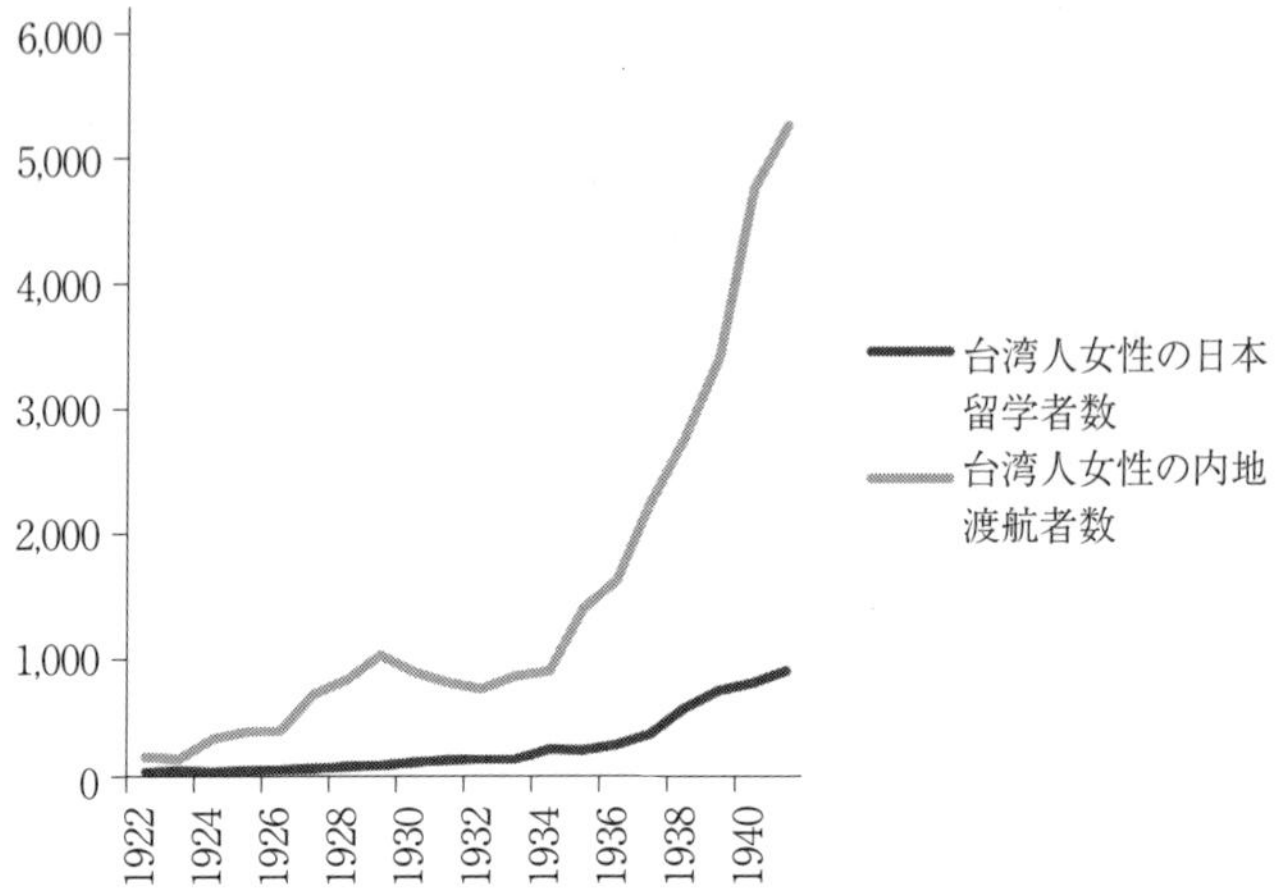

女性にとっても、内地留学を成就させるには、もちろん経済力は必須条件であったが、その他に縁故者ネットワークも不可欠であった。女子留学生の多くは、渡航以前からすでに親族や知人が日本内地に居住していた。さらに留学先の学校は、常に女性たちの移動の正当性を担保するものとなった。単身留学する場合も、学校は教育機関としての公共性を有しており、女子学生らに「良家の娘」というお墨付きを与えてくれた。このように、親族、学縁などの人脈と学校の公的性質は、彼女らにとっての防護網（セーフティ・ネット）でもあった。

以上のような視点から、一九三七年に内地に留学した舞踊家の蔡瑞月の事例を観察しておきたい。まず学縁について、当時、彼女の出身校である台南第二高等女学校から、裁縫や薬学を学ぶために内地に留学した卒業生は多かった。

最も重要なのは、蔡家の次男は日本内地に留学し働いた経験があり、渡航先に関する豊富な情報と信頼に足る人脈を有していたことである。このため、父親は安心して娘の内地留学を許可した。卒業前の一九三五年の夏休み、彼女は知人親子とともに渡航し、石井漠が開設した東京の舞踊学校を訪れ、その学習環境を事前に把握することができた。帰台後、彼女は石井校長に直接手紙を出して入学の意思を伝え、一九三七年に留学する運びになったという。

瑞月本人は内地渡航した当時の周到な準備について、半世紀を経てのちもまだ鮮明に覚えていた。台南の実家から次兄が同行して列車で北上し、基隆港まで送り届けたのみならず、妹の船中での面倒を見てくれるよう日本人警察に依頼もした。しかしひとたび出港すると、搭乗者名簿に目を通した船長が、女性一人での乗船を家出と疑い、瑞月を呼び出して渡航目的や生活費などあれこれ質問した。幸いにも翌日、石井漠校長の電報が船長のもとに届いたことで、瑞月に特別待遇をもって接したという。その電報は、同校の台湾人女子留学生の世話を懇願するものだったからである。神戸に到着すると、次兄の友人が瑞月を目的地の東京まで送り届けた。石井校長夫人は学生を連れて、東京駅まで出迎えた。同校の学生たちの多くは石井家に下宿しているが、当時はちょうど満室だったため、近くの老夫婦宅に下宿することになった。(14) このような家族、親戚、友人らの総動員は、他の台湾人女学生の内地留学にもしばしば見られる。(15) 若い女性の単独での移動が普遍的ではなかった時代、親族ネットワークと学縁はエリート層の女性たちの島外移動を実現させる重要な条件であった。

図8　台湾人女性の中国渡航目的（1926-30）

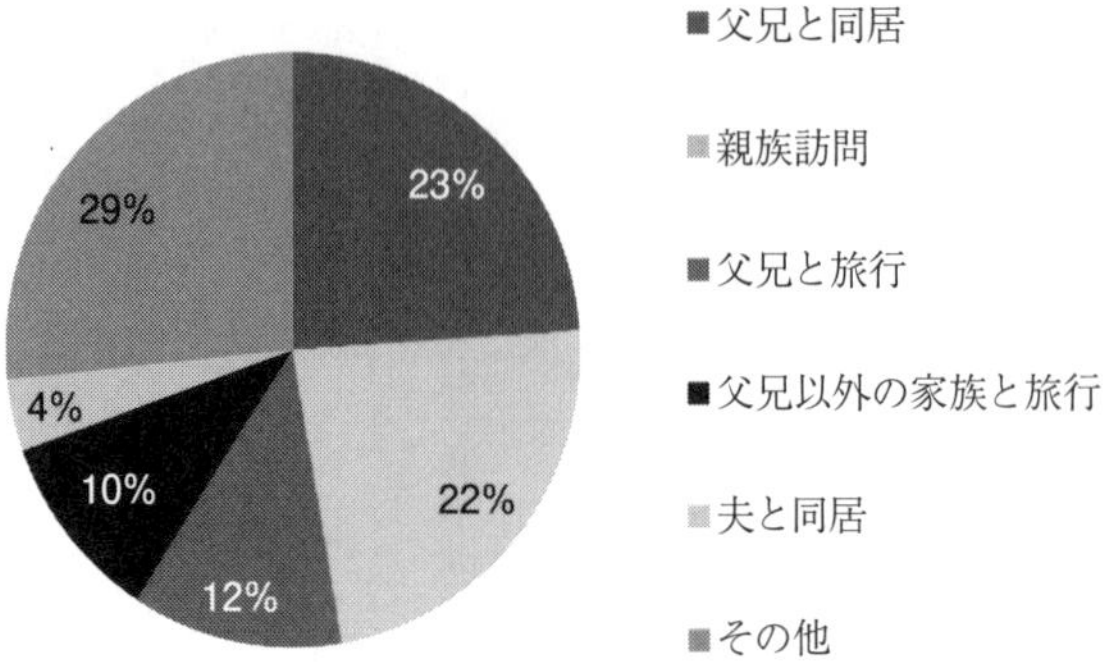

図9　台湾人男性の中国渡航目的（1926-30）

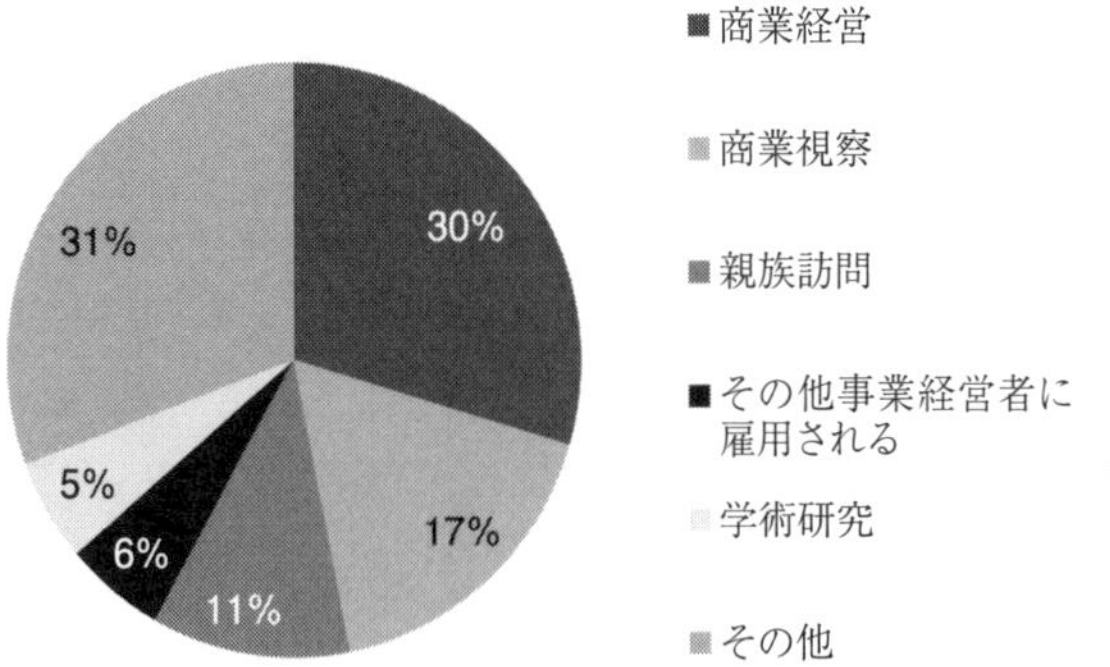

一九四〇年に入るまで台湾人女性の中国渡航者数は、日本内地への渡航より多く、移動形態も縁故型が中心であった。統治初期には台湾人の対岸中国の親族との往来や商業活動は頻繁に行われて

おり、その具体的な渡航目的は台湾総督府の統計資料「本島人ノ外国渡航目的別調査表」に記載されている。(16) 外国渡航の場合、中国大陸は台湾人の主要な目的地であり、一九二六～一九三〇年には女性五三三四人、男性一万六七一九人であった。女性の渡航理由は「父兄ノ許ニ同居」(一二四一人)、「親族訪問」(一一八一人)、「父兄ニ随伴シ旅行」(五五四人)という順であった(図8)。これに対し、男性の中国渡航理由の順位は、一位が「商業経営」(四九五四人)、二位が「商業視察」(二八八九人)、三位が「親族訪問」(一八六二人)だった(図9)。ここからわかるように、男性の渡航目的は仕事、女性は家族の同行という大まかな特徴が見られる。

3　生計維持と社会的上昇——労働者層の帝国内移動

人が自由に移動するには、交通、宿泊などを含む移動の諸費用が必要であり、ある程度の経済力は不可欠である。本節は農山漁村の民衆層の女性たちにとっての移動の意味について、具体的な事例として台湾共産党の創始者である謝雪紅の自叙伝を素材とし、生計維持と社会的地位の上昇という視点から分析する。謝雪紅に関する先行研究は、台湾共産党が結成されてからの政治的活動に焦点を当てているが、本節では労働者層の移動経験を知るため、彼女の前半生に注目していく。併せて労働者層出身の女性の移動に対する台湾総督府の方針を検討し、その問題点を指摘する。

生計維持型の移動と労働者層

労働者層にとっての移動は、経済問題を解決する一つの選択肢であった。まず、労働移民の場合は、女性が男性の家族とともに故郷を出るパターンが多い。一九一九年の農事調査によれば、台湾の農民は一般に島外に移住することを好まないという報告があったが[17]、それでもなお八重山諸島に移住する台湾人が多かったことは興味深い[18]。まず男性が単身あるいは集団移住で、労働者として八重山に渡り、その後いったん帰郷して女性の家族を呼び寄せるかたちをとった[19]。より良い経済条件を求めたこのような渡航は、労働者家庭の台湾人女性に最もよく見られる移動形態であり、なかには女性家長の意思による場合もあった。一九四三年、雲林県出身の張陳氏罕（一八九七年生まれ）は、戦時中の徴用から逃れるため、一人息子を西表島の炭鉱開拓に従事する親族に託した。翌年、彼女は二人の娘を伴ってその後を追い、息子とともに八重山に根を下ろした[20]。逆に八重山諸島から台湾に渡った沖縄出身の女性たちは、家族に同行する場合もあったが、台北などの都市部により良い仕事を求めて単身で渡航する事例も少なくなかった。野入直美は定住者の人口統計に基づき、在台沖縄人女性の無職率は在台日本人女性全体の無職率より低いと指摘している[21]。これらの未婚女性らは、同郷のネットワークを通して地理的に八重山に近い台湾の都市部に新天地を求めたのである。

日本の農山漁村から台湾への移住者はさほど多くなかった。張素玢の研究によれば、一九四一年に官営と私営を含む移民総数は約九〇〇〇人であった。日本の農業移民の多くは、貧民や小作農出身であり、植民当局の後押しがあるとはいえ、都市部の日本人に比べて経済的な劣位は歴然としている。男女の比率はほぼ同じで、若い夫婦と子どもという家族構成が多く、女性が担う労働量も大きかった。[22]

台湾人労働者層の場合、生計を維持するための移動はほとんど台湾島内に限られている。日本統治期に花蓮の豊田村に移住した客家出身の女性たちには、家族に同行するという特徴が普遍的に見られた。調査によれば、彼女らは移住により出身村のジェンダー規範や嫁姑関係から脱出することになり、結果として入墾地では比較的対等な夫婦関係を獲得できたという。[23] 内地から台湾に渡った日本人の構成する移民村は、ほとんど国策、会社の主導によるものであったが、台湾人の島内「開拓」移住の大多数は自主的な移動であり、会社によるものは多くなかった。[24]

日本統治期には台湾人農家の余剰労働力は少なく、出稼ぎは普遍的ではなく、出稼ぎする女性はさらに少なかった。台湾総督府の統計によれば、一九一七年の全島一二庁の庁外への出稼ぎ者数は、台湾人男性が一万八三九七人に対し、台湾人女性は僅か三五三八人であった。主な仕事内容はサトウキビ作であり、男性労働者の七二・四〇%、女性労働者は六三・七〇%を占めた（女性の第二位は製茶業）。[25] 同調査によれば、出稼ぎ先の多くは庁内であり、庁外だとしても地理的に隣接した庁が好まれた。[26] 台北などの六庁の統計を見てもほとんどが庁内の出稼ぎであり、庁内を選ぶ傾向は女性ではより顕著であった。男性出稼ぎ者二万一三〇人のうち庁内を仕事先とする者は五四・九四%、女性出稼ぎ者六三〇七人ではその比率は八〇・九二%に達した。[27] 凃照彦が指摘したように、製糖会社の農場に雇われる台湾人は出稼ぎのみで家計を支える「純然たる農業労働者」ではなく、農耕を本業に持つ農民たちであった。農業経営が零細であり、工業も未熟であった台湾社会において、農民たちは家計を補塡するため、わずかの余剰労働力でも活かして、帝国の製糖業に低賃金で雇われていた。(28) 日本統治後期に至っても、農民のこうした状況には大きな変化は見られなかった。総じて言えば、農村部の女性労働者たちの移動は、一般的に近距離の出稼ぎに限られていた。

生計維持と社会的上昇：謝雪紅の半生記

日本統治期、鉄道や船舶などの交通網は、台湾全島、帝国と植民地、占領地などを互いに連結していた。帝国の交通網は、植民地近代化の象徴として謳われてきたが、農山漁村の台湾人労働者層にとって、その経済的・社会的意味はさほど単純ではなかった。

一九〇一年生まれの謝雪紅の少女期は、日本統治期に生きた台湾の農村女性の典型例でもある。一八歳で初めて台湾を離れるまで、彼女は故郷の彰化街と台中市を基本的な生活圏としていた。彰化に生まれ育った謝は、彰化の実家にいた頃は日本人家庭の使用人として働いた。九～一三歳の間は母親とともに家計を担い、林投の葉を削ぎ、漂白、帽子編みなどの加工に携わった。一九一三年、母親の葬儀代を捻出する必要から、媳婦仔として隣接する台中市に売られた。その後一九一九年には台中の商人張樹敏の妾となった。台中に身売りされた後は、炊事、柴拾い、製糖会社のサトウキビ収穫の季節工としても働いた。

初めて島外に渡航した一九一九年は、台湾、中国、日本、ロシアに跨がる謝雪紅の移動経験の幕開けでもあった。この段階で、彼女は少しずつ経済的基盤を確立しながら、貧困による無学の状態から脱出し、識字能力を身に付け、革命活動への道を歩み始めた。この年、商人張樹敏の妾として神戸へ業務で渡航するのに同行したのであった。彼女は、戦前から日本の主要な玄関口であった神戸に二、三カ月滞在し、米騒動を見聞したのみならず、帽子製造業の台湾人コミュニティの人々とも知己を得た。[29] 同年四月には商売不振のため、張とともに中国の青島に渡り、ここでは五四運動を経験した。晩年の彼女は次のように回顧している。「青島は私の漢民族の精神、階級闘争の思想、幸福への憧憬を呼び起こしてくれた場所でした。この滞在は私の人生の転換点となったのです」[30]。七月から八月頃、神戸経由で台湾に戻ることになったが、初めて島外に出た体験をきっかけに、彼女は経済的自立を模索し始めた。

謝雪紅が二回目の島外移動を計画したのは、経済的自立の企てが失敗に帰し、妾の身分に苦悶し、自殺未遂を起こした後のことであった。事件担当の日本人巡査に、「外に出て見ろ、世間は広いぜ」と諭されたとき、初めて海外に渡航した記憶が脳裏をよぎった。一九二三年、彼女は教育機会を求め、再び張樹敏と中国に渡ることにした。渡航ルートは中国に直行するのではなく、一九一九年と同様に日本経由だったが、今度は門司で下船して汽車で長崎に移動し、それからまた海路で上海に向かった。謝は中国直行ルートを取らなかった理由を、以下のように語っている。「当時台湾から日本経由で中国に入る場合は旅券を申請しなくてもよかった。その上、中国では自由に行動することもできた。台湾は日本の植民地だったため、台湾から中国大陸に直接渡航しようとすれば、旅券を申請しなければならない。この通行証の通称は「路照《ロージャオ》」と言い、正式名称は「渡支旅行券」だった。この種の通行証で渡航すると、中国大陸でも日帝の領事館の監視下に置かれる(31)。

この旅で、彼女は台北師範学校から退学処分を受けて中国に向かう途中の林木順らに出会い、その後の上海でも彼らと活動をともにして多くの台湾人、朝鮮人の学生らと知り合った。林木順たちは上海で中国語を学ぶことになったが、謝は、中国における列強支配の実態と現地の愛国運動の展開を目の当たりにし、勉学よりも革命の理想に傾斜していった。彼女によれば、中国では張樹敏の元から逃亡する企てに再び失敗し、やむなく同年八月に張とともに帰台した(32)。ここではその帰郷ルートにも注目したい。このとき江蘇省と浙江省の軍閥間の内戦が上海に近づいてきたが、渡支旅行券を所持していないため、上海から台湾に直行することはできなかった。二人はまず船で上海から汕頭に移動し、日本領事館で必要な身分書類を取得してから廈門まで渡り、汽船で基隆に戻った。こうして、二度の島外渡航を経験して蓄積したノウハウと人脈は、彼女のその後の移動に役に立った。謝にとって移動は、現状を打破し、新しい世界へ橋渡しする実践活動となった。

台湾に帰った謝は、張家を出て実姉の家に身を寄せた。同時にシンガーミシンの台中支店に再就職してミシンの販売、裁縫の技術講習などの業務を担当し、そこで蓄えた資金をもとに、再び留学の夢を追い始めた。一九二五年四月、三回目の島外移動となる中国渡航は、謝雪紅の個人史において重要な意味を持った。それは、これまでのように男性に同行するのではなく、単独での移動だったからである。興味深いのは、彼女は随行した年少の姪の世話もしながら、途中で知りあった朝鮮人青年の案内役にもなったことである。初めて主体的な移動を遂げたと言えよう。このときの移動ルートは二回目と同様、日本を経由して中国に渡航しており、基隆から出発し門司に到着した後、汽車で長崎に行き、そこから汽船に乗り上海に向かうというものであった。

労働者家庭出身の植民地女性にとり、勉学目的の移動を実現させる条件として、資金、渡航に関する情報、そして人脈が不可欠であった。謝雪紅のライフ・ストーリーにおいて、移動は人生を変える契機ともなっている。上海で中国共産党に入党してからの三回の旅は、いずれも共産党活動と密接な関係があった。一回目は上海大学に入学した一九二五年の一二月、党の指令によりモスクワへ二年間の留学を命じられたときである。二回目は一九二七年一一月、留学を終えて上海に戻り、翌月に日本共産党の依頼を受け、台湾共産党の設立にからむ東京訪問である。この時は一九二八年初めまで日本に滞在し、長崎経由で上海に戻った。三回目は台湾共産党が上海で設立された直後、日本警察に摘発され、基隆に強制送還された一九二八年五月の移動である。彼女が戦前に島外に移動したのはこれで最後となり、再び台湾を離れたのは、戦後の一九四七年、二・二八事件の勃発後になる。

毎回の移動の意味合いについては、謝雪紅自身が最も深く理解している。留学のため汽船でモスクワを目指した一九二五年の旅について、謝は次のように回想している。「(汕頭で乗ったオンボロの船を除き) これはそれまで乗船した十隻目の船だったが、社会主義国家に向かう初めての船だった」。彼女の没後、自叙伝を編集した連れ合いの楊克煌は、「謝よ。君は一生のうちに、合わせて十八隻の船に乗ったのだ」と謝の人生を偲んでいる。[33] 媳婦仔や妾であった時期、謝は経済的に他者に依存せざるを得なかった。その後の数々の移動経験の蓄積は、彼女のエンパワーメント＝主体性の確立の歩みと重なって見える。

隠された移動：慣習という名の人身売買

戦時中の国家動員を除き、農山漁村の女性の移動は把握するのが困難である。謝雪紅の経験は、何千何万の「彼女たちの物語」の一部に過ぎない。彼女たちの移動経験の多くは、媳婦仔として実家から身売りされた時点から始まる。その移動の一つ目の特徴は、生家から引き離されること、二つ目は、人身売買を経てさらに複数回「移動させられた」ことである。いずれも農山漁村の女性の個人史では頻繁に見られる。

台湾人女性の中国渡航の多くは、家族に同行する形態の移動であったが、その中には、媳婦仔や養女という名目で売春業に売り飛ばされたケースも多く隠れている。統治当局は、いわゆる「慣習」に隠された人身売買の摘発には及び腰で、本格的な解決を図ろうとはしなかった。媳婦仔や養女の名を借りた人身売買は、台湾人社会の慣習と見なされ、台湾総督府は行政的な介入を行わなかった。[34] 一九三〇年に国際連盟の「東洋婦人売買調査専門委員会」により「台湾婦人の支那行」に関する調査が始まったことで、この問題はようやく表面化したのである。

在廈門領事の寺嶋広文から台湾総督府および外務大臣に宛てた「廈門ニ於ケル台湾人売笑婦ニ関

スル件」（昭和五年一〇月二九日）によれば、当時台湾籍民が加入する料理屋組合には、「売笑婦」は一五四名（一四歳以下は二名、一四〜二〇歳は一二四名、二〇歳以上は二八名）いたが、組合以外にも一〇数名がいるだろうと推測している。寺嶋の説明によれば、業者の大部分は他人の子女を買い、養女として稼業させている。このような養女名義は全体の七三％を占めている。台湾から中国への渡航路線としては、基隆―廈門ルートを使う者が最も多く、高雄―廈門ルートもあったが、日本内地を経由した者はわずか二名であった。そのため、こうした「正規ノ手続」を踏む女性たちはいずれも旅券を持っているが、旅行目的はほとんど裁縫か茶摘みとしていたため、寺嶋は「裁縫、茶摘ハ売笑婦ノ代名詞ノ感アリ」と嘆いている[35]。渡航の実態を摑んでいるにもかかわらず、台湾人女性が売春業に転売される問題の解決に、総督府は終始消極的だった。富裕層の女性使用人となる「査某嫺」名義の戸口登録は、実質上の人身売買だったため、一九一七年には認められなくなったが、その他の形式の女性売買問題は放置されたままであった。国際連盟から派遣された委員の質問に対し、総督府側は一九一七年の「査某嫺」名義の戸口登録廃止をその実績として繰り返し強調し、手付かずのままの養女売買についてはあえて看過していた。帝国日本の終焉に至るまで、媳婦仔と養女の人身売買問題は台湾人自身の習俗として、終始、見て見ぬふりであった[36]。

実のところ、戦争期の慰安婦問題もこの問題に密接に関連している。一九九二〜二〇〇四年に婦女救援基金会は台湾人元慰安婦六〇名を対象に調査を行ったが、漢族系（祖先が中国の福建、広東にルーツを持つエスニック・グループ）四八名のうち養女出身の女性は半数近くの二三名、媳婦仔も三名いた。職歴には芸者、カフェの女給、酌婦が挙げられ、また女中などから花柳界へ転売された者もいた。(37) 経済的に恵まれない台湾人女性は、しばしば収養の形で売買され、生家を離れることを余儀なくされた。このようにより良い給料を求めた結果、戦時中に国家の徴用が始まると、不本意な形で島外、戦場に動員され送り出されたのである。

おわりに

帝国日本における女性の移動と越境の経験は、さまざまな形で地域の社会史と家族史、個人史に刻印されている。本章は台湾総督府の統計資料に基づき、男女の非対称的な移動形態を描き出した。男性の移動は女性より規模が大きいという共通点が、日本人と台湾人双方の移動に見られた。女性だけ見ると、日本人女性の移動規模は台湾人女性よりはるかに大きく、日本内地から植民地台湾に渡った人数は、台湾から日本内地への台湾人女性渡航者の六倍以上もあった。また、台湾人女性の行き先では、中国への渡航者数が日本内地への渡航者数より多かった。この現象は、一九三八年以降に逆転することになり、変動幅から見ると、日本内地渡航の成長は緩やかであり、中国渡航者数の変動には激しいものがあった。

次に、家族などに同行する「縁故型」の移動は、日本人女性と台湾人女性に共通した特徴であった。国策という大義名分の下で、家父長制による伝統的な行動規範は形を変えて、女性が男性の家族とともに植民地に赴くことが奨励され、そこでの日本人家庭の再生産が期待された。さらに一部のエリート層の女性は帝国が獲得した新領土で自己実現の場を見出した。同様に、帝国の中心を頂点として、台湾人エリート層、そして女性の進学と就職のための巡礼圏も形成された。家族の人脈、学縁などのネットワークの重層的な保護のもとで、彼女たちの単独の移動も可能となった。

最後に労働者層の女性の移動について、生計の維持と社会的上昇という二つの側面から考えてみた。移動は経済的困窮を解決する一つの選択肢であったが、離郷には移動コストも付随する。一見したところ、家族に随伴しての移動は当時の女性に共通しているが、階層、民族によりかなり異なる実態も確認できた。日本人の台湾への農業移民は政策主導のもとに手厚い優遇と保護を受けているが、それは台湾人の八重山諸島への農業移民には見られないものであった。経済的格差を克服するための移動の選択が可能かどうかは、そもそも家庭の経済力に制限されている。謝雪紅の経験は、労働者層における、経済的理由による移動から社会的上昇を目指す移動への発展過程を示していた。もっとも日本統治期には、謝と同じ労働者層出身の女性が苦境から脱出することは決して容易ではなかった。

日本統治期の台湾で建設された道路、鉄道、航路など、島内と帝国を連結する交通網は、常に植民地近代化の象徴とされ、またアジアの一等国といった帝国日本の過去の栄光と結びつけて語られる。だが、いわゆる近代的交通網によって加速された移動は、アクターが異なれば、その意味も大きく変わってくる。帝国の交通網を通して生じた人的環流は、ジェンダー、民族、階層などの複眼的な視点から位置づければ、その移動をめぐる歴史的経験は多義的・重層的であり、近代化の礼讃のみに回収できるものではない。

注

(1) 岡本真希子『植民地官僚の政治史――朝鮮・台湾総督府と帝国日本』三元社、二〇〇八年、一八頁。

(2) 一八九七～一九四二年度の総督府統計書とは、『台湾総督府第一統計書』から『台湾総督府第四十六統計書』を指す。本章は「台湾法実証研究資料庫」(Taiwan Database for Empirical Legal Studies, TaDELS) の中の「台湾日治時期統計資料庫」に依拠する。http://tcsd.lib.ntu.edu.tw (二〇二一年二月一八日アクセス)。

(3) 植民地台湾における日本内地出身者からなる移民村は、一八九九年に賀田組が台湾東部の花蓮に設置した賀田村が最初である。企業財閥による私営移民もあったが、官営移民事業として、一九〇九年から台湾総督府は四国、九州地方を中心に移民を募集し、台湾東部に吉野村、豊田村、林田村などを拓いた。一九三二年以降は、台湾西部の平野部に秋津村、鹿島村、千歳村などが設置された。その目的は日本内地の人口膨張、農村における農地不足の解決、南方進出政策、異民族の同化、および帝国の国防などが挙げられる。

(4) 荒武達朗「日本統治時代台湾東部への移民と送出地」『徳島大学総合科学部人間社会文化研究』第一四号、二〇〇七年、九五頁。

(5) 「内地人台湾渡帰航者ノ一(渡帰航地別)」『台湾総督府第十九統計書』台湾総督府官房統計課、大正五(一九一六)年、七〇―七一頁。「従属者」という統計上の項目がなくなった後も、無職の人数は相変わらず女性の首位を占めていた。その多くは家族身分での同行だと推測できる。

(6) 顔杏如「與帝国的脚歩倶進――髙橋鏡子的跨界、外地経験與国家意識」『台大歴史学報』第五二期、二〇一三年、二四三―二九四頁。

(7) 呉佩珍『真杉静枝與殖民地台湾』聯経、二〇一三年。李文茹「植民地を語る苦痛と快楽――台湾と日本のはざまにおける真杉静枝のアイデンティティ形成」『日本台湾学会報』第五号、二〇〇三年、四二―六四頁。両者は真杉の植民地経験と文学創作の矛盾について精緻な分析を行っている。

(8) 洪郁如「日記中的戦争記憶與殖民地経験――以開原緑的台湾日記為例」『近代中国婦女史研究』二四号、二〇一四年、四七―八二頁。

(9) イギリス帝国史研究ではこのテーマに関する多くの成果が蓄積されている。たとえば、井野瀬久美恵『女たちの大英帝国』（講談社、一九九八年）は、白人女性がいかにしてイギリスの伝統的なジェンダー規範から脱し、帝国の淑女として植民地で自己実現を叶え、帝国の使命を完遂したかについて考察している。また、マーガレット・シュトローベル著、井野瀬久美恵訳『女たちは帝国を破壊したのか――ヨーロッパ女性とイギリス植民地』（知泉書館、二〇〇三年）は、白人女性が帝国主義的価値観のもとで、家庭の内部から帝国の再生産機能を果たし、女性が期待される職務を全うしたことを論じている。

(10) 帝国日本域内の娼妓業に関しては朱徳蘭、張暁旻、陳姃湲らによる研究成果が豊富であり、本章では詳述しない。これら先行研究の知見によれば、その多くは生家の経済的困難や「男尊女卑」の価値観により人身売買されて娼妓業に入り、業者にしたがって各地へ移動していた。すなわち、娼妓業に従事する女性たちの移動が自発的なものであったとは言い難い。

(11) 竹中りつ子『わが青春の台湾――女の戦中戦後史』図書出版社、一九八三年、七〇―七三、一〇三―一一四頁。竹中は汕頭で一年間勤務した後、母の意思にしたがって台北に戻り、見合い結婚した。

(12) 女子留学者数は、游鑑明「日据時期台湾的女子教育」国立師範大学歴史研究所専刊(20)、一九八八年、三二〇頁を参照。

(13) 一九三五年、韓石泉が熊本医科大学に留学した際も家族同伴（妻と四人の子ども）だった。長女淑英は現地の小学校に入り、卒業後、引き続き高等女学校に進学した。その他の子どもたちも帰台するまではそれぞれ幼稚園や小学校に通っていた。韓石泉著、韓良俊編集、杉本公子・洪郁如訳『韓石泉回想録――医師のみた台湾近現代史』あるむ、二〇一七年、九三頁。子女の教育について、韓良信氏（韓石泉の次男）の教示を得た。

(14) 蔡瑞月口述、蕭渥廷主編、蕭渥廷・龐振愛・謝韻雅記録『台湾舞蹈的先知：蔡瑞月口述歴史』文建会、一九九八年、一五―一九、二五―二六頁。

(15) 游鑑明『走過両個時代的台湾職業婦女訪問記録』（中央研究院近代史研究所、一九九四年）に紹介された内地留学の事例を参照。蔡娩の場合、結婚後、夫の日本内地への留学に同行し、自分も東京の専門学校に入学した。その後、夫は岩手医専への入学が決まり、義母は孫たちの面倒を見るために、二人の養女を連れて台湾から駆け付けた（一八九―一九〇頁）。

(16) 「本島人ノ外国渡航目的別調査表」外務省外交資料館所蔵「東洋ニ於ケル婦女売買実施調査ノ件　第六巻」。

(17) 台湾総督府殖産局編『台湾ノ農業労働ニ関スル調査（農事調査第二）』一九一九年、二〇五頁。

(18) 八重山の台湾人移民研究について、松田良孝『八重山の台湾人』（南山舎、二〇〇四年）と朱恵足「做為交界場域的「現代性」：往返於沖縄八重山諸島與植民地台湾之間」（『文化研究』第五号、二〇〇七年、四九―八六頁）は参考になる。

(19) 松田良孝『八重山の台湾人』南山舎、二〇〇四年、二六―二七、三四―三五、四四、四六―四七、五〇―五一、六二―六四頁。

(20) 松田良孝『八重山の台湾人』南山舎、二〇〇四年、二六―二七、三四―三五頁。

(21) 野入直美「生活史から見る沖縄・台湾間の双方向的移動」蘭信三編著『日本帝国をめぐる人口移動の国際社会学』不二出版、二〇〇八年、五六七頁。

(22) 張素玢『日本的農業移民（一九〇五―一九四五）：以官営移民為中心』国史舘、二〇〇一年、九四―九五、三八一、四一五、四三八頁。また、六車由実の調査は、より良い生活条件を求めて渡航した先の植民地台湾で出会った地方の青年男女にまつわる、数々の興味深い事例を紹介している。たとえば八重山出身のある女性は出稼ぎのため単身、台湾に渡り、そこで山形の農村から来た青年に出会った。青年は製糖会社で一七年間勤務した貯金で旅館肥後屋を開いた。結婚した二人は相当の資産を築いたが、そのすべては戦争とその後の植民地統治の終焉によって失われてしまった。六車由実「台湾「北」と「南」の出会い——ある沖縄人女性の生涯を追って」『別冊東北学』四号、二〇〇二年、二三八―二四六頁。

(23) 鍾宝珠編『豊田客家細妹事：客家女性的移動與労働』客家委員会、二〇一三年、二九頁。聞き取り対象者一四名のうち、戦前生まれの一〇名はいずれも父兄の仕事や婚姻のため、台湾西部から豊田村に移入したという。

(24) 台湾東部の日本人移民村を対象とした張素玢の研究によれば、塩水港製糖会社は大正期に新竹州の客家人を計画的に移入させたことがあり、また移民村も労働力不足のため、資産を持たない小作農が村の周辺に住むようになった。このように移入してきた人々は簡素な住居を建て、徐々に新たな集落を形成したという。張素玢『日本的農業移民（一九〇五―一九四五）：以官営移民為中心』国史舘、二〇〇一年、三七〇―三七一頁。

(25) 台湾総督府殖産局編『台湾ノ農業労働ニ関スル調査（農事調査第二）』一九一九年、一一一―一一二頁。

(26) 台湾総督府殖産局編『台湾ノ農業労働ニ関スル調査（農事調査第二）』一九一九年、一〇五頁。

(27) 台湾総督府殖産局編『台湾ノ農業労働ニ関スル調査（農事調査第二）』一九一九年、一〇九―一一〇頁。

(28) 涂照彦『日本帝国主義下の台湾』東京大学出版会、二〇〇二年、一七四、一八二頁。

(29) 謝雪紅口述、楊克煌記録『我的半生記』楊翠華、一九九七年、一二一―一二三頁。台湾の著名な作家である李昂は謝雪紅をモデルに『自伝の小説』を執筆した際、日本、ロシア、中国の各地を訪ね、謝雪紅の足跡を辿った。李昂は、謝の『我的半生記』に記された神戸の思い出が「革命」「啓蒙」で覆いつくされている原因として、自伝の口述作業が行われたのが中国であり、さらに文化大革命の最中であった事情に関係する、と指摘している（李昂『漂流之旅』皇冠、二〇〇〇年、九二―九七頁を参照）。李昂は『自伝の小説』のなかで、謝が植民地出身の女性として神戸という帝国の都会で受けた衝撃と、「モダン」の洗礼がその後の謝の人生に与えた影響につき、文学者の視点から繊細に描写している（李昂『自伝の小説』皇冠、一九九九年、六〇―六一、八〇―八一頁を参照）。

(30) 謝雪紅口述、楊克煌記録『我的半生記』楊翠華、一九九七年、一二三―一二五頁。

(31) 謝雪紅口述、楊克煌記録『我的半生記』楊翠華、一九九七年、一四五頁。その歴史的背景は以下の通りである。一八九七（明治三〇）年に台湾総督府は「台湾住民内地渡航証規則」（府令一六号）を発布し、内地渡航者には渡航証の携行が義務づけられたが、一九〇八年の同令の廃止により台湾人の日本内地への渡航制限はなくなった。その一方で、台湾から中国に渡航する旅券の申請手続きは非常に煩雑であった。当時、日本内地からの中国渡航は旅券が不要だったため、多くの台湾人はこの迂回路を利用していた。

(32) 張樹敏との複雑な関係については、謝雪紅本人の証言以外の手掛かりがつかめず、これ以上究明することができない。

(33) 謝雪紅口述、楊克煌記録『我的半生記』楊翠華、一九九七年、一八八頁。

(34) 洪郁如「植民地の法と慣習――台湾社会の女児取引をめぐる諸問題」浅野豊美・松田利彦編『植民地帝国日本の法的構造』信山社、二〇〇四年、二六四―二六七頁。

(35) 「廈門ニ於ケル台湾人売笑婦ニ関スル件」外務省外交資料館所蔵「東洋ニ於ケル婦女売買実施調査ノ件第二巻」。同時に、これはあくまでも日本領事館が把握した範囲内での渡航人数であることに留意したい。

(36) 「廈門ニ於ケル台湾人売笑婦ニ関スル件」外務省外交資料館所蔵「東洋ニ於ケル婦女売買実施調査ノ件第二巻」。または本書の第三章を参照。一九三〇年前後に行われた国際連盟の調査に対し、帝国中央をはじめ、植民地および占領地の官僚も緊張した雰囲気で臨んだ。前節に引用した「本島人ノ外国渡航目的別調査表」（外務省外交資料館所蔵「東洋ニ於ケル婦女売買実施調査ノ件　第六巻」）は、当時、台湾総督府内部で、関連部署を横断して特別に作成されたデータであった。調査事案に対応する形で、当該データには設けられた細目は性別、民族別、渡航目的などを含み、同時期のほかの統計資料よりも詳細である。

(37) 朱徳蘭『台湾総督府と慰安婦』明石書店、二〇〇五年、二〇八―二一一、二四七―二四八頁。

第七章　戦争記憶と植民地経験
在台日本人女性の日記から

開原緑と裕子，新竹の写真館にて（1943 年）

はじめに——「戦争日記」と「植民地日記」

戦時中の日記とは、どのような意味を持つのであろうか。日常を記録するのが日記だが、戦時下で日記をつけるという行為は、日常と非日常の双方に跨る両面性を有している。そして植民地という空間的要素は、日常と非日常が交錯する日記の世界に、さらなる緊張関係をもたらすと考えられる。

本章では、日本人女性が一九四四年に書き残した台湾日記を分析対象として、日本帝国史と植民統治史の視点から考察を行うものである[1]。日記の記述や戦争と植民地経験の記憶は、書き手の性別や世代、民族などのさまざまな「立場」によって左右される。まず性別から見れば、日本人男性は戦場で従軍日記を残したが、日本人女性がいわゆる銃後で書き記した日常的な家庭の記録には、どのような歴史的意義があるだろうか。また、帝国と植民地の統治関係から見れば、台湾近代史と日本帝国植民地史は、それぞれどのような立場から銃後の記憶を評価できるだろうか。最後に、世代から見れば、子や孫の世代はいかにこの日記に向き合い、そして家族史の視点から戦争と植民地経験の記憶を整理、解釈するのだろうか。家族の記録といわゆる史料に向き合って、性別、政治と世代の要因に目配りをしながら、私たちは自らの立ち位置をいかに自覚すれば良いのか。本章は、日記の書き手と読み手を取り巻く支配と被支配、戦前と戦後の諸問題を意識しながら、個の日常と帝国植民地史および戦争との間に存在する矛盾を、日記の内外を通して提示する。

日本近代史研究において、いわゆる「戦争日記」は重要な位置を占めており、近年ではとくに、二種類の「戦争日記」に注目が集まっている。その一つは、日中戦争と第二次世界大戦期に日本軍兵士が戦場で書き残した膨大な従軍日記であり[2]、もう一つは、後方で綴られた空襲や戦争生活の経験を記述した銃後日記である。これらはひとしく民衆や女性の観点から日本近現代史を語り直す重要な手がかりである。歴史学者の西川祐子は、とくにジェンダーの視点から、前線にいた父親の従軍日記と、銃後にいた母親の育児日記を比較し、両親の戦争動員があたかも互いに無関係な二つの世界であるように見えると指摘している[3]。

戦争日記の研究に即して言えば、このようなジェンダーからの視点からの考察が現れてきた一方で、植民地帝国の視角からの議論は依然として欠如している。戦争日記の研究の多くは、戦後の日本列島に限定される狭義の日本人のみを想定しており、かつての大日本帝国領域内における外地住民や異民族の歴史的経験は、議論の埒外に置かれている。

ジェンダー意識と同時に帝国の記憶の欠落は、日本学界の戦争日記に関する先行研究でも見られる。戦後日本史学研究の問題関心は長らく、帝国批判よりも「あの戦争」批判に重点を置いてきたのである。植民地日記が研究対象として認識されなかったことは、日本史学界が長きにわたって「帝国史」という研究領域を欠落させてきたことと密接な関わりがある。大英帝国史研究の蓄積ぶりと比較すれば、日本帝国に関する人の移動、モノの流れ、植民地日本人社会の研究、あるいは制度に関わる全体的な研究はいずれも遅れを取ってきた。戦後、数百万人もの人々が日本本土に引き揚げたが、数多くの「植民地日記」が民間に散逸したままとなっている。これら植民地で体験された戦争についての記述は、近現代日本史に関する重要な文書であるにもかかわらず、そのほとんどは議論や検討の組上に載せられることはなかった。

いっぽう台湾側の歴史学界では、早くから「植民地日記」が日本の台湾植民統治期の実態究明において重要な意義を持つと広く認識されてきた[4]。総督府の官僚、警察・教育機関関係者などが残した日記は、植民地政治経済政策の表と裏を考察する上で非常に有用である[5]。これら社会的な肩書を持つ公職者の日記だけでなく、在台一般日本人民衆の日記も、帝国と植民地の関係を生活者の視点から捉え直すのに有益である。

本文の分析対象となる開原緑の日記は、「戦争日記」と「植民地日記」の双方の性質を兼ね備えている。在台日本人民衆の植民地日記がほとんど公開されない要因は、以下の三点にまとめることができるだろう。

第一に、日記を持ち帰れなかったことである。本章に登場する日記の書き手である緑は、日本への引揚時に「個人携行物品明細書」を大切に保存していた。所定の品目はいずれもが日用品であり、日記やアルバムなどは含まれていなかった。台湾で暮らした貴重な家庭の記録であると考え、品目外のものであるにもかかわらず、実際に持ち帰った人もいたが[6]、引き揚げの混乱のなかで紛失、あるいは携行を断念したことも少なくなかったと思われる。

第二に、引揚者が亡くなったあと、とくに遺言等がなければ遺族は日記などを処分してしまうことが多い。開原緑の日記も、娘が母親の遺品の処理をしている中で偶然発見したものである。

第三に、家族の立場である。研究者からの要請があったとしても、(1)日記に登場する個人のプライバシーと人物評価、人間関係に関わる記述、(2)私的文書を公開することの家族にとっての意味、(3)故人が被りうる不利益などについて、日記の書き手の遺族が不安を抱いたり、家族間の合意が得られず公開に至らない場合も多かった。

1　開原緑と台湾日記

現存する開原緑の日記帳は一九四四年（昭和一九年）一月一日から始まり、二月二二日までは毎日記録されているが、その後は断続的な記録となっている。具体的には、同年の三月一日から五日、三月二五日、四月四日の七篇、翌一九四五年の一月一日から四日、八月七日、八日（ただし内容はなし）、そして最後の一篇は戦後の一九四六年（昭和二一年）二月四日であり、一九四四年から四六年にかけての台湾で生活した日々が記録されている。この日記は二〇一〇年八月の開原緑の死後、娘が母親の遺品を整理していた際に発見したものである。日記は薄青色の硬質紙の表紙がついたルーズリーフ式のノートに綴られており、表紙には鉛筆書きで「日記覚書帳」と書かれ、濃厚な生活記録の色彩が感じ取られる。戦前に中等以上の教育を受けた日本人や台湾人の多くは日記をつける習慣を持っており、立派な装丁の日記帳も市場で販売されていた。いっぽう開原緑の場合、特別な日記帳ではなく平凡なノートを使っていたことは、身構えず気ままに生活を記録しておきたいという気持ちが感じられる。開原緑は生前、家族に対して日記の存在を告げておらず、そのためこれ以外にも残された日記があるかどうかは定かではない。

開原緑は旧姓を近藤といい、一九一七年（大正六年）六月一一日、広島県蘆品郡新市町（二〇〇三年に福山市に編入）に、士族近藤又右衛門の次女として生まれ、深安高等技芸女学校を卒業した。近藤家は農業以外にも織物業を営んでおり、近辺では名の知れた備後絣を製造していた。一九三六年（昭和一一年）、一九歳の近藤緑は広島県沼隈郡瀬戸村（現在の広島県福山市瀬戸町）の開原家の長男、開原誠と結婚した。この結婚は、深安高等技芸女学校裁縫科教員片山秀子（旧姓開原）の紹介によるものだった。秀子は開原家の三女で、一九一一年（明治四四年）生まれ、共立女子専門学校を卒業後、地元の深安高等技芸女学校へ戻って教鞭をとっていた。近藤緑が卒業後に母校での和裁講習に参加した際、秀子先生の目に止まり、弟である開原誠の嫁にどうかと考えたのである。

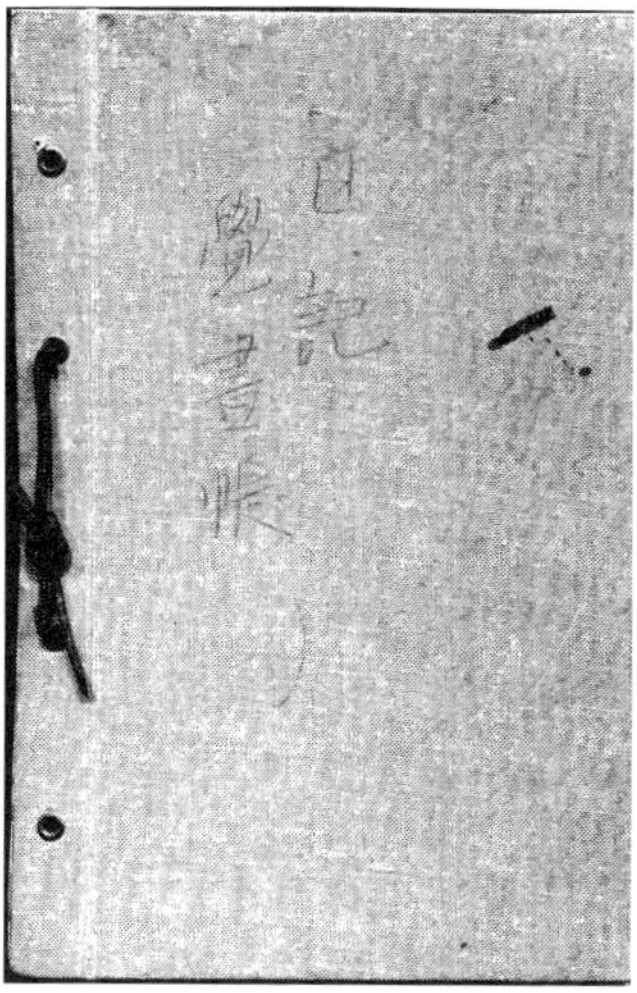

開原緑日記の表紙。

台湾総督府が内地で掲げた巡査募集の告示。年代不詳，秋恵文庫提供。

開原家は一般的な農家で経済的には富裕とはいえなかったが、長女雅子の夫は東京の高円寺でクリーニング店を経営しており、開原家の兄弟姉妹も彼らを頼って上京する機会に恵まれた(7)。

開原誠(8)は一九一三年（大正二年）一〇月二一日生まれで、当時の農家には、農業を継ぐべき息子が進学で故郷を離れ都会へ行ってしまうのを防ぐため、息子（とりわけ長男）には高い教育を与えたがらない傾向があった。こうした事情も絡み、長男であった誠も高等学校に進むことは叶わなかった。開原家の娘たちは全員、高等女学校以上の教育を受けたのとは対照的であった。

近藤緑の結婚式には、新郎の姿がなかった。というのも、開原誠はその前年の一九三五年に台湾へ警察官として赴任していたのである。開原誠は長男でありながらも農業を継ぐことを望まず、また継母との関係も良くはなかったため、一度は姉夫婦のクリーニング店へ手伝いに赴き、さらに立身を求め二年間、志願兵に応募した後、台湾巡査の採用試験に合格、一九三五年に赴任した。誠が帰郷せず他郷で頻繁に職業を変えていたことについて、継母は常に愚痴をこぼしていたという(9)。開原家所蔵の一九六八年（昭和四三年）発行の広島県庁の認め印がある誠の軍隊履歴書と一九六三年（昭和三八年）発行の外務大臣人事課長の認め印のある台湾関係事項履歴証明によれば、開原誠は一九三二年に志願兵として輜重兵第五大隊第二中隊に編入され、翌三三年一一月に満期除隊し、予備役に編入された。一九三五年六月一三日、正式に台湾総督府の巡査となり、総督府警察官及司獄官練習所での訓練を経て新竹州中壢郡へと派遣され、巡査の職務に当たることになった。

一九三六年一〇月、開原家の嫁となった緑は舅の金蔵とともに汽船で台湾へ渡り、夫の誠と初めて対面し、婚姻の手続きを行った。当時、基隆までは汽船で丸二日を要した。緑の記憶によれば、下船前に若い男性がやって来て、金蔵と長らく話していたが、金蔵は緑に何の紹介もしなかった。彼女は何となく、それが夫となる人ではないかと感じたという。二人は新婚当初は中壢で暮らし、さらに楊梅、新埔へと移り住み、高等警察に昇任した一九四〇年に新竹市錦町三番地へと転居した。

開原緑が誠に送った前線慰問写真。新竹州中壢郡にて（1940 年）。

一九三七年七月に盧溝橋事件が

開原誠，開原緑，長女裕子。誠が応召され，基隆港に出発前の一枚。新竹州新竹市にて（1941 年）。

発生し、開原誠は九月に応召されて中国へ派遣された。新妻の緑も止むを得ず内地の嫁ぎ先に帰省し、そこで一年余り農家の長男の嫁として過ごすこととなった。開原誠は中国戦地でおおよそ以下のような経験を重ねた。まず上海で二カ月間待機した後、大陸各地を転戦し、再び上海へ戻り、その後高雄へと帰還した。高雄で部隊が再編されると、再度香港へと派遣され、南寧作戦（中国では、桂南会戦と呼ばれる。一九三九年一一月一五日〜一二月一日）に参加したものの、その過程で吐血したため香港へと送られ、一九四〇年には台湾の陸軍病院へ送り返され治療を受けることとなった。開原緑はこの知らせを受けて大変に喜び、夫に会うため台湾へ戻り、そのまま終戦まで台湾に滞在し、新竹の警察官舎に居住していた。

開原緑と長女裕子。新竹の宿舎前で撮影した前線慰問写真（1943年）。

一九四一年六月四日、新竹で長女裕子が生まれた。はじめて母となり喜んだのもつかの間、同年一二月二日、開原誠は再度応召され、秘密裏に基隆から戦地へ旅立った。その船上で誠は日米が開戦したことを知る。同じ頃、六〇隻もの六〇〇〇トン級軍艦が基隆を発ち、誠が乗った船はフィリピンを、その他の船はそれぞれシンガポールやニューギニアを目指した。[10] 一九四一年、開原緑は夫の出征後、娘と二人でそのまま新竹で暮らすことになった。一九四四年、戦局が緊迫したため南庄のある警察分室へと移った。誠は軍人としての給与約一六五円のうち、一〇〇円を台湾の妻女に仕送りし、これに加えて警察官としての給与六〇円もあったために、親子の生活は安定していたものだった。とはいえ、物資は欠乏しており、緑は食事の足しにするため、しばしば魚や山菜を採集しに山や川に出かけていた。[11]

この日記が書かれた一九四四年は、夫が再び応召されフィリピンへ向かってから三年目のことであり、母子で新竹の警察官舎で暮らしていた時期である。

2　日常性と非日常性

日記は、日々の記録という日常性を帯びているが、戦争日記は日常と非日常が混在する場でもあった。緑の日記に書かれた植民地の日常も、戦争という非日常の中で営まれたものであった。日毎に緊迫する戦局は台湾の日常に非日常をもたらした。空襲は増加し、銃後ももう一つの戦場へと変わっていく。

日常と非日常という異なる磁場は相互に作用する。戦争がもたらす非日常の磁力は、少しずつ、しかし着実に人々の日常を乱していった。日常の磁場もまた頑強に変化に抵抗し、危機にひんした生活をもとの軌道へ戻そうとし、ふつうの日常生活の安全感や幸福感を維持しようとする。敵の機影は生活圏へと近づき、空襲警報が鳴り響くそのときにも、日記の書き手や友人たちは往来を絶やさず、映画を鑑賞している。こうした一見、気楽にも見える情景は、襲いかかる非日常の圧力に対し、生活者たちが必死に日常を引き留めようと試みたことの表れでもある。

昭和一九年一月一日　曇天

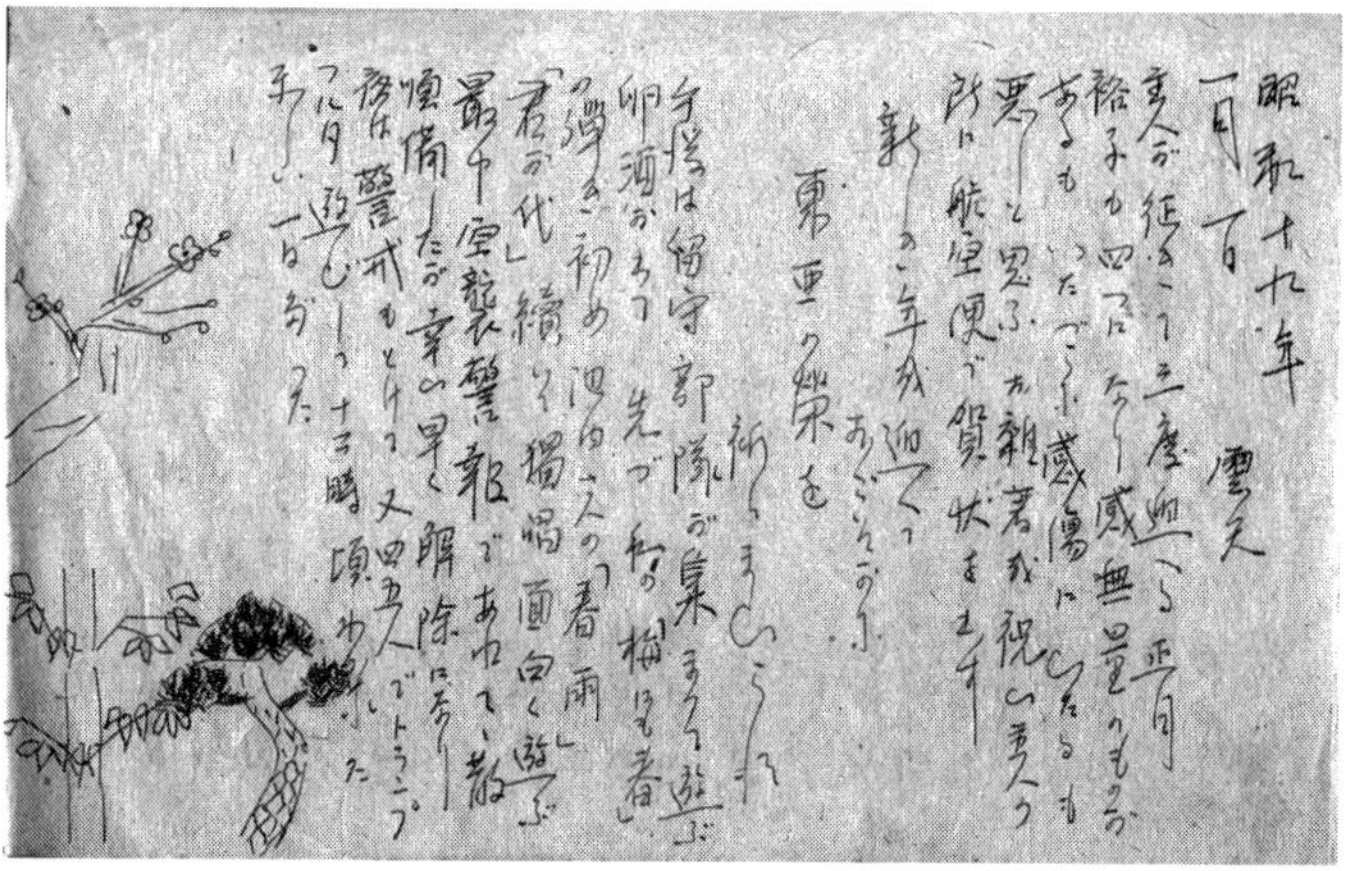
昭和十九年
一月一日　曇天
主人が征って三度迎へる正月
裕子も四つになり感無量のものが
あるも　いたづらに感傷にひたるも
悪しと思ふ　お雑煮を祝い主人の
所に航空便で賀状を出す
新しき年を迎へて　おごそかに
東亜の栄を　祈りまいらす
午後は留守部隊が集まって遊ぶ
卵酒が出て　先づ私の「梅にも春」
の弾き初め　池田さんの「春雨」
「君が代」続いて独唱　面白く遊ぶ
最中空襲警報であわてて散
準備したが幸い早く解除になり
夜は警戒もとけて又四五人でトランプ
カルタ遊びして十二時頃わかれた
楽しい一日だった

日記帳の１頁目

主人が征って三度迎える正月。裕子も四つになり感無量のものがあるもいたずらに感傷にひたるも悪しと思う。お雑煮を祝い主人の所に航空便で賀状を出す。

新しき年を迎えておごそかに
東亜の栄を祈りまいらす

午後は留守部隊が集まって遊ぶ。卵酒が出て、先ず私の「梅にも春」の弾き初め、池田さんの「春雨」「君が代」続いて独唱。面白く遊ぶ。最中空襲警報であわてて散準備《（ママ）》したが、幸い早く解除になり、夜は警戒もとけて又四五人でトランプ、カルタ遊びして十二時頃わかれた。楽しい一日だった。

これは開原緑の台湾日記の第一日目である。開原緑の日記には以下のような特徴がある。

留守家族の頻繁な往来

三カ月分の日記において、緑・裕子の母娘と他家の人々との往来はほぼ毎日続いている。時には友を訪ね、友もまた彼女を訪ね、あるときにはともに出かけ、また銃後の各種活動に参加している。六七篇の日記の中で、日本人の友人との交流について書き記しているものは四八篇にものぼる。体調不良などで家で安静にしている日を除き、母娘が終日、自宅でじっとしている日は非常に少ない。交流の相手はすべて台湾在住の日本人であり、とくに①新竹州の日本人警察官の留守家族、②洋裁講習会を通じて知り合った友人、そして③高等女学校時代の先輩である。日記が書かれた大半の時期は新年の一、二月であり、ある友人の家で詩吟をしたり、かるたで遊んだり、歌を歌い、食事をし、写真を撮り、深夜にようやく帰宅することもあり、そのまま友人の家に泊まることさえあった。日記の書き手は自覚して反省し「よく遊んだものだ」（一九四四年一月五日）、「これでは配給米はまる残りだ」（一九四四年一月二〇日）などと書いている。頻繁な人付き合いは、疑いなく、戦時植民地の日本人母子家庭の寂しさや不安、孤独を映し出すものである。右に引用した「留守部隊」という言葉は、後方に残された植民地日本人社会のある種の連帯感を示すものでもあった。

動員と訓練による日本人女性の結集

注意しておきたいのは、戦時中のさまざまな動員が、日本人女性に外部の活動への参加と外出の正当性を与えたということである。日記の中には、訓練や講習などの活動を記したものが一四篇あり、いずれも友人とともに参加したこと、その多くが婦人会奉公班[12]の活動であったことが見て取れる。具体的には、①踊りを習得し、奉公班のほかのメンバーに教えること、②救急訓練、三角巾、包帯と担架の使用法の実習、炊事支援、防空訓練などがあり、この活動の回数が最も多い。一九四四年一月二三日の日記によれば、「朗らかな指導員さんなので腹をかかえて笑いながら習」い、一部の救急袋は自宅で製作したという。また、③慰問袋の製作は班を単位として行われた。彼女は各家庭を訪問し、前線の兵士に送るカードに激励の言葉を書いてもらったという。さらに、④慰問講演、慰問活動への出席がある。その中には在郷軍人会主催の活動と、桔梗倶楽部[13]主催の紙芝居があった。こうした留守家族を対象とする慰労活動は、一定の効果を得ていたのである。緑は、「温かい言葉をかけていただき、感激ひとしお」と書いている。最後に、⑤輪番制での配給品の買い出しがある。これは配給票が下りた後、当番に当った者が市街地まで物資の一括購入に出かけるというものだった。

戦争動員に関する先行研究の多くは、国家による動員と国民統合の対象として女性が組み込まれたことの意味に着目する。男性を主たる構成員として想定していた近代国民国家は、軍への男性の応召によって生じた労働力不足に対応するため、それまで女性を排除してきた各部門にも門戸が開かれた。女性もこの時機を得て、従来の性別規範に抗しながら、自己実現と社会的地位の向上を実現しようと試みた。同じ現象は植民地の日本人社会でも見られたが、そこには同時に、女性を主体とする交流の増加や女性同士の結集力や機動性の向上といった側面も見出すことができる。植民地における日本人留守家族の孤独に、戦争動員と訓練という公認された形で、家の外部につながる道が確保されていたのである。[14]

戦時下の娯楽としての映画鑑賞

戦時における映画には主に二つの意義がある。一つは、国家による宣伝・動員であり、もう一つは娯楽の提供である。戦争を背景とする映画作品は、人々の生活に近接しており、それゆえ共感を引き起こしやすい。夫や兄弟などが前線へ応召されている銃後の女性観衆にとり、こうした映画には慰めと鼓舞という二つの機能があった。[15] 日本統治期の新竹には、新竹座、有楽館、世界館という三つの劇場があり、そのなかで開原緑の日記に唯一登場するのは、一九三三年（昭和八年）にオープンした、台湾初の全館冷房、絨毯敷の新式高級劇場であった有楽館である。日記からわかるように映画と小説は寂しさを紛らわす手段であり、緑が戦時の植民地生活を送る上で重要な娯楽であった。

映画に注目すると、わずか三カ月ほどの日記の中で、書き手が見た映画は一〇本にのぼり、『富士に立つ影』[16]、『海軍』[17]、『愛機　南へ飛ぶ』[18]、『釣鐘草』[19]、『無法松の一生』[20]、『決戦の大空へ』[21]、『秘めたる覚悟』[22]などがあった。『海軍』の鑑賞にあたっては、事前に友人から原作小説を借り受けて読んでもいる。一月二六日に映画館へ出向いてみると満席で入館できず、二月一日にようやく鑑賞することができた。

映画を除き、読書もまた、娘の裕子が日中外で遊んでいる時や、夜寝入った後の習慣だった。小説は、先に述べた『海軍』の原作である岩田豊雄の本（一九四四年一月二六日）以外にも、二カ月の間に『男』[23]（一九四四年一月二八日）、『銀座八丁』[24]（一九四四年一月三一日）、雑誌『婦人倶楽部』（一九四四年三月四日）等を読んでいる。総じて映画と小説は戦争を題材とするものであったが、銃後の孤独を紛らわせるとともに、戦争の日常化を受け入れさせる効果があったと見られる。

裁縫と自己実現

裁縫は開原緑の戦時生活の中で重要な要素であり、裁縫に言及した日記は全部で二八篇あった。彼女は、女学校時代の裁縫の授業で初歩的な技能を身に付けたが、卒業後も和裁を学び続けた。洋裁については、渡台後に初めて正式に学んだ。日記からは、和服の多くは手縫いである一方で、洋服はミシンを使用して縫い上げたことが見て取れる。日記の「黒のミシン糸がなくなって仕事が出来ない」（一九四四年二月一五日）という記述から推測すれば、家におそらくミシンが置いてあった。最初に裁縫に触れた箇所には、工賃はワイシャツ一着一・五円、衣服一着二円だと書かれている。参考までに、一九四四年当時の開原誠の警察の月給は六〇円だった。裁縫の内職は時間の融通がき き、子どもの世話や家事とも両立できる仕事だった。彼女に裁縫を依頼したのはほとんどが知人であり、大人用や子供服の修繕、洋シャツ・コート・長襦袢・羽織・モンペの縫製など多岐にわたっている。彼女は自分や娘の普段着も縫い、染色し、アイロンを掛けていた。戦争末期の物資不足は日記の裁縫に関する記述にも反映されており、衣類は新しく作ることよりも補修が多くなり、布も再利用している。女性用のモンペの布は自分の和服から取り（一九四四年一月二八日）、羽織の上等の布をバラバラにして娘の新しい服を作り（一九四四年二月三日）、ジャケットの裏地には小姑秀子のショールを使っている（一九四四年二月五日）。また、当時布の代用品として使われた「スフ」[25]（人造繊維の一種）についても言及しているが、縫製は困難であり、最後には自分の技術に不満があったために、料金をオマケしたと述べている（一九四四年一月二九日～三一日）。

開原緑とって、裁縫は小遣い銭を稼ぐための手段ではあったが、より重要なのは、働くことがもたらす充実感だった。彼女は友人の池内がいわゆる職業婦人となり、職場出勤していることを羨んでいた。その点、裁縫は家にいても同じようにお金を稼げる仕事であり、いささかの自己肯定感をもたらしてくれた。「池内さんは明日からお勤めに出られる。羨ましい。自分も一人身ならとつくつく《ママ》思うがお母ちゃんと叫ばれる身の方がよいかも知れない」（一九四四年二月二日）。「池内さんは今日からおつとめ、私もほやほや《ママ》してはいられない様な気持。早く家の仕事片付けてから賃仕事をしよう」（一九四四年二月三日）。

開原緑が台湾で積み重ねた裁縫の訓練と経験は、戦後、内地へ引き揚げた後にも収入面で助けになってくれた。近所や友人たちが彼女に裁縫を依頼してきたため、内職を再開することになったのである。娘の裕子の話によれば、終戦直後の日本の物資が欠乏し、また安価な衣類もなかった時代に、母は持ち前の技術で自分や戦後に生まれた妹にきれいな服を着せてくれた、という。戦前の植民地時代から自己肯定感に結び付いていた裁縫の仕事は、夫の実家での戦後の新生活、そして夫が戦場から帰還して商売を始めた際にも開原緑を活かす財産となったのである。

3　日記の空白

開原緑の日記は、断続的なものとなっている。一九四四年の初めに二カ月あまり綴ってからは、三月中旬から一九四五年正月までの約九カ月にわたって記録は残されていない。三月二五日（台北まで、戦死した友人の弔いに出掛け、そのまま基隆の友人を訪ねた内容）と四月四日（生理が来たこと、また風邪気味で体調がすぐれなかったこと）の記述があった以外、長らく筆を止めていたようである。書き手の性格や習慣とも関連があるだろうが、家庭内の要因には変化がない中で、おそらくは時局の変化があり、日記をつけ続ける余裕がなくなったものと考えられる。一九四五年正月に再開された日記は、前年と比較して明らかに簡単で短く、その記録の行間からは、空襲が頻繁になって緊張した避難生活の様子がうかがい知れる。この年の日記は、簡単な記述の中にも、慌ただしく緊迫した雰囲気が満ちている。

一九四三年一一月、アメリカ軍ははじめて新竹飛行場を爆撃し、一九四四年一〇月以降は台湾島内の各都市と同様に、新竹市は幾度も空襲を受けた。なかでも一九四五年五月の空襲は最も激しく、駅を中心とする市街地は徹底的な爆撃を受け、一般市民にも多数の死傷者が出た。新竹には海軍の飛行場などの重要施設があったため、アメリカ軍による爆弾の投下量は最も多かったという。[26]一九四三年一一月の新竹飛行場への爆撃後、当時竹北の自宅から新竹へ通勤していた作家の呉濁流も身の危険を感じ、急遽、新埔へ疎開している。[27]いっぽうで、日本人警察の留守家族であった開原緑は、台湾には頼るべき親戚もおらず、組織的な疎開計画の実施を待たねばならなかった。緑の自宅は新竹市街の中心部から徒歩圏内にあったことから、一九四四年一月から三月の日記では、市街地の友人らがたびたび来訪し、また本人もしばしば映画鑑賞に出掛けたり、女性の防護活動にも参加していた様子がうかがえる。おそらくこの時期にはまだ山間部へ疎開していないと考えられる。南庄への疎開がいつだったのかについて、明確な判断材料はないが、日記の空白期間である一九四四年三月から一二月の間か、もしくは一九四五年一月五日以降ではなかったかと推測できる。というのも、一九四五年一月一日から四日の日記に、初詣の記述とそして前年と変わらず池内家に集まり、かるたで遊んだことなどが記されており、疎開を感じさせる内容は見られないからである。

一月一日

四時起床。池内、広中さんと神社参拝。主人中隊長に葉書したためる。

午後は池内さん宅に持寄り会。御馳走になる。夜はトランプに夜更し。一時半眠る。

一月二日

兵隊さんの御馳走のお手伝する。夕食又池内さん宅で御馳走する。
夜は花会せで遊び、又一時過ぎる。

一月三日
七時半空襲警報発令。
敵機来襲。防空壕に入る。午後三時過警戒警報入る。

一月四日
空襲警報発令。敵機来襲。

開原緑の日記の一九四三年一一月から終戦までの空白を埋めるため、『台湾航空決戦』所載の年表と、当時の新埔国民学校の教員だった杜潘芳格の日記を対照させてみた（章末の附表）。一九四四年以後、頻繁な空襲は台湾の住民に大きな不安と緊張をもたらした。教員として黙々と授業に専念していた杜潘芳格も「空襲が夜毎の夢に合はされる」（一九四四年六月二一日）、夢の中でも空襲に見舞われた（一九四四年九月二二日）などと書き残している。一一月一〇日午前、空襲警報が発令され、学校に来ていた児童がすぐに折り返し帰宅となっている。数日後にはまた、「警戒警報が出た。此の頃はひんぱんに来襲する。いよいよ命のつきる時も目の前に見え出した様だ」（一九四四年一一月一七日）と書いている。一九四五年初旬には、「空襲が常時となる」と変化し（一九四五年一月一五日）、数日後には具体的に「今日もボーイング[28]が通った。分室「警察所（ママ）」の壕へ飛び込んだ気持、をかしくなる」（一九四五年一月一八日）、「時勢の緊迫がひしひしと身に心に感じられる」（一九四五年二月二日）と書いている。一九四五年以後、杜潘芳格日記の執筆回数は明らかに減少し、ときには一カ月で一、二回しか書けない状態となった。「空襲警報、警戒警報、共に二回。爆撃もあり」（一九四五年四月三日）。しかしながら、警報と爆撃の音が響く中でも、彼女は交際相手への想いを吐露し、学校や児童への責任感を強め、人生の苦悩を書き残している[29]。

長い空白を置いた後、開原緑日記の最終篇は、一九四五年（昭和二〇年）八月七日に南庄から再度山間部へ疎開する様子を書き記したものとなっている。

> 南庄庄長のお話でいよいよ今日から新しき生活の出発。希望を持って出来る限りお役に立ちたいと思う。家の整理に多忙を極め、ようやく荷物も預ける所にあずけ、山に運ぶものは出し、書過ぎやっと片付く。午後から急に曇って来る。大した雨にもならないから予定通り午後四時出発。私共母子山崎様達と山に向けて南庄にしばしのお別れ。五時過て到着。一室に荷物並べ、今日はそこそこに夕食を頂戴して早くから寝に付く。四五日来の疲れでぐっすりと眠る。

一週間後、親子はこの山あいでほかの日本人とともに終戦を迎える。

半年後の一九四六年二月四日、引き揚げる直前の緑は、植民地だった台湾で最後の日記をまとめている。

いくとせを　みどりの島に　すごせしに
さみしく　出で立つ
今日のこの日は

春雨や　ぬれて
かえらぬ
旅がらす

日記における語りと語らぬ部分は、ともに戦時期の日常と非日常の緊張関係を示している。日本軍の敗退にともない、非日常が日常へとしのび寄り、命を脅かす。戦争終結後、この日記も緑とともに引き揚げの途につき、荷物と記憶の奥深くへとしまい込まれた。約半世紀を経た二〇一〇年、彼女の逝去後、長女裕子がこの植民地戦争日記をひもとくことになった。

4 帰らない理由――ジェンダー、帝国、植民地の重層関係

近代日本の社会階層の移動を論じるに当たっては、植民地との関連を無視することはできない。戦前に社会的地位の上昇を求めた青年の多くは、植民地での就職を選んだ。植民地統治機構は非常に多くの就職口を提供しており、行政、教育、警察関係の職種がその大きな比重を占めていた。こうした植民地のホワイト・カラー職を得ることは、青年たちの夢でもあった。緑の夫の誠も、そうした一人であった。いっぽう、若い女性が理想とした人生の一つの形は、「近代的な主婦」となって都市部の新しい住宅に居住し、使用人を雇用して夫婦と子どもからなる小さな家庭を営む、というものだった。ここでいう近代的主婦とは、女学校で培った知識を活用し、夫の給与を管理し、家事に従事し、格調高い文化的嗜好をもった家庭を支えるような存在だった。抗日運動が鎮圧され、社会が「安定」した植民地台湾は、近代日本の若い男女に夢を抱かせる新天地となった。

自分が一人で身寄りのない植民地台湾へ嫁いだのは、姑や大家族と同居する必要もなく、それに嫁ぎ先で平凡な農婦になりたくなかったからだと、八〇代になった緑は回顧していた。台湾における夫の待遇は申し分なく、警察官夫人としての生活は悠々自適で、自由な暮らしであった。一九四一年一二月に夫が応召されてから、一九四三年三月一九日に高千穂丸が基隆港外で米軍の魚雷により撃沈されるまでの間、彼女に広島県福山市の嫁ぎ先に戻る機会がなかったわけではない。しかし、

台湾での自由な日々と内地で予想される生活とを天秤にかけた結果、そのまま台湾で夫の帰還を待つことに決めたのだという。一九四三年の高千穂丸の事件から、日台航路は一転して危険なものとなり、一九四四年以降は台湾島内でも空襲が頻繁になったが、もし内地へ帰還したとしても、台湾に残るより安全なはずもなかったと彼女は振り返っている[30]。

当時の植民地台湾において、女性が家庭の中で比較的に主導権を握りやすかったとすれば、そこには主に二つの背景を指摘できる。第一に、植民地の日本人家庭は、若い夫婦と子どもからなる核家族が多かった。植民地の妻たちには、嫁としての役割が内地ほど期待されず、その代わりに妻や母の役目がより突出することになった。姑と同居しないという条件のもとで、比較的幅広い活動空間を確保することができたのである。これはまさに、開原緑が台湾での生活を選んだ大きな理由でもあった。第二に、日本人男性が応召され家を離れたあと、妻の生活はまた、夫を中心にする必要もなくなった。そのため、緑の日記からは、女友達と思いのままに集い、訪問しあい、夜半まで、あるいは泊まりがけで遊んでいた様子がわかる。彼女は小説を読み、映画を鑑賞し、そして日記を書くといった個人的な時間も手中にしていた。このように、女性が「わたしの時間」を享受することができたのは、戦時中の「植民地」という特殊な条件下で、妻や嫁の規範からある程度、解放された結果にほかならない[31]。

しかしながら、植民地が日本人青年にホワイト・カラー職を提供したことは、必然的に、台湾現地の青年の階層移動に影響を及ぼす。これらの問題の連鎖については、日本社会史や女性史研究の成果も踏まえ、さらなる考察が必要であろう。

結論——日本民衆の帝国後

在台日本人の語りをどのように評価するのかは、センシティブな問題である。歴史の「あの時」に生きた人々の経験を、「いま」はいかに捉え直すのであろうか。

台湾で書かれたこの日記には、台湾人が全く登場しない。在台日本人による文学作品の共通点として、しばしばそれらは「車窓から見た台湾」にすぎない、と批判されることがある。しかし、開原緑の台湾日記には、車窓から見た痕跡さえほとんど残されていない。もちろん、日記を書くという表現行為が、内省に傾きがちな特殊性を持っていることは確かだろう。また一方で、植民地の統治集団の一員としての社会的位置が、かなりの程度で書き手に台湾人社会を「見れども見えず」という状況へと導いてもいるのだろう。開原緑の位置についていえば、警察官舎に住み、夫の出征後には幼い娘との二人暮らしとなったことは、この戦争により、ほかの日本人家族とのつながりが強化されたことを意味する。在台日本人コミュニティの自足的な生活の中では、台湾人社会と接触する必要はなく、台湾に存在していたもう一つの世界を意識するきっかけもなかったろう。在台日本人と台湾社会の距離について、当然そこには個人差があり、身分や職業、居住地、世代の違いに大きく左右されるだろう。幼い頃から台湾人の級友と机を並べて少年時代を過ごしたり、職場で台湾人を同僚に持った人もいた。また、植民地台湾で生まれた日本人二世である、いわゆる「湾生」と呼ばれる人々は、台湾に複雑な感情を抱きつつも、台湾人社会との距離は比較的、近かったといえよう。

これに対して、開原緑の日記では台湾社会と大きな隔たりがあり、開原家のその他の資料やインタビューとあわせてようやく、緑の家族の戦後生活のなかに「台湾」が現れてくる。その一つは、家事のなかの植民地の記憶である。ビーフン炒めは生涯を通して緑の得意料理であり、娘の裕子が受け継いだだけでなく、開原家の植民地経験のない戦後世代全員がよく知る「おふくろの味」となっていた。戦後内地へ帰還してのち、台湾にいた頃に習得した鶏の絞め方の腕前を披露した際には、姑や相嫁がみな瞠目して呆れたという。つぎに、わずかな台湾語の語彙に関する記憶であり、「面《ビン》桶《タン》」(洗面器)などを覚えていた。[32] 最後に、「戦友」の意味と「脱帝国」の省察である。開原誠はフィリピンの激戦で、台湾人部下と生死をともにし、戦友としての情誼を結んだ。戦後も手紙や電話のやりとり、孫世代を含めた家族訪問という形で、一九九四年に開原誠が亡くなるまでこの縁は続いた。戦争の記憶は、戦後日台の「戦友」という形で引き継がれた。[33] ここで注目したいのは、植民地帝国が消失したことで、双方の交流が形を変えていった点である。たとえば日台の戦友会メンバーが、東南アジアに慰霊旅行に赴いた際、ホテルの部屋割りで日本人のみを優遇するという出来事があった。その場では声を上げることのなかった台湾人戦友の一人は、帰国後に誠に出した手紙で心情を吐露した。この手紙を機に、開原家の人々は戦後に至ってもなお残存していた日本人の差別意識に気付いたという。[34]また、開原緑は晩年、さも不思議そうに「あんだけ長いこと台湾におったのに、なんで台湾語を勉強しょう思わんかったかなぁ」とつぶやいた。戦後教育を受けた娘の裕子はすぐさま「あんときの日本人は、台湾を統治する人らじゃけえ、勉強しょう思うはずがないじゃろう」と返した。世代間の継承と対話の中での、日台の脱帝国と脱植民地の諸問題については、今後の研究を待たねばならない。[35]

一九四五年以降、日本植民統治を離脱した台湾社会は、激しい政治環境の変化のなか、自らの脱植民地という茨の道を模索し始める。これに対して日本人は、とりわけ植民地経験を持つ日本人は、母国の社会へ帰還し、すでにいくつもの世代を経ながらも、(単なる「脱戦争」にとどまらない)「脱帝国」の課題は未完のまま残されているといわねばならない。

注

(1) 日記の書き手の開原緑は筆者の義母、裕子の母親である。日記を発見した経緯などについては後述する。

(2) たとえば、小野賢二・藤原彰・本多勝一編『南京大虐殺を記録した皇軍兵士たち——第十三師団山田支隊兵士の陣中日記』大月書店、一九九六年、榊原政春『一中尉の東南アジア軍政日記』草思社、一九九八年、藤井忠俊『兵たちの戦争——手紙・日記・体験記を読み解く』朝日新聞社、二〇〇〇年、茂沢祐作『ある歩兵の日露戦争従軍日記』草思社、二〇〇五年。

(3) 西川祐子『日記をつづるということ——国民教育装置とその逸脱』吉川弘文館、二〇〇九年、一八〇—一八四頁。

（4）台湾史学界は中央研究院台湾史研究所を中心として、近年、植民地期に関連する日記の発掘、解読、そして出版に力を注いでいる。同研究所档案館には数多くの日記が所蔵されており、たとえば、林献堂の『灌園先生日記』、張麗俊の『水竹居主人日記』、『台湾総督田健治郎日記』、『黄旺成先生日記』、女性では『楊水心女士日記』などがある。在台日本人に関しても警察官を務めた吉岡喜三郎の日記と関連文献や、公学校訓導であった平井棟日記など充実している。また、代表的な日記研究の成果としては、許雪姫編『日記與台湾史研究：林献堂先生逝世五〇週年紀念論文集』（中央研究院台湾史研究所、二〇〇八年）などがあり、一般の出版物として塩澤亮著、張良澤訳『従台中双冬疏散学校到内地復員：一位台北女子師範学校教授在戦争末期的紀録』（国史館台湾文献館、二〇〇六年）もある。

（5）日本の台湾研究学界では、高雄州知事を務めた内海忠司日記の研究成果がある。近藤正己・北村嘉恵・駒込武編『内海忠司日記 1928-1939 ——帝国日本の官僚と植民地台湾』京都大学学術出版会、二〇一二年。

（6）緑によれば、アルバムは綿入れの中に忍ばせ、密かに日本へ持ち帰ったという。この日記帳について、彼女はその存在自体を忘れたのか、知られたくなかったのかは不明だが、生前に言及することは全くなかった。台湾を離れる際に、おそらくアルバムと同じ思いで密かに持ち帰ったのではなかろうか。

（7）片山秀子への聞き取り、広島県福山市、二〇〇一年一〇月六日。

（8）開原誠自身によって残された文字記録は、独自六三会『続比島進撃の思い出』（自費出版、一九七四年、一七七—一八八、二三二—二三四頁）に収録された、「材料廠記録」、「材料廠戦斗行動概要」、「ある手紙」の三篇のみである。一九四一年、台湾では歩兵第一連隊に所属していた開原誠は、独立自動車第六三大隊に編入され、フィリピンでの作戦に参加した。戦後生き残った台日の隊員のグループである「六三会」は、一九七四年にメンバー合同で戦史を編集、自費出版した。「材料廠記録」は、元材料廠曹長の彼と、材料廠主計伍長森山正一の共著で、これと開原誠が一人で執筆した「材料廠戦斗行動概要」という二つの文章は、主に部隊編成とフィリピンでの作戦経過について、天皇の終戦の詔勅後、部隊のメンバーが投降すべきか否かで対立した様子まで描写している。「ある手紙」は、戦後一九四六年一一月にフィリピンから内地へ帰還した際、手紙という形で戦友である吉田利信軍曹の戦死消息をその妻に伝えるというものである。二八年後、吉田の娘が母親の死後遺品の中からこの手紙を発見し、再度開原誠と連絡を取るようになった経過と誠の心境がその文章に記録されている。この文章は、開原誠が戦時中の妻と娘について言及した唯一の文字記録であり、文中では彼と吉田が最後の戦闘に臨む前に、この世との別れを覚悟した開原が愛用する腕時計と家族への遺書を吉田に託したが、不幸にも吉田が戦死してしまったことが書かれている。

（9）開原緑への聞き取り、広島県福山市、二〇〇一年一〇月六日。

（10）開原誠は後に、一二月八日に日本軍が真珠湾を攻撃したため、二日の出港は軍部に拠る全体計画の一部だったのではないかと推測している。

（11）開原緑への聞き取り、広島県福山市、一九九五年一月。

（12）この婦人会の詳細については不明であるが、台湾最大の婦人団体である愛国婦人会ではないことは確かである。一九九五年のインタビューにおいて、愛国婦人会について開原緑に尋ねた際には、当時、会の存在は知っていたが、自分は会員ではなく、活動に参加したこともなかったと答えた。

（13）桔梗倶楽部は、一九四一年七月に台北で設立された、台湾人と日本人の未婚女性を対象とする組織であり、皇民奉公会の外部団体であった。蔡錦堂編著、国立編訳館主編『戦争体制下的台湾』日創社文化事業有限公司、二〇〇六年、九二頁。

（14）台湾で留守家族を慰労する機能は、一般的に愛国婦人会とのちの大日本婦人会などの各種婦人団体が担っていた。

（15）当時、映画本編の上映前にまずニュース映画を放映し、戦争時局について報道したが、開原緑の日記ではとくに言及はない。

（16）鑑賞日は一九四四年（昭和一九年）一月二三日。一九四二年（昭和一七年）、大映京都撮影所製作、池田富保・白井戦太郎監督、阪東妻三郎主演。原作は白井喬二が一九二四年から二七年に『報知新聞』で連載した同名の長編小説。内容は、幕末の第一一代将軍徳川家斉が、練兵と軍略研究を狙って富士山麓への築城を計画した際、当時の築城学の両雄であった佐藤菊太郎と熊木伯典の二人が、作事奉行の地位を巡って対立する物語である。

(17) 原作は一九四二年七月から一二月にかけ岩田豊雄（獅子文六）が『朝日新聞』で連載した同名の小説で、映画は一九四三年（昭和一八年）に松竹の製作、田坂具隆監督、山内明主演で上演された。内容は海軍軍人谷真人の生涯を描いたものである。本作は、海軍報道部が企画した大東亜戦争二周年記念映画であり、海軍省の後援のもと、情報局の「国民映画」にも選ばれた。村山新治監督による同名の作品（一九六三年東映版）がある。

(18) 鑑賞日は一九四四年（昭和一九年）二月六日。一九四三年（昭和一八年）、松竹大船製作所製作、佐々木康監督、佐分利信主演。いわゆる戦意高揚を目的とした宣伝映画であり、航空戦が激しくなった兵力不足の時期に、青少年をターゲットにするため、母親たちの精神動員が急務となった。このような「母もの映画」の一つである本作は、年若い航空兵と母親の親子愛を描く。

(19) 鑑賞日は一九四四年（昭和一九年）二月九日。一九四〇年（昭和一五年）、東宝製作、石田民三監督、高峰秀子主演。原作は吉屋信子のベストセラー小説『花物語』中の短編で、内容は両親を亡くし叔父の家に預けられた姉弟を描いたもの。一般社団法人日本映画製作者連盟：映連データベース http://db.eiren.org/（二〇一四年一〇月二二日アクセス）。

(20) 鑑賞日は一九四四年（昭和一九年）二月二一日。『九州文学』に連載された岩下俊作の『富島松五郎伝』を改編した。一九四三年（昭和一八年）大映京都撮影所製作、稲垣浩監督、阪東妻三郎主演。福岡県小倉の人力車夫、通称無法松の富島松五郎と、その親友の陸軍大尉である吉岡とその家族を描いた物語である。吉岡大尉の急死後、無法松はその遺児敏雄と寡婦良子の世話を引き受け、献身的に面倒を見ることになる。劇中で無法松が良子に直接その想いを吐露する約一〇分間のシーンは、未亡人の恋愛が前線の士気に影響を及ぼすことを危惧した内務省の検閲により削除された。

(21) 鑑賞日は一九四四年（昭和一九年）三月二日。一九四三年（昭和一八年）、東宝製作、渡辺邦男監督、原

節子主演。海軍省が後援し、情報局の「国民映画」に指定された。物語の舞台となる松村家は土浦海軍航空隊予科練生が週末に休暇を過ごす寄宿地であり、松村家の長女杉枝とその幼い弟妹の三人と予科練生の交流を描いている。不足する兵力を補うため、青少年を軍隊へ勧誘する目的のプロパガンダ映画である。

(22) 鑑賞日は一九四四年(昭和一九年)三月四日。一九四三年(昭和一八年)、東宝製作、滝沢英輔監督、長谷川一夫・山田五十鈴主演。この映画で描かれる日常生活で、ヒロインは節約のために食材を工夫し代用食のレシピを考えている。登場人物の装いにも戦時色が前面に打ち出されており、戦意高揚の効果を狙う視覚的演出が特徴的である。

(23) 羽様荷香『男』樋口隆文館、一九一四年。

(24) 武田麟太郎『銀座八丁』改造社、一九三五年。その内容は、軍国主義時代初期の銀座を舞台として、酒場の女主人と女給、新聞記者、官僚や資産家などの市井の男女が、事業や政治、愛欲の間での頽廃的な生活を描写するもの。

(25) 「スフ」とはステープル・ファイバーの略称で、破れやすく耐久性がないため、台湾社会では粗製乱造製品の代名詞であった。蔡錦堂編著、国立編訳館主編『戦争体制下的台湾』一五七—一五八頁。

(26) 鍾堅『台湾航空決戦』麦田出版社、一九九六年、二七〇—二七一頁。

(27) 呉濁流『無花果』前衛出版社、一九八九年、一四二—一四三頁。

(28) 爆撃機。

(29) 杜潘芳格著、下村作次郎編『フォルモサ少女の日記』総和社、二〇〇〇年を参照。

(30) 開原緑への聞き取り、広島県福山市、二〇〇一年一〇月六日。

(31) 二〇一二年に口頭発表を行った際には、コメンテーターより緑が戦時中も頻繁に友人を訪ね遊びに興じているのは、実は戦争以前からの生活の延長ではないかという質問を受けた。数回のインタビューの中で、緑は夫が中国の戦場から一時帰還したときのことに触れ、自由な生活がしばらくできなくなったと微笑んでいた。気ままに映画を見て小説を読み、娘をつれて泊まりがけの友人訪問などができるのは、男性家長の不在ゆえに可能なことである。緑の日記の日付がすべて夫の不在時期に重なっていることからも、「わたしの時間」の意味が理解できる。また、戦時期の映画や小説を含む娯楽や活動は、国策的意味も賦与されているため、女性の家庭外の活動として比較的容認されやすかった。

(32) 厳密には、台湾人との接触機会がまったくなかったわけではない。開原緑が話せるわずかな台湾語と新竹ビーフンの調理法は、台湾人使用人から学んだ可能性が高い。一九四一年六月に長女を出産後しばらく、公学校を卒業した台湾人女性を雇用していたと回想している。ほかには買い物などの機会に台湾人との接触もあったはずである。とはいえ、彼女は筆者に、当時は台湾人の友達は皆無であり、戦時期と戦後に付き合いのあったわずかな台湾人はいずれも誠の部下であったと述べた。開原緑への聞き取り、広島県福山市、二〇〇二年一〇月一五日。

(33) 前述のとおり開原誠が所属した独立自動車第六三大隊は、戦後「六三会」を結成した。一九七一年、日本人隊員が台湾を再訪し、一九七四年に日台合同で戦史を編纂、自費出版した(独自六三会『続比島進撃の思い出』)。一九九〇年代まで、類似の戦友会は日本全国で活動を続けていたが、その後、会員本人の逝去、そして子ども世代の高齢化のため、活動停止・自然消滅した団体がほとんどである。

(34) 台湾人戦友の江文庭氏から開原誠への書簡(一九九一年一二月一四日)。

(35) 世代の戦争記憶と植民地経験についての戦後の日本人歴史学者による思考と実践は、吉田裕『兵士たちの戦後史』(岩波書店、二〇一一年)を参照。在台日本人の世代間の植民地経験の相違、そして台湾史の視角から「湾生」の記憶をいかに読み解くのかという課題について、筆者の以下の解説を参照。「湾生記憶如何閱讀:我們準備好了嗎?」鈴木怜子『南風如歌:一位日本阿嬤的台灣郷愁』蔚藍文化出版股份有限公司、二〇一四年、九—一二頁。

10.14	米空母特設派遣艦隊が襲来。米日軍双方が台湾空域で激しく交戦	11.17	警戒警報が出た。此の頃はひんぱんに来襲する。いよいよ命のつきる時も目の前に見え出した様だ
	1945年		
1.3	米空母特設派遣艦隊が襲来。新竹，花蓮の損害大きく，第二段階の台湾航空戦が展開		
1.4	駐沖縄日本陸軍第9師団，師団長原守中将が新竹の防衛を強化。米空母艦載機が雲上から台湾を爆撃		
1.9	米空母特設派遣艦隊が台湾各地を爆撃		
1.15	米軍のB-29戦略爆撃機，新竹を爆撃	1.15	空襲が常時となる。確かにその通りである
1.17	米軍のB-29戦略爆撃機，新竹を爆撃	1.18	今日もボーイングが通った。分室［警察所］の壕へ飛び込んだ気持，をかしくなる
1.21	米空母特設派遣艦隊が台湾を攻撃。基隆，新竹，花蓮，馬公，台南，そして高雄の被害大		
1.22	駐フィリピン米第五航空軍が初めて日中の新竹・屏東航空基地に対して航空機による機銃掃射を行う。高雄地域を夜間攻撃し，台湾に対して200日連続の爆撃を加える		
2.14	米軍機，夜間新竹，台中，台南，高雄を爆撃	2.2	時勢の緊迫がひしひしと身に心に感じられる
2.27	米軍機，台北，新竹，台中，台南，高雄，そして台東を爆撃。高雄港の被害甚大		
2.28	多数の米軍機が基隆，台北，新竹，台中，そして高雄市内を爆撃		

附表　1943-45年，新竹空襲および杜潘芳格日記の対照

『台湾航空決戦』		杜潘芳格日記	
1943年			
11.3	米軍機，竹苗地域の偵察のため飛来		
11.24	米軍機，竹苗地域の偵察のため飛来		
11.25	米中混成部隊が新竹基地を襲撃，日本海軍新竹空軍部隊に甚大な損害を与える		
1944年			
4	台湾総督府 台湾決戦非常措置要綱公布	6.21	空襲が夜毎の夢に合はされる
		6.27	いよいよ2時開会といふ時警報が出た。走った。乗った
8	台湾総督府 台湾戦場態勢整備要綱を決定	9.7	昨晩12時頃空襲有り。月あたかも中天にかかり青白き世界に或は遠く或は近くに曝〔爆〕音を聞く時何ども此の日頃嘆はしきいかがはしい世の中に生き長らへんともがき居るぞと冷たく人の動きを見下す星へはるかなるあこがれの目を向けたり
10.10	米空母特設派遣艦隊がはじめて沖縄を攻撃	9.22	強風の為昨晩は警報におびやかされる事なく，今朝を迎へたが夢の空襲はさすがに凄いものを感じさせられた
10.12	米空母特設派遣艦隊台湾を攻撃し，日米双方が5日間に渡って第1段階の台湾航空戦を展開する。米軍機大挙して全島各地を爆撃		
10.13	米空母特設派遣艦隊が台湾全島各地を空襲。基隆，金瓜石，桃園，新竹，竹南，花蓮そして水力発電所を中心に被害甚大	11.10	昼前警報が出たので児童を返す

5.18 百機近くの米軍機が台北，新竹，台中，高雄，宜蘭，花蓮市内および飛行場を波状攻撃	
5.19 百機近い米軍機が基隆，台北，新竹，宜蘭および花蓮市内を爆撃，基隆港に甚大な損害	
6.18 大量の米軍機が基隆，台北，新竹，台中，台南市内および航空基地を爆撃	6.16 空襲が頻繁になり，被害も相当に出てゐる
6.20 米軍機が新竹および花蓮航空基地を爆撃。市内に甚大な損害	
6.21 米軍機，台北，新竹，台中および台南航空基地を爆撃	
6.27 米軍機，新竹，台中，台南，花蓮および台東市内を爆撃	
6.29 米軍機，新竹市内および航空基地を集中的に爆撃。台湾全島に低空飛行による偵察を行う	
7.5 米軍機，新竹市内および航空基地を集中的に爆撃	
7.19 大量の米軍機，台北，新竹市内および航空基地を爆撃	

出所：鍾堅『台湾航空決戦』麦田出版社，1996年，杜潘芳格著，下村作次郎編『フォルモサ少女の日記』総和社，2000年，国立公文書館アジア歴史資料センター「アジ歴グロッサリー」https://www.jacar.go.jp/glossary/gaichitonaichi/table/nenpyo.pdf（2021年2月11日アクセス）をもとに筆者作成。

3.3 米軍機，基隆港および新竹，嘉義，台南，鳳山市内および航空基地を爆撃	
3.16 多数の米軍機が台湾全島各地を激しく爆撃。台北市内の損害甚大	
3.17 多数の米軍機空襲新竹，豊原，台中および台南航空基地，台南および新竹市内の被害甚大	
3.27 米軍機，新竹，豊原，台中，および台南航空基地へ機銃掃射。	
3.30 米軍機，大挙して台北，新竹，台中市内および月眉，田尾製糖工場を爆撃	
4.15 多数の米軍機が新竹，新社，新営航空基地に対し波状攻撃を行う	4.3 空襲警報，警戒警報，共に2回。爆撃もあり
4.17 多数の米軍機が新竹，豊原，台中，大度および台東航空基地を爆撃	
4.19 米軍機，新竹市内および航空基地を爆撃	
4.23 米軍機，台北，新竹，屏東，花蓮，台東航空基地および岸内製糖工場に爆撃	
5.12 米軍機，新竹，台東および新港を爆撃	
5.13 米軍機，新竹，淡水市街および苗栗製糖工場を爆撃	
5.15 百機近い米軍機が新竹市内を爆撃，市民の多数が死傷	
5.16 大量の米軍機が新竹，台中，台南，宜蘭，花蓮および玉里市街および航空基地を爆撃	

第八章　ある台湾人少女の帝国後

嶺月の文学活動と脱植民地化

台北女子師範専科学校時代の嶺月（丁淑卿）（1950 年代）
林宜和女史提供

はじめに——もはや「国民」ではなくなった「少国民世代」

一九四五年の日本の敗戦により、台湾は中華民国の統治下に置かれることになった。帝国日本の「少国民」として育てられた子どもたちは、その後、どのように戦後を迎えたのだろうか。本章は、女性作家、嶺月のライフ・ストーリーとその文学活動を通して、台湾の「少国民世代」の戦後を考察するものである。

「少国民」とは何か。『大辞林』第三版では「少国民」を「小学生程度の、年少の国民」と定義し、「第二次大戦中に用いられた語」であるとする。初等教育を受ける年齢層の子どもたちが、児童としてではなく、年少の「国民」と称されることにより、国家の戦争動員の対象となっていった、そのような時代を如実に表現した語である。

しかしながら、いわゆる少国民としての実体験を有する年齢層は、辞書の定義よりも広い。世代的に見ても、実際の少国民体験の語り手は、第二次大戦中に小学生だった人々に限られないからである。終戦時の小学生のみならず、このときすでに旧制高校に在学中か、あるいは高等女学校卒業をしていた人たちも、その少し前の少国民体験の語りに加わっている。つまり、戦争記憶に関連する著書、回想録、語り部の活動などで少国民世代の語りを構成した主体は、日中戦争期から太平洋戦争期の小学生にまでわたっており、およそ一九二〇年代後半から一九三〇年代半ばまでに生まれた世代である。

さらに空間軸から見れば、こうした少国民世代の歴史的経験の共有範囲は、現在の日本の国家サイズに限られるものではなく、元日本帝国の支配領域のすべてに広がっていた。帝国日本の植民地であった台湾でも、同世代の子どもたちは共通の経験を持っていた。だが、戦後、帝国の解体と植民地の放棄により、かつての小さな「皇国民」は、もはや「国民」ではなくなり、その存在は戦後日本「国民」の集合的な記憶から消えていったのである。

植民地台湾の少国民世代を分析するにあたり、日本内地の時代的文脈とやや異なるのは、「日本」と「中国／中華」の二つの要素を同時に考慮しなければならない点である。つまり、こうした人々は日本教育を受けてからほどなく一九四五年に終戦を迎え、中華民国教育への接続を余儀なくされていったということである。本章の考察対象である一九三四年生まれの嶺月は、終戦時に小学生だった世代[1]の一人である。

台湾の少国民世代を研究する際に注意しなければならないのが、こうした「世代」内の微妙な差異である。嶺月を含め一九四五年の時点で小学生であった者たちにとっては、戦後に中華民国教育に接続していく過程とは、引き続き残りの初等教育を終え、中等教育へと進学する過程と重なる。「フルコース」の日本教育を受けた兄姉たちの年齢層とは異なり、幼少期に教え込まれた「日本」と、その後、中等・高等教育段階において求められた「中国／中華」は、アイデンティティも言語も異なっており、それぞれの学習年数によって微妙な違いも生まれてくる。台湾人の主体性の再構

鹿港の丁家，1938年。左から長女淑霜，次女淑卿（嶺月），父丁瑞乾，三女淑芳，母施梅碟，膝上は三男明聡，長男明星，次男明適。

築と脱植民地の観点から、「日本」と「中国／中華」の双方に跨った少国民世代の歴史的な経験を解明することが本章の課題である。

まず、嶺月のライフ・ストーリーを把握しておこう。嶺月は、植民地台湾の少国民世代の一人だった。本名は丁淑卿といい、一九三四年に台中州彰化郡鹿港街（現在の彰化県鹿港鎮）の名門丁家に生まれた。一九四一年に鹿港第一国民学校に入学し、五年生で終戦を迎えた。一九四七年に彰化女子中等学校初中部（中学部）に入り、一九五〇年には台北女子師範専科学校の普師科[2]に進学した。一九五三年に卒業後、高雄市の大同小学校に教員として配属され、一年後に両親のいる彰化県の渓湖鎮という町にある湖東小学校に転任した。三年後の一九五七年、南投県鹿谷郷の名門林家出身の林惟堯との結婚を機に退職し、台中市に住むことになった。その後、長らく子育てと家事に専念した彼女は、一九六八年、三五歳の頃、『国語日報』への投稿をきっかけに執筆活動に入った。以来、一九九八年に逝去するまでの約三〇年間に、二〇〇冊近くの訳書、著書などを出版することになる。(3)

嶺月が本格的に文学活動を始めたのは、四〇代に入り子育てが一段落した時期だが、その文章はかなり早い段階から高い評価を得ていた。嶺月の作品は、第一に、主題からいえば女性を対象にして家庭、育児、自己啓発などについて書かれたものと、児童を対象とした文章が主である。第二に、文学の形式からいえば、エッセイ、翻訳、小説創作を中心とする。そのうちエッセイと翻訳の本数が圧倒的に多い。そしていずれの主題、文学の形式においても「日本」を抜きにしては語れないという特徴も指摘できる。以下では、主婦文学への接近、日本植民地経験の意味という二つの軸を嶺月の文学活動の特徴として位置づけていくが、まずはその成立条件である、少国民世代が抱えていた言語の問題について検討しておきたい。

1 「国語力」の問題

台湾史研究では、戦後の国民党政府が進めた急進的な言語政策が、日本語を主要言語とする台湾知識人から表現手段を奪ったと指摘されてきた。学校現場や新聞・雑誌上で新しい国語となる中国語使用の徹底と、日本語の禁止などにより、台湾人の言論空間は狭められた、というのがいままでは共通認識となっている。また、文学史研究では、日本統治期に活躍した台湾人作家の多くが、戦後、日本語による創作が不可能になったため、文壇から身を引いたり、あるいは逆に積極的に中国語を習得して中国語による創作へ転換を試みたといわれる。本章は以上のような主張を否定するものではないが、従来の研究が無意識のうちに、終戦時にすでに日本語の「国語力」を身につけていた青年・成人の知識層を前提としていたことには注意を喚起したい。

終戦時に小学生であった年齢集団にとり、「国語力」の習得は、まだ道半ばだった。上の世代がすでに確立した言語表現を無効にされ奪われたとするならば、一つ下の世代は、中途半端な「国語力」のまま、外国語と変わらない中国語を新しい国語として学習しなければならなかったといえる。本章の主題に即していえば、とくに文学的な創作においては、より高度な「国語力」が求められる。だがこの世代の多くにとって、「国語力」の達成度は、日本統治が終了した一九四五年には、学年が下になればなるほど、十分ではなかった。終戦時にすでに中等学校卒業以上の教育を受けていた兄姉、親世代とは異なり、小学生だった世代の「国語力」は未完成のまま、戦後を迎えることになった。終戦時に小学生だった世代は、一九四五年前後の言語環境の転換により、兄姉や親世代のような「大人の」日本語を駆使することは元々できなかったし、文学的な創作となればなおさらだった。[4] 上の世代からは、日本語も中国語も手中にした「バイリンガル」だと羨まれることもあるが、実際には双方ともに中途半端な「セミリンガル」となりかねなかった。

日本統治期に生まれた世代にとって、わずか数学年の違いによって、日本語や中国語の「国語力」の習熟度に与えた影響は大きく異なる。嶺月はインタビューの中で、確かに日本の教育を四年間受けたものの、自身の中国語力は日本語力よりも高い、と述べている。いっぽう五歳年長の彼女の夫は、日本語力のほうが中国語力よりも高いという。(5)

家庭環境や生い立ち、個人の資質や努力など、他の要素による個人差も当然あるだろう。中国語文に関しては、漢学の素養をもつ上の世代が嶺月の家族にいた。終戦後、祖母と伯父はいち早く、日本時代に秘蔵していた漢文の教本を探し出し、一族の子弟に教授し始めた。また、父親は戦前には国民学校教員、戦後は校長を務めていた。戦後初期に日本人教員が離職し、中華民国政府が教育機関を接収するまでは、地元の各学校の校長を招集し、自前の中国語教材を編集したうえで、それを用いて現場の台湾人教員と生徒に授業を行った。(6) 彼女のペンネームも父親が付けたものである。(7)嶺月は戦後、中学時代に作文コンテストで最優秀賞を獲得している。女子師範の学歴、結婚前の教歴、退職後の読書量と創作量から見ても、彼女の並々ならぬ中国語の習熟ぶりが伺われよう。

2 主婦文学への接近と文壇デビュー

戦後初期は、台湾出身女性作家の空白期であった。一九五〇年代には、葉陶(一九〇五年生まれ)、陳秀喜(一九二一年生まれ)、楊千鶴(一九二一年生まれ)といった台湾出身の女性作家が一時期活躍したものの、言語と政治の制約により活躍の場を失い、文壇から消えていった。同じ頃、中国大陸で高等教育を受けた女性作家たちが、台湾で徐々に頭角を現し始めた。[8] 一九五〇年代以降の台湾女性作家の系譜を見ると、一九八〇年代の女性文学[9]を担う施淑青（一九四五年生まれ）、李昂（一九五二年生まれ）、平路（一九五三年生まれ）、朱天文（一九五六年生まれ）、朱天心（一九五八年生まれ）などの戦後世代が登場するまでには、かなり大きな一つの断層が存在している。そうした中で、中国大陸出身者を中心に構成された戦後の一九五〇年から一九八〇年までの女性作家群において、一九三〇年代の台湾生まれで、終戦時に小学生であった世代の一人である嶺月の存在はひときわ目を引く。[10]

主婦文学とは、恋愛、婚姻、家庭、育児、女性の自己啓発など、主婦の生活経験を女性の視点から綴った作品を指し、一九五〇年の女性文学の一ジャンルとして位置づけられている。[11] 家事労働を兼ねながらの女性作家の作品は、自身の体験から発想したものが多く、同じ経験を持つ広範な女性読者の共感を呼んだ。文学史研究においては、こうしたスタイルは当時の女性文学の小説に顕著な傾向として指摘されるが、実のところ新聞の文芸面に掲載された女性作家のエッセイやコラムも同様の特徴を持っていた。

主婦文学の仲間入りは、嶺月が文学の道を歩む重要な第一歩となった。

初めて投稿したエッセイ「母姉会」が『国語日報』の家庭面に掲載された一九六八年から一九七〇年代の半ばまで、彼女は毎月欠かさず投稿を続けていた。定期的な投稿は、当時、同紙の家庭面の編集長を務めていた黄和英と後任の薇薇夫人（樂茝軍のペンネーム。一九三二年生まれ）の目に留まった。二人は彼女の原稿を毎回、細かく添削したのみならず、その執筆活動を絶えず激励した。添削済み原稿と元の原稿を見比べる作業は、文章の技巧を磨き、自身の進歩につながったと彼女は回顧している。のちに嶺月を『聯合報』のコラムの執筆者に推薦したのも薇薇夫人であり、彼女をコラム作家の道へ導くことになった。[12] 文壇において主婦文学というカテゴリーにくくられた女性たちには、ある種の連帯感があったのではないか。

その中で、一九七〇年代半ばにコラム作家としてデビューした嶺月の作風は、明らかに主婦文学の流れを汲むものであった。一九七六年に『聯合報』で週一回のコラムを担当するようになった際、できるだけ日常生活の話題を取り上げる、という執筆方針は薇薇夫人からの依頼であった。これについて嶺月は「私なら主婦たちを勇気づけることができる、と薇薇夫人は考えたのかもしれない」と回想している。[13] 嶺月にデビューの機会を与えた薇薇夫人について簡単に紹介しておく。台湾新聞史上、初めての女性読者向けコラムであった「薇薇夫人」は、一九六四年、大手新聞の『聯合報』紙上で掲載が始まった。このコラムは女性読者の間で大いに人気を博し、執筆者の樂茝軍は「薇薇夫人」と呼ばれるようになり、コラム名がペンネームとなった。コラムは三〇数年も続き、薇薇夫人こと樂茝軍は当時台湾で最も著名な女流コラム作家となった。同コラムは、女性の家庭問題、人生相談などを主とし、専業主婦の価値を肯定し、家庭と仕事の両立に悩む女性らに寄り添いながらも、従来の男女性別規範を受け入れ、主婦として家庭内の任務の完遂を優先すべきだと主張した。つまり、現代社会における女性の能力を肯定し、それを発揮すべきだが、あくまでも家庭生活に支障をきたさない範囲に止めるべきという、いわゆる「現代版の婦徳教育」、「古典新女性」的な思考であったと指摘される。[14] 薇薇夫人の知遇を得たことは、嶺月が文学界に参入する重要なきっかけとなった。ただし、彼女の価値観が、文壇において主流のジェンダー規範に合致していたことも彼女の成功を後押しした理由の一つであったろう。[15]

一九七六年、嶺月は『聯合報』で「和風集」というコラムの担当を開始した。その内容に現れたジェンダー観は、同時期の他の女性コラム作家とも共通する。[16] 一九七九年、過去二年間に発表したコラムをまとめて書籍として出版し、その後も『和年輕媽媽聊天兒（若いお母さんたちと雑談して）』（一九八二年）、『做個內行的媽媽（プロのお母さんになるため）』（一九八六年）、『経営家庭不忘経営自己（家庭を「経営」しながらも、自分を「経営」する）』（一九九三年）、『妙媽媽・巧孩子（素敵なお母さん・賢い子ども）』（一九九四年）など次々に刊行した。彼女の逝去後に出版された追悼文集には、薇薇夫人や林海音、郭良蕙（一九二六年生まれ）、丹扉（一九二六年生まれ）、簡静惠（一九四一年生まれ）、蔣竹君（一九三八年生まれ）など、当時の著名な台湾女性作家たちとの記念写真が掲載されている。彼女は『国語日報』社を自分の「文壇の実家」と表現していた。[17]

一九八〇年までに、ほぼ中国大陸出身の女性作家によって占められた台湾の女性文学の世界で、嶺月が一定の立ち位置を獲得できたのは、主婦文学という時代の必要に合致した創作路線を歩み、コラム作家から出発し、人脈を築き、自らの可能性を積極的に開拓したからだとわかる。次節では、彼女が多数の女性作家の中で自分の特色を打ち出すことができた理由について、その少国民世代としての戦前の経験との関連で論じていきたい。

3　日本植民地経験の意味

多くの女性作家がひしめく中で、嶺月が文壇で独自の地位を獲得できたのは、翻訳家としての仕事による面も大きかった。彼女が着目したのは、日本文学、とりわけ児童文学であった。一九七六年に『聯合報』のコラムのレギュラーを任される前、彼女が中国語に訳した神一行の『桜ケ丘第六小学校』（番町書房、一九七五年）が『国語日報』に連載されたことは、その知名度を上げるのに大いに貢献した。その後、一九七六年から一九八三年の間に、日本で広く知られる名作の翻訳をほぼ毎年のように台湾の新聞紙上で連載した。橋田壽賀子の「となりの芝生」（一九七七年から『婦人倶楽部』に連載されたバージョンが底本と推測される）、古田足日の『宿題ひきうけ株式会社』（理論社、一九七九年）、平岩弓枝の『午後の恋人』（文藝春秋、一九七九年）、大石真の『チョコレート戦争』（理論社、一九六五年）などが含まれる。

日本の文学作品を中心に精力的な翻訳活動を行えた理由について、彼女が日本教育の世代に属していたことに帰されがちだが、実はその日本語力は自らの努力により補われたものだった。この点について、台湾の児童文学研究家の李潼が的確に指摘している。「事情を知らない人は、「彼女は完全な日本教育を受けたからだ」と誤解しているが、一九三四年生まれの嶺月は、日本植民政権が台湾から去った時に実は僅か一二歳だった。政権が交代し、「この国語〔中国語〕はあの国語〔日本語〕にあらず」となった時代に混乱と困惑に陥ることがなかった点では幸いだったが、一二歳の鹿港の少女にとって、自学自習の不断の努力がなければ、「完全な日本教育」などあり得なかっただろう」[18]。時代に翻弄される少国民世代の無念について、嶺月はのちに発表した自伝的小説の中で、中国大陸出身の担任教員に語らせている。

あなたたちはなんて可哀想なんだろう。生まれた時は台湾語、入学してからは日本語、日本語をまだ完全に習得しないうちに、今度は中国語を学ばされる。次々に思わぬ事態が起きて、勉強の機会と時間をずいぶん無駄にしてしまった[19]。

無論、植民統治期の初等教育で習った「国語」は、この世代の日本語の基礎となったが、それ以上のものを獲得するには自習しかなかった。嶺月自身も二つの言語をめぐる努力の経験について何度も述べている。夫婦二人の日本語力と中国語力が異なるため、『読者文摘（リーダーズ・ダイジェスト）』を愛読する夫は、いつも自分用の日本語版と妻用の中国語版を同時に購入した。それは同じ文章の日本語と中国語を比べて勉強するのに役立ったという[20]。彼女は同時期の日本の新聞・雑誌、小説、書籍などを片端から読みあさり、辞書を引きながら日本語の自習に力を入れていた[21]。日本語を通して接した外国である日本に関する情報、知識などは、まず、文学作品の翻訳に活かされた。対象となったのは、同時代の日本の小説、児童文学がほとんどである。彼女の仕事によって台湾でも広く知られるようになった著名な日本の文学作品も多かった。

次に、嶺月はエッセイ、コラムでも日本の報道記事、新聞・雑誌、書籍を取り上げ、日本の社会問題と思考様式などについて頻繁に言及している。彼女の言葉によれば「日本の家庭小説や学校小説に感銘を受けるたび、これらを翻訳して国内の主婦たちに読ませてあげたいという衝動に駆られた」[22]。コラムと同名の書籍『和風集』[23]に収録された一一九本のエッセイには、日本を取り上げたものが二四本あり、また、自分の日本時代の実体験に触れたものもあった。

だが、彼女のこの特徴は、日本贔屓やノスタルジーに結びつくようなものではなかった。日本の文化や社会動態などを紹介しつつも、決して日本を台湾より優位だとはしなかった。あくまでも台湾の読者に異なる思考様式、参照枠組みを提供する目的であり、テーマによっては日本を反面教師とし、批判的な論調の文章も多数見られた。

嶺月の小説『聡明的爸爸』と『老三甲的故事』は、翻訳とエッセイが圧倒的に多い彼女の仕事の中では珍しく自伝的な作品として、とくに注目に値する。一九九三年に発表された『聡明的爸爸』では、彼女は自分の父親を物語の展開軸として、幼少期の日本時代の記憶を再構成していく。少国民世代の脱植民地過程という視点から見て、非常に興味深いものである。たとえば「お正月の舞台衣装」という話では、日本統治期には新暦と旧暦で一、二カ月のうちに「日本年」のお正月と「台湾年」のお正月の二つを祝う習慣があって、日本のお正月には彼女ら子どもたちがキモノを、台湾のお正月には大人たちが伝統服を意図的に着用していた場面を、対照的に描き出している。

まず日本のお正月について話しましょう。学校は休みになりますが、生徒たちは先生のお宅に新年の挨拶に行きます。恵ちゃんはお母さんが作ってくれた綺麗なキモノを着て、日本式の下駄と白い足袋を履きました。下駄には穴が空いていて、鈴が二つ飾ってありました。歩くと鈴の音が鳴るので、面白くて鼻高々でした。しかし居間に出ると、お祖母さんたちに笑われました。「なんとおかしな舞台衣装なの。日本のキモノの何がそれほど美しいと言えるのか。私たちの小さい時に着ていた新調の衣装は、縁飾りがあり、刺繡があり、本当に細やかで美しかったよ」(24)

しかし台湾のお正月になると、

早朝の祭祀では、お父さんたちは中国式の長衣、お母さんたちもチャイナドレスを着なければなりません。子どもたちは中国式の服を持っていないので、洋服を着ていいですが、日本のキモノは認められません。そうしたら恵ちゃんたち女の子は、反撃の機会を摑みました。「あら、大人たちもお正月に舞台衣装を着るのね、何だかおかしい」。「お前たちは何を言っているんだい」と恵ちゃんのお父さんが尋ねると、恵ちゃんは「この前の新暦のお正月に日本のキモノを着たら、おばあちゃんたちに、舞台衣装みたい、おかしいと笑われたの。いま大人は普段着ではない服を着て年を越そうとしているけど、これが舞台衣装じゃなければ何なの」と答えました。それを聞いてみんな大笑いしました。[25]

「舞台衣装」という絶妙な比喩は、戦後という時点に立つ少国民世代の一人が、記憶の中の「日本」と「中国」に対して採った距離感を表している。子どもの和服にせよ、大人の中国服にせよ、実は普段着ではなく、所詮、性質の違う二つの正月に合わせた台湾人の舞台衣装に過ぎない。そして、作家は世代間の「日本式」と「中国式」の異なる主張を対立や矛盾に発展させることなく、家族の笑い声の中に丸く収めたのである。

『老三甲的故事』は、台湾人の少国民世代の戦後を繊細に描き出した作品である。書名は「元三年甲組の物語」を意味し、戦後に中学校で過ごした青春を振り返った小説である。一九九〇年に『国語日報』の少年文芸面で連載終了後、一九九一年一二月に単行本として出版された。本の冒頭に「これは四十数年前に本当にあった出来事である」と記されているように、主人公の丁ちゃんは、嶺月の本名丁淑卿の略称であり、表紙と背表紙に嶺月本人の写真を用いていることからも、著者は同書の自伝的な性格を隠そうとはしていない。[26] 執筆の経緯から見てわかるように、作家自身を含むクラスメートや同世代の集団的経験を描いたものだといえよう。その中では、姉世代から受け継いだ日本時代の慣習に対する批判的な視点が興味深い。

たとえば「寄宿生のお嬢様ごっこ」という話では、戦後の学校生活に残された日本の先輩と後輩の上下関係に違和感を示している。

> 廊下で上級生に会うとお辞儀するだけではなく、道を譲らなければなりません。洗面所でも、上級生を優先させなければなりません。……宿舎のルールが多い。一学年上の先輩には何々姉さんと呼び、二学年上の先輩にはお姉様と呼ばなければなりません。いつでもどこでも会うたびにお辞儀をしなければならなかったのです。忘れたら怒られて睨み付けられて、失礼だと注意されました。(27)

『老三甲の故事』書影

> 制服から私服に着替えたら、同級生か上級生か区別できるはずがありません。お姉様と呼ぶべきなのに、お姉さんと言い間違えても怒られました。(28)

このような違和感が示される一方で、日本統治期の経験が活かされた場面も自然な筆致で描かれている。冬服を持っていない中国大陸からの教員が、寒さに耐え忍んでいることに女生徒たちが気づいた時のことである。

「クラス全員で力を合わせて先生にセーター一枚を編んであげることを思いついた理由を知っている？」と心欣がみんなに聞きました。「日本時代に親戚、友人や知り合いが徴兵されたとき、母と知り合いのおばさんたちは必ず武運長久と書かれた一枚の白い布に、赤糸で一人一針ずつ縫って縫い目でこの四文字を浮きたたせたのです。その布を出征する人にお守りとして持たせました。これは日本人の習俗で、千人針と呼ばれます。人々からの愛と祈りを込めたものなのです[29]」。

戦時中の千人針に動員された経験が、中国大陸から来た教員にセーターを編む発想につながったのである。戦争期に千人針を送った相手は、前線の日本兵だったが、戦後の彼女たちが千人針に倣って作ったセーターの受け取り手は、国民党軍の経歴を持つ中国人教員だった。今昔の贈り物の相手は敵対していた人であったにもかかわらず、生徒の純粋な気持ちで千人針の経験は転用されていた。戦時中に青年・成人だった世代に比べると、児童だった世代は、政治体制の移り変わりに対する受け止め方と意識の度合いが異なることがわかる。社会がどう変わっても、素直に生きていく少年少女の姿が嶺月の作品に反映されている。

4　捉え直し続ける「中国」と「中国人」の意味

日本の植民地統治が終わり、いわゆる「祖国への復帰」を喜ぶ台湾人の多くは、差別的構造からの脱却と、主体性の回復への期待に胸をふくらませたが、それは間もなく現実によって裏切られた。国民党政府の失政、腐敗、二・二八事件を皮切りに展開された虐殺と白色テロは、台湾人社会を失望の奈落の底に陥れた。このような戦後台湾史を語るとき、さらに世代という要素を含めて分析するなら、少国民世代の特異性が浮かび上がる。「日本教育」のもとで育った前の世代や、「中華民国教育」のもとで育ち、「日本教育」と無関係な後の世代とは異なり、日本時代から中華民国時代へ劇的に転換した時期は、ちょうど彼らの自己形成に関わる成長期と重なっていた。政治の移行期に相前後して全く異質な「国民教育」を受けた少年少女の一人一人が、個人や国家のアイデンティティという重い課題を、人生の早い時期に容赦なく突きつけられたのである。

小説『老三甲的故事』のなかでは、もはや日本人ではなくなった「私たち」は、実は「中国人」であることを受け入れなければならなかった。まず、積極的に「中国」を知ることからスタートしている。

「先生、大陸のことを話して！」二年になった甲組の生徒たちは、授業中でも休み時間でも、機会があればいつもこのように教員にせがみました。なぜなら、小さい時から皆、大陸のことについては全く知らなかったからです。十代になって突如、「私たちは日本人ではない、中国人だ。中国大陸はわれわれの本当の祖国だ」と言われ始めました。問題は、中国大陸はどこにあるのか、そこの気候、風土人情と習俗などは、台湾と同じなのか、ということです。これら全てに、十代の中学生は好奇心を覚えました。ところが、当時は関連する書籍もほとんどなく、大陸について紹介するテレビ番組も映画もありませんでした。外省籍の先生の話が唯一の情報源だったのです。(30)

ここでは主体性を取り戻し、「中国人」になるために努力する姿が見られる。興味深いのは、中学一年生の困惑を解くために、歴史担当の台湾人教員が、一七世紀の台湾史から教え始めたというエピソード一話である。

彼は丁ちゃんのお父さんの友人でした。漢学の教養は深いが、北京語(国語)は話せませんでした。鹿港訛りの台湾語しか喋れませんでしたが、生徒たちはこの先生の授業が好きでした。なぜなら、彼はみんなのレベルと理解力を知っていたからです。初日の授業で、先生はため息をつきながら言いました。「君たちはこの歳になってやっと自分が中国人であることを理解した。なぜ台湾はこれまで日本に属していて、そして今どうやって祖国に戻ってきたか、みんなきっと知りたいだろう。自分の国籍でさえよく分かっていない人に、中国の歴史を勉強できるはずはないだろう」。そこで教科書を置いて、先生はオランダ統治期からの台湾の歴史を語り始めました。(31)

同じ戦前の経験というハンデを負う台湾人教員こそが、生徒のレベルと理解力を承知しており、寄り添うことができた。それが人気の理由であろう。生徒が中国大陸どころか、郷土台湾の歴史さえも知らなかった点についてのこの描写は、少国民世代の著者による率直な告白であったろう。だが、新しい国語である中国語を話せないという「残念な」理由で、この先生は代用教員の職から去っていったという。

嶺月の作品においては、日本時代という「過去」に対する解釈、そして戦後中華民国の「いま」の位置づけは、一党独裁下のメディアや学校教育でよく見られた国民党政府の公式見解から外れるものではなかった。しかし、それぞれの作品の公表時期に注意してみると、微妙な変化があるのに気づく。一九八〇年代初頭に政府機関の依頼を受け、嶺月は本名で「近代中国青少年通俗読物叢書」の『革命者動：譚人鳳的故事（革命の功労者：譚人鳳の物語）』、「近代中国児童連環図画叢書」の『光復節的故事（光復日の物語）』の二冊を執筆している。(32) シリーズは国民党政府の文化・宣伝部門の指導下で、愛国心、民族精神の養成を目的として刊行された読み物であり、その編集長は当時の国民党党史会主任委員、秦孝儀であった。二つの叢書に共通するのは、小中学生の目線か

『光復節的故事』書影

らの、中華民国や国民党の政治家、文化人の功績、中華民国と国民党の歴史の賛美であった。周到な編集がなされていたことは言うまでもない。

　一九四五年の大戦終結により、台湾は日本の植民統治から中華民国の主権下に置かれるようになった。中華民国政府はこの出来事を失地回復の意味を込めて「光復」と称している。台湾における日本の降伏受諾式典が台北市で行われた一〇月二五日を記念して、中華民国政府はこの日を光復節と定めた。日本語ではどちらも「こうふく」と発音されるが、戦後台湾の人々の間では「降伏」と「光復」の双方の意味が複雑な形で共存していた。帝国の少国民世代であった嶺月の筆下で、「光復の日」のストーリーはいかに展開したのであろうか。この作品は、小学校の台湾人教員が生徒に「三〇数年前の本校には、自分がどの国の人か分からない五年生の子がいました……」と話す場面から始まる。物語のなかで教員はそれは自分のことだと告白し、「あの時代、本当に愚かな子はどの国の人か疑うことさえなく、自分は日本人だと信じていました」と語る。植民地期における内地人との差別待遇、戦争期の皇民化運動、日本精神の強要、反抗する生徒への暴力を「暗」として描く一方、「明」として中国を表す「唐山」への憧憬、「蔣介石先生と宋美齢女史は偉大な人物で、台湾を苦しみから救い出してくれる」と繰り返し、国民党と中華民国政府への期待を大いに強調した。日本統治期における差別と同化の圧力、そして中国への期待は事実だが、そうした一面しか語れなかった体験は、中華民国の抗日、国民党の台湾統治の正当性を支持する政府の公式の言説に回収される結果となった。

これに比べて、前述した一九九〇年代前半の二冊の自伝的小説では、国民党と中華民国を讃える教科書的・訓話的な要素は希薄となった。とくに『聡明的爸爸』では、日常のなかの「日本」と「中国」は、ほぼ同等な比重と語り方がなされている。その創作意図は「序」に示してあるように、孫世代に祖父母が過ごした日本時代を伝えるところにあった。日本統治期の話にとどまらず、戦後、中華民国政治体制下における自分たちの物語を、その心情や認識も含め忠実に語っている。台湾文化に親しみ、戦争に懐疑的な日本人教員の話、国民学校教員である父親が空襲の激しい日に当直し、校長室の特別な箱に納めている教育勅語を命がけで守った話、さらに機銃掃射にあった際に、祖母や母が信仰する観音さまではなく、日本の天照大神に祈る主人公の様子も丁寧に描かれている。

このように一党独裁体制下で最も模範的かつ普遍的な「光復」の語り方を残しながら、「日本時代」と終戦前後の記憶を率直に記したことにより、物語のなかで作者が主人公に復唱させた「正確な政府見解」は換骨奪胎され、相対化し、再解釈の余地がそこに生み出された。物語の終わりには、少女の密やかな困惑と不安も書き込まれている。

海外から帰還した台湾人日本兵の行列が近づいてきました。台湾から出征した時、見送りの親戚や友人は日本の国旗を掲げていましたが、台湾に戻ってきた今、迎えに来た人自体は変わりませんでしたが、その手に振られているのは中国の国旗でした。……

恵ちゃんはなぜか悲しみが湧き上がって来ました。天照大神のご加護を願った空襲の時を思い出しました。そこで急いで「青天白日が高く照らし、世界が明るくなり」と歌い出し、心の中の悲哀を抑えようとしました。日本の皇民を自称した自分の愚かさ、無知と恥辱を忘れようとしました。「光溢れる世界に悩みなし。革命は成功だ。強権と悪の勢力はすべてなぎたおす。みんな平等、特権なし。ウキウキとのびのびと」。恵ちゃんは昼も夜の夢の中でも歌い続けました。賑やかな光復日が早く来るように、不愉快な少女時代が早く消えるように祈りました。「私は台湾人。私は中国人」と彼女は全世界に告げたかったのです。(33)

戦後から一九八〇年代まで、台湾住民の多くは通常、「中国」「中国人」と自称していた。これは嶺月の作品に頻繁に現れる呼称でもある。ただし、一九八〇年代の作品に見られた「私は中国人」は、一九九〇年代には「中国人でもあり台湾人でもある」へとアイデンティティが転換される。戦後世代に教え込まれた「私は中国人である」という自意識は、台湾政治大学選挙研究センターの台湾民衆アイデンティティ調査（一九九二年）によれば、もはや二五・五％しかなく、「私は中国人でも台湾人でもある」が最多数の四六・四%を占めていた[34]。嶺月の作品に見られた変化は、台湾社会の政治アイデンティティの変化に対応したものだとわかる。「私は中国人でもあり台湾人でもある」は一九九六年の四九・三%をピークに減少し、その後、「台湾人である」とたびたび拮抗して、二〇〇八年にはついに「台湾人である」を選択した者が最多となった。

『老三甲的故事』の終わりには、作中の人物が政治と距離を保つ慎重な姿勢、そして作家本人が自らの意見、感情、立場の表明を控える姿勢も垣間見える。

……民国三八〔西暦一九四九〕年八月の夏休み中、世の雲行きが怪しくなり、時局が非常に不安定になったと感じました。……「先生、共産党は台湾に侵攻してくるでしょうか」と私たちは担任に聞きました。「怖がらなくていいよ。我々には英明な総統がいて、またアメリカという世界の正義の化身もいるから、台湾は危険ではない。時局がどのように変化してもあなたたちは心配しなくていい。勉強に専念すればいいよ。台湾は日本の植民地から光復して、祖国に戻ってきた。あなたたちはすでに何年も勉学、知識を追求する貴重な時間を浪費し、犠牲にしてきた。今はもう彷徨わないで。勉強は何よりも大事だ。もし国を愛し、国のために何か貢献したいならば、なおさら一生懸命勉強して自分を高めなければならない[35]」。

一九八〇年代の作品では語られなかった中国兵に対する台湾人の印象、国民党の赤狩り、白色テ

『嶺上的月光』の表紙。

ロなどの政治事件も、一九九〇年代の自伝的小説には登場する。

しかしながら時局はますます悪化し、汚い格好の軍隊が次々と大陸から台湾に撤退してきました。全省各地の寺院と学校はほとんど軍隊の駐屯地となってしまいました。[36]

先生が突然失踪したのは、夜中に諜報機関の憲兵に連行されたからです。数日後に釈放されて学校の宿舎に戻ってきましたが、心を動揺させたあの恐ろしい出来事は、先生を慕う「元三年甲組」の生徒たちの記憶に深く刻まれました。[37]

政治の混乱、学校現場と教員たちが国家の暴力に巻き込まれた事件を正面から取り上げながら、作家はそれ以上、深く踏み込むことはなく、終始、控えめな筆致で記憶の中の一場面に終止符を打っている。

一九九六年七月二四日、嶺月は台湾大学病院で病気のため亡くなった。

児童文学作家の林武憲は、嶺月が逝去する前のある出来事について回想している。

ある日、電話で彼女は、児童文学賞の審査を担当したことを話してくれた。ほかの審査員たちを説得することができず、中国の作家に最優秀賞を取られてしまったという。受話器の向こうから彼女の高ぶった気持ち、不満と無念が伝わってきた。明らかに、いつもの冷静で優雅な彼女とは違っていた。私は驚き、そして敬服する気持ちになった。台湾の子どもの城が、簡体字部隊によって陥落したのに、多くの者は気にも留めなかった。一部の新聞社が中国人作家の作品を出版した数は、台湾人作家のものよりも多かった。彼女は早くから、〔台湾〕国内の児童文学創作の苦境を見抜いていた。(38)


これは、中華人民共和国からの強い圧力を前にして、台湾を主体とするアイデンティティを、嶺月が文学活動においてひときわ強く打ち出した瞬間でもあった。

夫の林惟堯は、「歳月が流れ、嶺月がこの世を去ってからまもなく六年になる。この間、世界は大きく変わり、とりわけ彼女が深く愛した台湾では、その変化はいっそう激しかった。台湾の作家を育てるためには、各種の文学賞は大陸と台湾が別々に選考するべきだと、彼女が生前に尽力し、再三、呼び掛けていた問題も、少しずつ進展が見えはじめた(39)」と、早逝した妻が時代の変化を目撃できなかったことを惜しんだ。

おわりに

　本章では、一人の少女の帝国後を、半世紀以上を経たいま、改めて振り返ってみた。戦時中に小学生だった少国民世代自身が残した文献資料が少ない中で、嶺月の生涯と文学活動は、帝国の子どもたちの脱植民地化を解明するのに重要な示唆を与えてくれる。

　少国民世代の一人だった嶺月の脱植民地の歩みは、ライフ・ストーリーと文学作品を通して読み解くことができる。そこには、植民地台湾の学校教育により「天皇陛下の小さな臣民」として育てられた戦時中の幼少期、中華民国教育のもとで世代のハンデを克服した戦後の青少年期、そして中国語を母語とする大陸出身者が主流を占める文壇で、地位を獲得した成人期があった。

　台湾社会の戦後は、確かに国家政策の次元では中華民国により代行された脱植民地化の過程であったが、個人の次元ではより複雑な様相を呈した。台湾という歴史の舞台で置き忘れられた元帝国日本の子どもたちにとって、植民地期から戦後にかけては、「日本」と訣別して「中国」に接続されるという単線的な変化にとどまらなかった。台湾という地で、「日本」と「中国」はそれぞれ重層的な意味合いを持ち、個人の内面世界では、両者の外部化と内部化が絶えず入り混じりながら進行した。それは対決か忘却か、肯定か否定かといった二項対立で捉えられるものではない。思考し、戸惑い、試み、模索することによって徐々に主体性の形成に至る過程こそが、同世代の共有した歴史的経験であったと思われる。

注

（1）文中の「小学生だった世代」という用語は、「初等教育に在学中だった世代」を指す便宜的な表現である。日本統治期の初等教育機関は、台湾人児童を対象とするのが公学校、日本人児童を対象とするのが小学校であった。だが台湾人子女の中にも、「国語常用家庭」であるなどの条件で小学校への入学が許可される者もいた。また一九四一年の国民学校令の公布にともない、学校名はいずれも国民学校に変更された。厳密にいえば、この時期の児童は「小学生」ではなく、「国民学校生（国民学校の生徒）」であった。本来ならば、世代単位で論ずる際に、「国民学校生だった世代」や「初等教育に在学中だった世代」と称す方が正確であるが、前者は読者に馴染みが薄く、後者もややくどい印象があるので、一般的にわかりやすい「小学生だった世代」という表現を採用している。

（2）一九五〇年当時、中学校卒業生を対象とした三年制の師範学校。普師科とは、一般の国民学校教員の養成を目的とした国校師資科の略称。

（3）林惟堯・林武憲・林宜和編『嶺上的月光』健行出版社、二〇〇四年、二六二―二六八、三二〇―三二九頁。嶺月の著作目録について、管見の限り、林武憲「創作及翻譯並重―嶺月研究資料目録」が最も完全なものである。『全国新書資訊月刊』二〇〇四年七月号、二〇―三五頁に所収。

（4）戦後に中学一年生になった世代も、戦争期に正常に授業を受けられなかったため、同様にこの問題に悩まされている。佐藤貴仁が台北市で行った聞き取りによれば、インフォーマントの陳志明は、「実際、習っていたのは一三歳までだから、そこで止まっている」、「だから、子どもの言葉しか言えない。大人の言葉はね、本で見るぐらいでね、使ったことないですよ。だから、大人の言葉は言えないんです」。また中学校の上級生の日本語については「我々よりまし。上です」「だいぶ違う」と述べている。佐藤貴仁「現在を生きるかっての「日本人」(2)――母語を奪われた人・その2」『交流』八七四号、二〇一四年、八頁。

(5) 謝斐如「稱職主婦、長青樹作家：嶺月默默耕耘成果斐然」『中央月刊』第二六巻第九期、一九九三年、九三―九六頁。

(6) この二つのエピソードは、自伝的小説『聡明的爸爸』(嶺月『経営家庭不忘経営自己』海飛麗出版公司、一九九三年)に記されている。

(7) 謝斐如「稱職主婦、長青樹作家：嶺月默默耕耘成果斐然」『中央月刊』第二六巻第九期、一九九三年、九三―九六頁。

(8) 王鈺婷『女声合唱―戦後台湾女性作家群的崛起』台湾文学館、二〇一二年、一九―二〇頁。

(9) 台湾女性文学について、陳芳明『台湾新文学史 上』東方書店、二〇一五年の第二三章を参照。これ以前、文壇における台湾出身者としては、林海音(一九一八年生まれ)と欧陽子(一九三九年生まれ)がいた。林海音の父親は台湾出身だが、彼女は日本生まれで二歳の時に父親とともに中国に渡り、北京で二七年間、暮らしていた。台湾に移ったのは一九四八年のことであった。欧陽子は終戦時にわずか四歳であり、日本教育を受けた世代ではなかった。陳『台湾新文学史 上』三三九―三四〇、三八九―三九〇頁。ここから、二人の経歴は日本の植民地教育を受けた嶺月とは異なる。

(10) 施忻妤「台湾六〇、七〇年代女性作家童書寫作研究(1960-1979)」台湾 東海大学中国文学研究所修士論文、二〇〇九年が取り上げた女性作家二一人のうち、台湾出身者は一九三三年、高雄生まれの林玉敏(ペンネームは林立)ただ一人である。同論文の主たる研究対象は児童文学作家であるためか、嶺月については残念ながら触れられていない。同じ少国民世代に属す両者の比較は別稿に譲りたい。

(11) 王鈺婷『女声合唱：戦後台湾女性作家群的崛起』台湾文学館、二〇一二年、九九、一一四頁。一九五〇年代の女性文学のこうした傾向は、当時国民党政府の文化政策の下で生まれ、文壇の主流を占めた「反共文学」と密接な関係を持っていた。陳芳明『台湾新文学史 上』東方書店、二〇一五年、二九七―三〇一頁。

(12) 謝斐如「稱職主婦、長青樹作家：嶺月默默耕耘成果斐然」『中央月刊』第二六巻第九期、一九九三年、九三―九六頁。

（13）嶺月『且聽我説：和風集』聯経出版社、一九七九年、一頁。

（14）紀琇雯「女性專欄作家在台灣的興起：以薇薇夫人為主軸（1964-1987）」台湾 高雄医学大学性別研究所修士論文、二〇〇五年、一、三三、三六―三七、四九、七一頁。

（15）一九九八年、薇薇夫人は嶺月への追悼文の中で二人の出会いについて追懐している。「二〇数年前のことだろう。私が家庭面の主任編集を務めていた頃、台中から一通の原稿が届いた。署名は嶺月、筆跡が非常に整っていて麗しかった。編集者は一般的にこのような原稿を好む。なぜなら目に優しいからだ。そしてその内容にもさらに魅かれた。なんと彼女は主婦に新たな生活スタイルを提案していたからだ。なぜ朝から家の掃除をして混雑する市場に買い物に行かなければならないのか、と文章は問いかけていた。一日の最も貴重な時間は、自らの向上のために使うべきだ。読書したり新聞を眺めたり、何かを書いたり、お茶を飲んだり、音楽を聴いたりして、自分の精神生活を充実させれば、主婦は無知で醜いおばさんにならないだろう。なんという先見性のある前向きな見解だろう。私はその文章を、ほとんど手を加えず、そのまま掲載させた。その後、家庭面では彼女は読者の支持を得て人気の書き手となった」（林惟堯・林武憲・林宜和編『嶺上的月光』健行出版社、二〇〇四年、二〇七―二〇九頁）。いわゆる主婦の視点からの文学路線は、『国語日報』に投稿する最初の時期にすでにあったとわかる。

（16）紀琇雯「女性專欄作家在台湾的興起：以薇薇夫人為主軸（1964-1987）」台湾 高雄医学大学性別研究所修士論文、二〇〇五年、七二―七九頁。

（17）林惟堯・林武憲・林宜和編『嶺上的月光』健行出版社、二〇〇四年、二〇四―二〇六、二〇八頁。

（18）李潼「嶺月的限時専送」林惟堯・林武憲・林宜和編『嶺上的月光』健行出版社、二〇〇四年、二二一頁。

（19）嶺月『経営家庭不忘経営自己』海飛麗出版公司、一九九三年、一九四頁。

（20）謝斐如「稱職主婦、長青樹作家：嶺月默默耕耘成果斐然」『中央月刊』第二六巻第九期、一九九三年、九五頁。

(21) 嶺月「三頭六臂」『和年軽媽媽聊天兒』信誼基金出版社、一九八二年、一五三―一六〇頁。または嶺月『経営家庭不忘経営自己』海飛麗出版公司、一九九三年、一七二―一七三頁を参照。日本語の自習に関する回想は彼女のエッセイ、著書全般に頻出する。
(22) 嶺月『跟主婦朋友談天』財団法人洪建全教育文化基金会、一九八七年、四頁。
(23) コラム「和風集」は、嶺月の夫の林惟堯によって命名されたものであった。嶺月『跟主婦朋友談天』財団法人洪建全教育文化基金会、一九八七年、四―五頁。
(24) 嶺月『経営家庭不忘経営自己』海飛麗出版公司、一九九三年、九二―九三頁。
(25) 嶺月『経営家庭不忘経営自己』海飛麗出版公司、一九九三年、九九頁。
(26) 陳欣欣「一位最令人懐念的老三甲同学」林惟堯・林武憲・林宜和編『嶺上的月光』健行出版社、二〇〇四年、二四五頁。
(27) 嶺月『老三甲的故事』文経社、一九九一年、三八頁。
(28) 嶺月『老三甲的故事』文経社、一九九一年、四〇頁。
(29) 嶺月『老三甲的故事』文経社、一九九一年、一二八―一二九頁。
(30) 嶺月『老三甲的故事』文経社、一九九一年、一三五頁。
(31) 嶺月『老三甲的故事』文経社、一九九一年、一二三頁。
(32) 丁淑卿『革命者勳：譚人鳳的故事』一九八二年、近代中国出版社。丁淑卿『光復節的故事（光復日の物語）』一九八三年。ちなみに、近代中国青少年通俗読物叢書と近代中国児童連環図画叢書は、いずれも第一期から第三期まで刊行された。
(33) 嶺月『経営家庭不忘経営自己』海飛麗出版公司、一九九三年、一八三頁。
(34) 「台湾民衆台湾人／中国人認同趨勢分佈（一九九二年〇六月～二〇一九年〇六月）」政治大学選挙研究中心、https://esc.nccu.edu.tw/course/news.php?Sn=166#（二〇一九年八月三一日アクセス）。
(35) 嶺月『老三甲的故事』文経社、一九九一年、二〇五頁。

(36) 嶺月『老三甲的故事』文経社、一九九一年、二一〇頁。
(37) 嶺月『老三甲的故事』文経社、一九九一年、二一三頁。
(38) 林武憲「創作及翻譯並重—嶺月研究資料目錄」『全国新書資訊月刊』二〇〇四年七月号、六三頁。
(39) 林惟堯・林武憲・林宜和編『嶺上的月光』健行出版社、二〇〇四年、一一頁。

第九章　戦後の台湾農村における学歴と教職

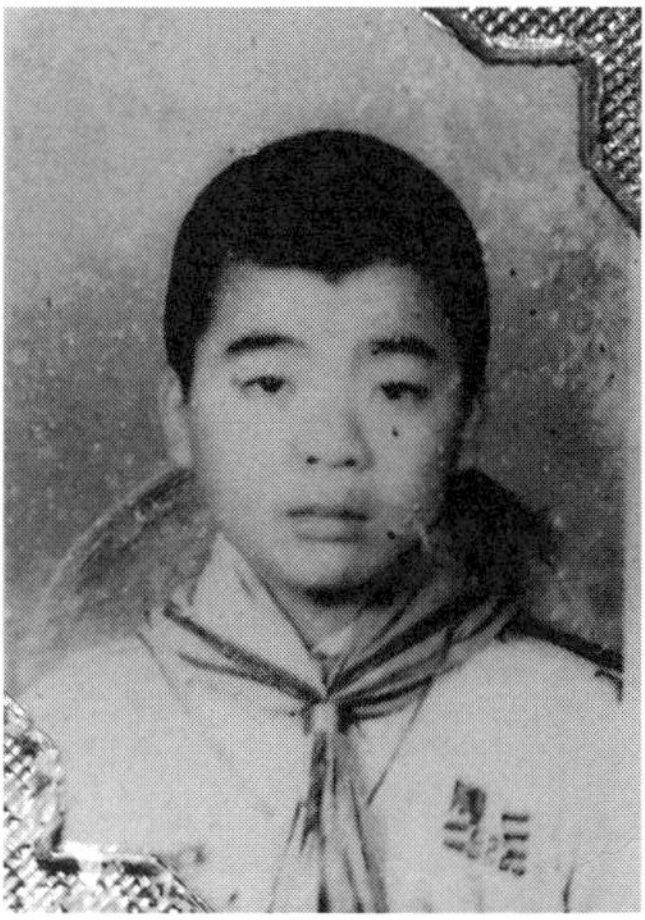

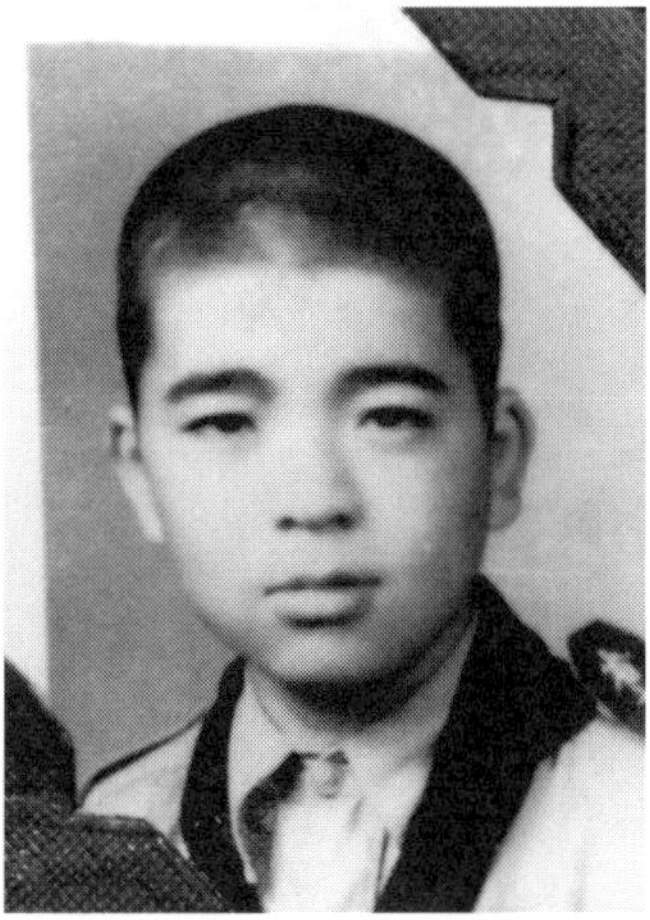

左：二林農業職業学校初級部在学中の洪屋（1952 年）
右：彰化中学初中部在学中の洪武俊（1957 年）
左は洪淑芬提供，右は本人提供

はじめに

戦後台湾の学校教育を対象とする日本国内の研究は、その「中国化」教育のイデオロギー性に高い関心を示してきた。脱植民地の過程を再中国化の一環として捉え、新たな「中華民国」国民の創造の観点から、その教育史を検証し、批判を加えるものが主流であった。戦後台湾教育のイデオロギー性を対象とする研究は数多く、ここで列挙することは控えるが、筆者の問題関心に比較的近いものとして、山﨑直也の研究のみを挙げておきたい(1)。氏は戦後台湾教育の二面性を指摘し、先行研究がそのうちの「一元化、集権化、イデオロギー化」という負の側面のみを過度に強調する傾向があったと警鐘を鳴らすとともに、もう一つの「初等・中等教育の順調な量的拡大、すなわち教育の大衆化」という側面にも目を向けるべきだと主張する。なぜなら、それはその後の「台湾の経済的・政治的な発展」を可能にしたからである(2)。筆者は氏の見解に同意するものであるが、積極的な意味を持ちうるこの側面について、とくに教育を受けた当事者、なかでも教育が拡大していく過程での「新参者」の視点から新しい考察を行いたい。

本章は、教育理念やそこに内包される政治的意図に目を向けるよりも、義務教育の実現、進学における新しい選択肢の出現により、戦後台湾社会の民衆層にもたらされた社会学的な影響を明らかにしたい。とりわけ農山漁村の台湾人家庭は、日本植民統治期の半世紀にわたり、近代学校教育の埒外に排除されていた。このような「周縁化された多数」は、戦後教育を受けることで初めて学歴や職歴を獲得し、現代台湾社会の市民層を形成する土台となった。以上の視点に基づく本章の考察は、国民党政府の教育政策を功績として肯定・再評価するようなものではない。本章のアプローチは、具体的な農村家族を対象に、戦後教育を受けた世代のライフ・ストーリーを分析するものである。戦後教育が展開されるなか、彼らはいかに外部の変化を意識し、出身家庭や地域をめぐる経済的、文化的な諸条件と折り合いをつけながら、中等以上の学歴を獲得し、職歴を築き、ひいてはそれが自身および家族にいかなる影響を与えたのか、本章はこれらの諸点について考察する。家族史、オーラル・ヒストリー研究の手法を通して、農山漁村の民衆層を主体とした、戦後台湾社会史の再構築を試みたいのである。

本章の目的は台湾の農村家族を対象に、中等以上の学歴と教職の獲得の社会史的な意味を分析することである。具体的には家族史を軸に、学歴と教職の機能といった二つの視角からその特徴を明らかにしたい。ここで使用する資料は三種類に分けられる。第一に、戦後初期の台湾教育に関連する文献史料と新聞記事、第二に、調査地である彰化県芳苑郷の地方誌と統計資料、第三に、康家の家族構成員を対象に実施した聞き取り調査、未公刊の回想録などである。なお、プライバシー保護の観点から、聞き取り対象者についてはすべて仮名を使用する。

芳苑郷は台湾中部の彰化県南西部に位置し、台湾海峡に面した、土地面積は県内で二番目に広い地方自治体である。日本統治期の行政区画では台中州沙山庄となっており、戦後、現地名に変更さ

牡蠣採取のため海に入る牛車（魏清水提供）

れた。同郷は芳苑、路上、王功、草湖、漢宝という五つの区からなっている。台湾一長い河川である濁水渓の旧河道にできた扇状地の一部であるため、土壌には砂と塩分が比較的多く含まれており、大部分の土地は水稲栽培に向かず痩せた畑となっている。そのため、彰化県の主要な作物は米であるのに対し、芳苑の主要な作物はサツマイモ、落花生、トウモロコシなどの雑穀類であった(3)。農業所得が少ないため、兼業が普遍的であり、牡蠣の養殖、近海漁撈、臨時雇い、養鶏、養豚などが盛んである。

芳苑郷の人口について、日本統治期に残された最後の統計では、一九四一年に二万六八六七人となっている。終戦をはさんだ約一〇年間は当地の統計資料がなく、戦後最初の記録は一九五〇年の三万三六七三人であった。戦後は一九七〇年の四万九五三二人をピークに、その後は移出により徐

表5　芳苑の人口動態

年	総数	移出人数	移入人数	社会増減数
1940	26,416			
1941	26,867			
≀				≀
1950	33,673			
1951	34,768			
1952	35,442			
1953	36,810			
1954	37,722			
1955	38,498			
1956	39,527			
1957	40,090			
1958	41,022			
1959	41,979			
1960	42,376			
1961	43,308			
1962	44,268			
1963	45,209			
1964	46,392			
1965	47,257			
1966	48,141			
1967	48,907	2,593	2,879	−286
1968	48,680	2,111	3,650	−1,539
1969	49,424	2,384	2,923	−539
1970	49,532	1,479	2,528	−1,049
1971	49,358	1,192	2,496	−1,304
1972	48,912	1,201	2,714	−1,513
1973	48,272	1,429	3,147	−1,718
1974	47,662	1,540	3,194	−1,654
1975	47,479	1,714	3,002	−1,288

出所：陳静瑜『芳苑郷志：社会編』芳苑郷公所，1997年，41，44，46頁をもとに筆者作成。

図 10　康家の家族構成

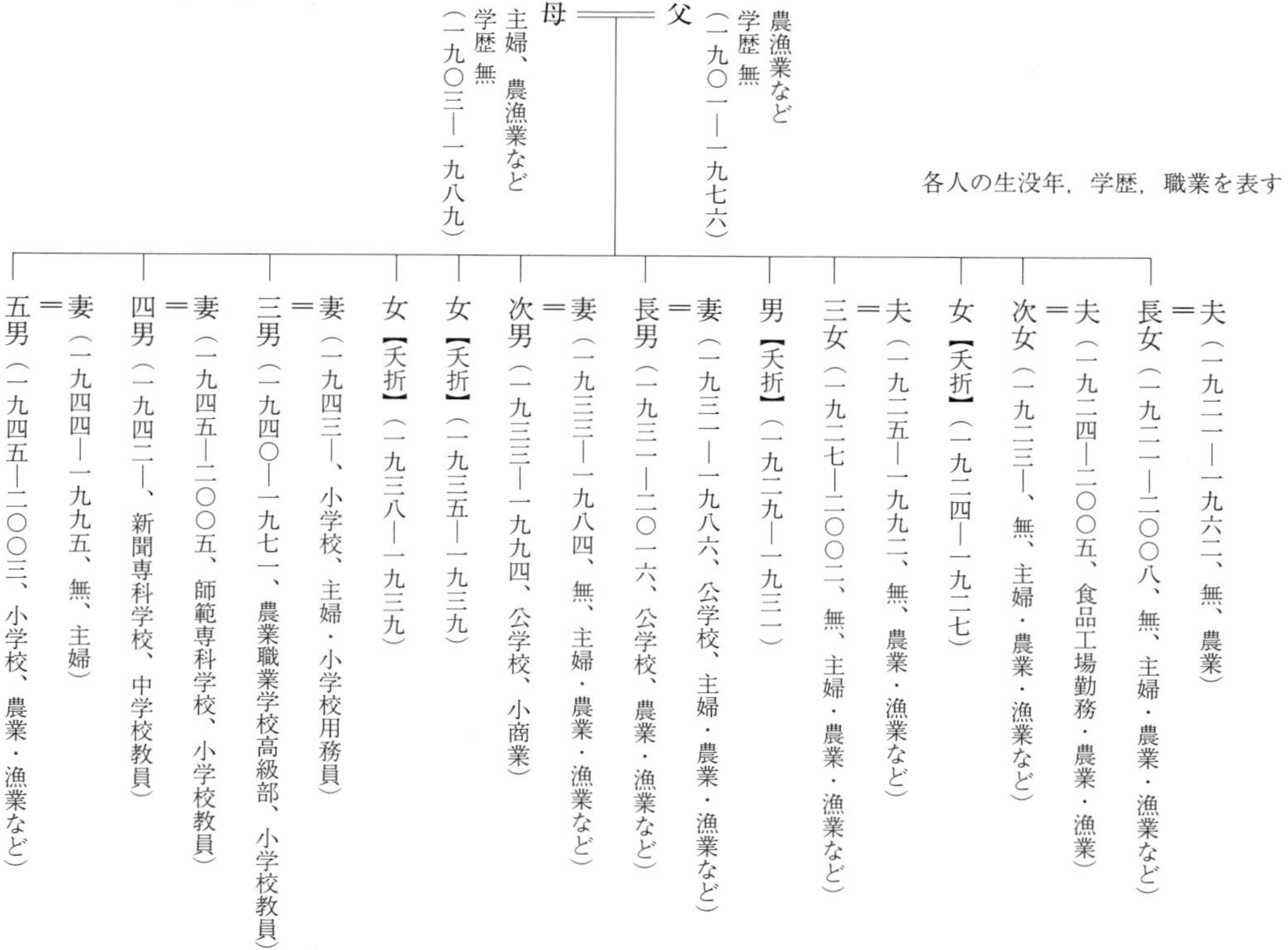

各人の生没年，学歴，職業を表す
父（一九〇一―一九七六）学歴無　農漁業など
母（一九〇三―一九八九）学歴無　主婦、農漁業など
長女（一九二一―二〇〇八、無、主婦・農業・漁業など）
＝夫（一九二一―一九六二、無、農業）
次女（一九二三―、無、主婦・農業・漁業など）
＝夫（一九二四―二〇〇五、食品工場勤務・農業・漁業）
女【夭折】（一九二四―一九二七）
三女（一九二七―二〇〇二、無、主婦・農業・漁業など）
＝夫（一九二五―一九九二、無、農業・漁業など）
男【夭折】（一九二九―一九三一）
長男（一九三一―二〇一六、公学校、農業・漁業など）
＝妻（一九三一―一九八六、公学校、主婦・農業・漁業など）
次男（一九三三―一九九四、公学校、小商業）
＝妻（一九三三―一九八四、無、主婦・農業・漁業など）
女【夭折】（一九三五―一九三九）
女【夭折】（一九三八―一九三九）
三男（一九四〇―一九七一、農業職業学校高級部、小学校教員）
＝妻（一九四三―、小学校、主婦・小学校用務員）
四男（一九四二―、新聞専科学校、中学校教員）
＝妻（一九四五―二〇〇五、師範専科学校、小学校教員）
五男（一九四五―二〇〇三、小学校、農業・漁業など）
＝妻（一九四四―一九九五、無、主婦）

々に減少する傾向を見せた。また、記録のある一九六七年以降、芳苑の移出人数は移入人数を常に上回っている。社会増減は一九六八年以降ほぼ毎年マイナス一〇〇〇人程度が続き、とくに一九七二〜一九七四年の社会増減数は、三年間連続で一五〇〇人を超えた[4]（表5）。

本章の調査対象となる康家は、芳苑郷の芳苑区信義村[5]に代々居住する半農半漁の一族であった。トウモロコシ、落花生、サツマイモなどを栽培するかたわら、牡蠣養殖、鶏や豚の飼育、臨時雇いなどで生計を立てていた。康家は子ども女三人、男五人[6]の大家族であった（図10）。一九〇一年生まれの父親と一九〇三年生まれの母親はともに学校教育を受けたことがなかった。上の三人姉妹の康蜜、康婉、康彩はいずれも一九二〇年代の生まれである。日本統治期には、農村部における初等教育機関は未整備で、また当時は女性に教育機会を与えることはめったになく、姉妹は親世代と同様、学校に通った経験はなかった。結婚前には両親の農漁業関係の諸作業を手伝っていた。義務教育などなかった時代に生まれた次女の婉に、学校に通いたいと思ったことがあるかと筆者が尋ねると、九〇歳の彼女は頭を横に振りながら「めっそうもない（不敢想）」と答えた[7]。この家庭で初めて教育を受けたのは、一九三一年生まれの長男、武恭であった。「（公学校で）勉強しても、しなかったようなもんだ」と聞き取り調査の際に繰り返し筆者に語った。彼は公学校を卒業後、進学はしなかった。公学校卒という学歴に対する本人の評価は決して高くはない[8]。一九三三年生まれの次男武超は、公学校の三、四年生まで通っていたが、その後は続かなかった。学業が中断してしまった外的要素の一つとしては、一九四三年以降の全島空襲と戦争動員により、通常の授業が困難となった状況が挙げられるだろう。こうして八人の兄弟姉妹のなかで、三男の武屋と四男の武強が初めて中等以上の教育を受けた子どもとなった。

以下では三男武屋と四男武強のライフ・ストーリーを中心に、①小学校への就学、②中等学校以上への進学、③小中学校における教職の獲得、という三つの転換点に即して考察を行いたい。

1 就学——義務教育と戦後農村家庭

三男武屋と四男武強が教育を受けたのは、戦後の台湾が中華民国の統治下に置かれた時期であった。武屋は一九四六年に小学校に入学、一九五二年に卒業後、県立二林農業職業学校初級部に合格、一九五五年に同校高級部に進学した。武強は一族の敷地内に開設された漢学塾に通った関係で、小学校へ入学したのは一九五一年、一〇歳の時だった。一九五七年、小学校卒業と同時に県内屈指の彰化中学の初中部（初等部、中学校に相当）に合格した。さらに一九六〇年、台中市にある台湾省立台中第一中学の高中部（高等部、高校に相当）に合格して進学した。一九六三年に台北市の私立世界新聞専科学校に入学し、家族内で初めて、高等教育の学歴保有者となった。

義務教育は日本統治期の一九四三年から実施され、一九四四年には台湾人生徒の就学率が七一・三一%に達したと、植民統治の「功績」として大いに喧伝された。しかし①都市部と農村部の格差、②男女の格差、また③空襲と疎開が日常化するなかで、学校の授業はしばしば困難となったことなどを考えれば、この就学率の実際の意義については慎重な検証を要する。戦後も、中華民国の教育政策の一環として義務教育は引き続き実施され、児童は空襲に妨げられることなく安心して通学できるようになった。戦後初期、台湾全体の学齢児童の就学率は一九四五年に八〇・〇一%と記録されたものの、その後の一九四六年に七八・五六%、一九四七年に七九・〇二%、一九四八年に七七・一四%、一九四九年に七九・〇七%、一九五〇年に七九・九八%、一九五一年に八一・四九%（一九五八年には九四・八四%）に達した[9]（表6）。戦前一九四四年の台湾人生徒の就学率七一・三一%に比べて確かに上昇しているが、劇的な増加とは言い難い。その背後には、戦後初期の不安定な政局や、戦災からの再建の遅れ、とりわけ学校現場では教員や物資、設備の不足が深刻だったことが指摘できる。

戦後、芳苑の児童就学に関する最初の統計は一九五八年のものである。同年、芳苑の学齢児童（満六～一二歳）は男児三八四四人、女児三五六六人の合計七四一〇人であった。これに対し、実際の在学者は男児二九九六人、女児二〇二三人の合計五〇一九人であり、在学率は六七・七三%であった[10]。これは三男武屋と四男武強が小学校を卒業した後の数字である。計算方法は全国の統計とはやや異なるものの、芳苑は海辺の村であり、就学状況も全国平均を下回る傾向にあったことがわかる。

戦後初期の台湾農村の子ども（康家では一九四六年に三男武屋、一九五一年に四男武強と五男武立）の就学を可能にした条件として、以下の諸点が挙げられる。

第一に、義務教育の戦後における拡充である。これにより教育が無償化され、小学校に通うこと自体は特別ではなくなった。先行研究によれば、台湾の小学生が増加したのは、一九五三年以前では、主として就学率の上昇が要因であった。これに対し一九五四年以降は、義務教育の就学率はすでに九〇%以上に達し、むしろ人口増による要因が大きくなった(11)。三兄弟が学校に通えた背景に、就学の大衆化という外部環境の変化があったのである。ただし、この点について過大評価を与えることは避けたい。農村では、無就学の学齢児童をたとえ把握しても対策は採らなかったからである。たとえば、武強の場合、学齢期に達しても学校や村の教育関係者が家に催促にやって来ることはなかった。同じ時期に、中国大陸の広東省潮州出身の李秀逸という人が康家の敷地内で漢学塾を開いたため、信義村内の男児一〇数名は皆、そこに通うようになった。李は『初学指南尺牘』を教材と

表6　学齢児童の就学率

年	就学率(%)
1944	71.31
1945	80.01
1946	78.56
1947	79.02
1948	77.14
1949	79.07
1950	79.98
1951	81.49
1952	84.00
1953	87.75
1954	90.83
1955	92.33
1956	93.82
1957	94.61
1958	94.84

出所：台湾省政府教育廳編『進展中的台湾教育』台湾省政府教育廳，1956年，20頁。彭台臨「台湾地区人口変動與国民教育発展」『人口学刊』1990年，23頁をもとに筆者作成。

して、書簡文を中心とする授業を閩南語で行った。武強は以下のように記している。「おおよそ二年間で李先生は塾をたたみ、芳苑を離れた。この二年間は子どもにとり非常に貴重な経験となったが、そのため学齢期に小学校に入学するタイミングを逃してしまった。漢学塾に通う子どもは、小学校の教員が生徒を折檻するという噂をしばしば耳にしていた。その恐怖心のため、学齢期になっても小学校に入る意欲が起きなかった。親は子どもが漢学塾に行っても小学校と同じ〈勉学〉とみなし、とくに気にもしなかった。しかも漢学塾は夜間に開かれるので、昼には子どもは家畜の飼育、幼児の世話などさまざまな家事を手伝うことができるため、親は農作業に専念できる、というメリットもあった。不思議なことに、多くの学齢児童が入学しなかったのに、学校側は家庭訪問もしなかった。李先生の塾が無くなってから、みなようやく小学校に行くことを考えるようになった。このように、一九四九年に入学するはずだった私は、二年遅れて一九五一年に小学校の新入生となり、下の弟と同級生となった。遅れて就学した私たちのせいで、この年の新入生の人数は増加し、しかも増加分の生徒は全員、信義村の子で、同じクラスに入れられることになった」[12]。このように、戦後初期になると義務教育によって就学の敷居は下がったが、しかし全国の就学率との格差からもわかるように、保護者や現地の学校当局の対応如何で、農村児童は未就学でも放置されることもあり得た。とまれ、比較的不利な教育環境にあったにもかかわらず、武屋と武強の二兄弟は、何とか学校の門をくぐることができたのである。

第二の条件として、家庭労働力の需要にある程度余裕が生じたことである。たとえ初等教育が無償であっても、従来の農村家庭では子どもの労働力は欠かせなかった。しかし図10の家族構成が示しているように、家庭内には両親とともに農業・漁業労働に従事できる年長の兄弟姉妹が複数いた。日本統治期に公学校に通った武恭は、戦前の「勉学しても、しなかったようなもの」であった原因の一つとして、長男として家庭の労働に従事しなければならなかったことを挙げた。[13] これに対し、武屋と武強が小学校に入学したときには、これまでの家庭労働の担い手であった三人の姉が次々と結婚して家を出たものの、長男武恭と次男武超が代わりに重要な働き手となっていたため、下の兄弟二人の就学のハードルは低くなっていたのである。

第三に、本人の勉学意欲である。そもそも農村の父母は子女の就学に積極的ではないので、子どもも自身が消極的であっても、ほとんど就学を強制することはない。たとえば、一九五一年に小学校に入学した五男の武立は三年生で中退してしまったが、この時、両親もとくに反対はしなかった。一九六一年の台湾全体の小学校新入生の六年後の卒業率は八七%であり、一三%の脱落者が「文盲」として社会に送り出されたことになる。[14] 一九六〇年代に至っても教育部（文部科学省に相当）はその長期計画のなかに、一九六九年までに八九%の卒業率を達成目標と書き入れた[15]ほど、小学校の中退は義務教育を実施する過程で長い間、問題となっていたのである。もちろん、小学校中退の背景には、本人の性格を除き、勉学意欲を左右する外部要素も無視できない。当時、一クラス平均五〇人という過密な教育環境、教員の素質、授業の内容や方法なども関わっている。何らかの原因で意欲を失った生徒に対し、学校側からも家庭側からも脱落を引き止める力が働かなかったのである。

2 進学

農村は就職口が少なく、生計を立てるためには村を出て可能性を探るしかなかった。農村出身者たちの言葉を借りれば、農村を出るにあたり、「勉強のできる子は生徒として外地へ」、「勉強のできない子は労働者として外地へ」という二つのルートがある。[16]

中等学校への進学は、農村の「勉強のできる」子女にとって第二の関門であった。その際に、以下の三つの要素も影響を与える。第一に、中等学校への進学をめぐる社会環境の変化である。戦後初期に就学熱が高まるなかで、最初の初等教育世代が卒業するタイミングで、受験の過熱と中等教育の不備が新たな社会問題となった。小学校卒業後に進学を選んだ身近な事例を目の当たりし、保護者や生徒本人にとっても進学は一つの選択肢となった。山﨑直也の研究によれば、初等教育の量的拡大が進むにつれて中等教育への進学競争は苛烈となり、一九五〇年代には、いわゆる「悪性補習」[17]の問題が顕在化する。この「悪性補習」とは、中学校や初級職業学校への進学を希望する小学校卒業生の数と、受け入れ可能人数の間にズレが生じたことで起きた現象である。[18]

とくに注目したいのは、小学校当局も進学実績を重視するようになった点である。武強によれば、六年生に進級すると、各クラスの成績が優秀な生徒は一つのクラスに集められ、師範学校卒の若手教員がその担任として配属された。当時は海辺の村の小学校に正規の師範出の教員が赴任すること自体が稀であった。まもなく生徒の学力不足に気付いた担任は、厳格な態度で各教科に取り組み、クラスは勉学を重んずる雰囲気へと変わっていった。中学校入学試験の一カ月前から、担任教員は、村外在住の生徒を除き、夕食後にも学校に戻って授業を受けるよう命じた。学校側もこの教室に特別に四つの裸電球を設置し、熱意ある教員による夜間の無償指導が始まった。その結果、武強は県内トップの男子校・省立彰化中学初中部に合格し、級友らもそれぞれ志望校に受かり、芳苑小学校史上、最高の進学実績を収めたのだ。(19)

当時は、補習が大きな教育問題、深刻な社会問題としてさかんに議論され、批判を浴びた時期でもあったが、農山漁村まで広がった進学熱は、小学校卒の児童たちの人生選択に大きな影響を与えた。ここでは補習の社会的意義について再考する必要がある。当時の台湾社会では、保護者が子どもに中学校という狭き門をくぐらせるために、金をかけて放課後も長時間勉強させる都会の悪習として捉えた。児童は被害者で、金儲け目的の教員と補習用の教材業者、業績主義の小学校の食い物にされているとみなした。保護者の盲目的な上昇志向によって、子どもの幸福が犠牲にされた、などのマイナス・イメージが強調された。(20)しかしながら本章の事例からわかるように、農山漁村の補習の実態は都市部とは非常に異なる様相を呈していた。教育資源、文化資源において圧倒的に不利であった農村の、とくに比較的「勉強のできる」児童らにとっては、補習はその後の人生を拓く重要な役割を演じたのである。

ところで、当時世間にあふれた「進学至上主義」批判に対し、異議を申し立てる教育研究者もいた。そのうちの一人である徐南号は、戦後台湾の民衆層に高まった進学熱を「進学至上主義」と貶める政府やマスコミの論調を強く批判している。植民地時期に抑圧されていたぶん、戦後の初等教育の実施と教育機会の開放により、民衆の進学熱が高まったことを、政府は正確に認識していないという。政府は中国大陸の奪還を第一の目的に掲げ、長期にわたり台湾の中等教育を放置し、小中学校あわせた九年間を義務教育とするまでに時間を要した。中学校受験の過熱を招いた責任は行政側にある、と指摘している。(21)

中等教育への進学率は、戦後初期の小学校の就学率の成長に大きく影響されたことがわかる。全国の中等学校進学率を見ると一九五一年に三六・五五%、武屋が二林農業職業学校に進学した一九五二年には三三・七六%、一九五三年三五・五六%、一九五四年三八・七三%、一九五五年四三・〇三%、一九五六年四六・六九%、武強が省立彰化中学初中部に合格した一九五七年には四八・五二%に増加し、武強が中等学校の教員として就職した一九六七年には六二・二九%、義務教育実施後の県立の国民中学に転任した一九六八年には七四・六六%に達した(22)(表7)。

武強の回想によれば、一九五七年当時、芳苑小学校の一学年は五クラスあり、一クラス約五〇人で、卒業予定者は約二五〇人であった。そのうち中学校に進学できたのは、すべて「進学クラス」の生徒だった。前後の各学年の進学者もおよそ三〇~五〇人であり、卒業生の五分の一を超えない程度であった。

ちなみに芳苑全体の小学校卒業生の進学率についてはは資料が得られないが、全体の進学率は中心部に位置する芳苑小学校よりさらに低めであったと想像できる。武屋が二林農業職業学校に進学した一九五二年、芳苑の一二歳以上の小学校卒業者数は三〇二二人であった。これに対し、一九五五年に彼が同校を卒業した際、芳苑の中等学校卒業者は二四二人である。その弟の武強が芳苑小学校を卒業して彰化中学初中部に入学した一九五七年は、芳苑の小学校卒業者数は三二三六人であるのに対し、彼が同校を卒業した一九六〇年は、芳苑の中等学校卒業者は三八〇人であった[23]。兄弟が中等学校へ進学した一九五二年と一九五七年で、芳苑郷全体の同年代の卒業生で中学校に入り、順調に卒業できた者の割合は八％と一一・四％と、微増傾向にあるものの、小学校の級友のうち中等学校の学歴を取得できたのは、まだ一〇人中一人という厳しさであった。

表7　小学校卒業生の中等学校進学率

年	進学率(%)
1951	36.55
1952	33.76
1953	35.56
1954	38.73
1955	43.03
1956	46.69
1957	48.52
1958	50.30
1959	50.71
1960	51.24
1961	52.51
1962	54.36
1963	53.49
1964	55.14
1965	57.40
1966	58.95
1967	62.29
1968	74.66

出所：彭台臨「台湾地区人口変動與国民教育発展」『人口学刊』1990年，28頁をもとに筆者作成。

青年と水牛，1970 年頃，芳苑にて（洪文鎮提供）

第二に、経済面から見れば、学費が家庭に余分な負担を強いないこと、もしくは自宅通学により労働力として家庭経済にも貢献できることも、進学の重要な決め手となる。康家のなかで初めて中等教育を受けた武屋の進学先は、県立二林農業職業学校であった。学費は安く、最も重要な点として、芳苑から自転車で約二〇分しかかからず、下宿が不要であるため、出費が抑えられるだけではなく、家庭の農業や漁業労働に従事することが可能であった。そのため、武屋は卒業すると引き続き同校の高級部に進学した[24]。逆に言えば、進学にともなう生活費、下宿代などは、農家にとっては大きな負担になった。一九五七年には武強が台湾省立彰化中学の初中部に合格したが、同校は彰化県の県政府所在地の彰化市にあり、実家から通学は不可能であった。その後、父親は息子の学費のねん出に悩み、学業を諦め、家業を手伝うように武強に勧めた。また武強が卒業後、台中市にある省立台中第一中学の高中部に進学した後にも、併願して合格した台南師範学校へ進むよう父親から強く勧められた。なぜなら、師範学校ならば学費が免除されるだけではなく、公費による各種の給付があり、卒業後の小学校教員としての職業も約束され、失業のリスクを避けられるからであった。実際に当時の師範学校の男子生徒は、農家出身者が大多数であった。多くの家庭は裕福ではなく、子どもの数も多く、教育費を負担することが困難であった[25]。そのような中で師範学校の制度は農家の親にとっては格別、魅力的に映ったことだろう。積極的に息子を師範学校に進ませようとしたのも自然なことである。

中等教育の進学先をめぐっては、しばしば親世代と「できる」子の意思の齟齬が生じた。親が経済面を考えがちなのに対し、子は学友、級友の進路を意識して大学を頂点として人生を描く傾向が多く見られる。

武強は中学校に出願した時の様子を、以下のように回顧している。

「卒業後の志望校の決定と出願をどうすればよいか、私たち生徒は全くわからなかった。保護者も一部の公務員以外は、ほとんど気に留めることなく、すべて担任に任せた。当時の義務教育は六年間のみで、卒業後の進学先といえば、中学校以外には、農業、工業、商業や家政などの職業学校もあった。しかし、進学を希望する生徒の多くは、中学校を目指した。なぜなら、これは大学につながる王道だったからだ[26]」。農山漁村の出身でありながら、職業学校よりも中学校という「大学につながる王道」を強く意識した、という証言は重要である。

第三に、本人の進学意欲は同世代の動向にも強く影響された。武強によれば、近隣の同世代の友人が、成績では自分より優れていたわけでもないのに、進学の道を選んだのを見て、「自分も負けるものか」という思いで、高校、大学の進学の際に父親の苦言にもかかわらず、一歩も譲らなかったという。しかし、こうした友人らの家庭状況を見ると、村長や地方公務員など、いわゆる地元の名士の親を持つことが多く、自分は「まさに身の程知らずの子」であったと、武強は若き日を回顧している。そして経済的に恵まれない中で、最終的には息子の夢を否定せず、尊重してくれた父親に感謝しているという。彼の進学には、兄の武屋の後押しも大きかった。中学校の入試当日、当時二林農業学校の高校三年生の武屋が試験会場まで付き添ってくれた。彰化の中学校時代と台中の高校時代に、兄がしばしば面会に訪ねてきては、異郷にあって心細い思いをしている弟を励ましてくれたという。

3　教職――安定志向、踏み石の機能

三男武屋の二林農業職業学校の高級部卒業後の進路に注目したい。まず卒業翌年の一九五九年、高卒の資格を持って台湾省地方行政人員特別採用試験（特考）を受験し、合格した。最初は台中市北区区役所の里幹事として配属されたが、おそらくは本人の希望で、ほどなく故郷の芳苑郷役所の村幹事として転属した。ここで短期間勤務した後、いまの多忙な仕事とは異なり比較的安定したイ

メージのあった教職に興味を覚え、一九六〇年に同郷の育華小学校、さらに後寮小学校の代理教師として勤めた。二年間の兵役を終えてから結婚し、一九六三年に小学校の教員検定試験に合格し、今度は正規教員として芳苑小学校に配属され、一九七一年に逝去するまで勤務していた。

ここでは農漁業から公務員、そして教員への転身が特徴である。芳苑小学校では校長謝登との信頼関係により、経理関係の行政職に抜擢され、毎月、校長が貸与したバイクで県政府所在地の彰化市へ行き、署名して全校教職員の給料を受け取るという重責を任された[27]。

また同時期には、県議員の洪勇との親交も深めた。洪勇は第五~一一回の彰化県議員を歴任し[28]、芳苑では著名な地方政治家であった。初当選した第五回(一九六一~一九六四年)から第七回までは、武屋が後援者の一人として活躍した。同郷の政治家との交友と選挙の後援活動を通じ、彼は着実に地元での人脈を固めていく。遠い親族でもあり、武屋の母親は村の日常的行事において洪勇と親交があった。武屋の外交的な性格もあり、親の代から続く人間関係はさらに強固となった。

ここには、旧来の血縁、地縁関係とは異なるタイプの社会関係を意識的に蓄積する行動様式が見られる。蓄積された社会関係により、他の家族構成員にまでその恩恵を被ることになる。たとえば、一九六七年には弟の武強が中等学校教師検定試験に合格し、正式な教員資格を得た。県立の永靖農業学校に順調に配属されたのは、同校の校長が武屋の二林農校時代の恩師であり、同じ村の出身者でもあったという人脈によるものだった。翌年、武強が結婚して妻の出身地にある中学校に転属されたときも、洪勇による協力を得ていた。また一九六九年、同じく教員であった武強の身重の妻が近隣の小学校へ異動できたのも、やはり洪勇の口利きによるものだったとされる。武強もその恩情に報いるため、兄武屋とともに洪勇の選挙活動に積極的に参与し、選挙カーに乗り、拡声器を手に応援演説を行ったこともある。武屋は一九七一年に小学校の理科教材を準備しようとして海に入り、同僚の教員三人とともに遭難し、不幸にして殉職した。妻と四人の幼い子どもが残されたが、生計を立てられず途方に暮れていたところ、洪勇や勤務校の校長の好意で、妻は小学校の用務員として雇用されることになった[29]。当時、教育機関への配属をめぐっては、学歴、資格という基本要件のほかに人脈の有無がいかに重要であったかがうかがえる。

家庭経済に恵まれない農村出身の青年は、教育費を節約するために、中等教育の段階から師範学校を進学先として選択する心理的な圧力が働いた。師範学校卒業生には教職が約束されていることは、師範ルートの利点として広く社会の共通認識となっていた。

師範学校以外の中等教育機関、さらに上級学校の学歴を取得した農村青年でも、安定した収入を得るために、教職を目指すことが少なくない。これは経済的な考慮にはとどまらない。武屋が地方公務員から教員に転職した理由は、第一に教員の給料は村幹事より高かったからであるが、第二には社会的地位が高く、とりわけ村では教員は大きな尊敬を受けていたことが挙げられる。しかし教職に就いた後も、彼はそれを一生の仕事と見なしたわけではなかった。武屋の妻への聞き取りによれば、武屋のある友人は、中華民国政府の農耕隊の一員として農業技術支援のためにアフリカに派遣された。その友人の影響で、在職中の武屋も転職を考え、選抜試験を受けようとしたが、試験当日、会場に赴く途中にバイクのタイヤがパンクし、断念せざるを得なかったという[30]。ここから、彼にとっては教職もより良い仕事に向けた「踏み石」の性格が強かったことがわかる。武強の回想によれば、勤務校、周辺地域だけではなく、当時の社会全体を見ても、小中学校教師が司法試験に合格し、裁判官、弁護士などに転身する事例も多かったという。武強自身、その後も中学校教員として勤めつつ、国家公務員試験にも挑戦し続けた。

また、高等教育を目指した若者も、卒業後に改めて教職を視野に入れるようになった事例は少なくない。実際、武強も大学受験に失敗したため、不本意ながらも台北市の私立世界新聞専科学校に入学した。それでは満足できなかった彼は、入学一年目は「仮面浪人」の形で大学受験に再挑戦するべく勉強を続けた。しかしながら、ほどなくして二つの原因により、再受験をあきらめて中等学校教員の検定試験を受け、人生の軌道修正を試みることとなった。第一に、家庭の経済条件である。再挑戦したとしても、学費の安い国立大学に合格する自信はなく、万一、私立大学に受かったとしても、四年間の学費は負担できそうもない。それよりも在籍校の残りの二年間を早く終わらせ、就職したほうが得策である。当然ながら卒業後、他の級友のように海外留学を経て「学歴補正」を行う選択肢はなかった。第二に、結婚のため早期に就職する必要が生じたことである。彼は専科学校二年生の夏、長年、交際した相手と婚約した。彼女は小学校の代用教員としてすでに一年間勤務しており、二年以上の代用教員歴を積んだうえで師範専科学校の特別師範科を受験する予定であった。そうすれば卒業と同時に正式の教員資格を取得でき、配属先も約束される。それを意識した武強は、大学生になる夢を諦め、中等学校教員の検定試験に目標を切り替えた。在学中に検定試験七科目中の四科目に合格し、一九六六年六月に卒業後、鳳山市にある陸軍軍官学校で一年間の兵役中に、残りの三科目にも合格して中等教員資格を手にいれたのである。同年、婚約者も予定通り台中師範専科学校の特別師範科に入学した。将来の教職が約束されたこの年は、「二人にとって、まさに人生の転機だった」[31]。ここからわかるように、教員になることは、安定した職を得るための近道であった。そして在職中も引き続き国家公務員試験のための勉強に取り組み、一九七四年に合格した[32]。

武強が中等学校教員になる前後の台湾の教育事情を見てみよう。当時は教員不足のため、正規の師範学校以外からも、検定試験などを通して大量に教員を補充する必要があった。とりわけ一九六八年に義務教育期間が九年と定められて教員の需要が増大し、農村青年を含め、若者に大きな機会を与えることとなった。一九六〇年代以降、中等学校に進学する人は急増し、教員不足の問題は慢性化していたが、一九六八年に義務教育期間が延びて、さらに深刻化していた。一九六七年に台湾師範大学と高雄師範学院は定員を増やしたにもかかわらず、全国の中等学校で毎年六〇〇〇〜七五〇〇人も必要になる大量の教員需要には追いつけない状況であった。そのため、大学を含む高等教育機関（大学、技術学院、専科学校）の卒業生も、その供給源として期待されたのである[33]。一九六七年、非師範系の高等教育機関卒業生を対象に、教職科目一六単位を履修した者は「中等学校教師登記及検定辦法」に適格とし、師範卒業生と同等の教員資格と待遇を付与することになった。一九七三年に同法は改正され、必要単位は二〇単位まで引き上げられたが、「二〇単位先生」と揶揄されることとなった[34]。とまれ、こうした状況が、師範卒業生を含め、多くの「勉強のできる」農山漁村の青年たちに就職口を提供した事実は無視できない。

武強が中等学校教員資格を取得したのは、既存の台湾省政府教育庁中等学校教師登記及検定委員会が実施する試験に合格できたからであったが、当時の中学校教員にあって、これはむしろ少数派であった。一九六八年に転任した中学校では、高等教育（大学、専科学校など）の学歴保持者で検定試験を受けて教員になったのは彼一人であった。彼の回想によれば、当時の勤務校の教員の経歴は、概ね三種類あった。一つ目は、高等教育（大学、専科学校など）の学歴保持者で、「先聘後訓」（まず招聘してから訓練する）の形で教職に就いた。具体的には、まず校長による招聘任命を受けて勤務しながら、土日や休暇期間を利用して、師範専科学校などで訓練を受け所要の単位を修得する[35]。全教員の三分の一程度はこのような人々であった。二つ目は、小学校教員が検定試験を受けて中等学校教員となるケースである。とくに師範学校出身者は学力が高く優秀で、中学校でも一目置かれていたという。このタイプは二番目に多かった。三つ目は、退職した外省籍[36]の軍官である。彼らは各種の軍官学校の学歴を有し、国防部退除役官兵輔導委員会により中学校に配属された[37]。

結びにかえて――農村家族における学歴、教職の機能

本章は、戦後台湾の農村家族における中等教育以上の学歴と教職の意味について、二人の青年の

ライフ・ストーリーを通して検討した。その結論は、以下のようにまとめることができる。第一に、戦後の義務教育の実施により、かつては学校教育から排除されていた農村部においても、教育機会は拡大し、上昇志向を持つ若者のライフ・コースに進学という選択肢も加わった。そこには発展の可能性が内包されていると同時に、彼らの進学と就職は、家庭の経済力や人脈の有無に左右され、種々の限界も伴っていた。第二に、学歴、そして資格の取得はキャリア・アップを保証する第一歩となるが、そのうえで社会関係を意識的に築くことは、人脈を通して学歴と資格の効用を最大限に生かし、出身家庭の経済力の不足を補う役割を果たした。第三に、経済的には恵まれない農村出身の若者にとって、教職は「潰しがきく」受け皿としての性格を持ち、その社会史的な意義は大きい。日本植民統治期に抑制されてきた民衆の教育に対する切望は、戦後の義務教育の推進と相まって噴出する。広大な農村部における従来の「周縁化された多数」は、戦後、小学校の就学者数を大いに押し上げることとなった。こうした農村児童のなかで一部の「勉強のできる子」らは、中学校、高校を目指し、激しい受験競争を通過して成人になった。そして就職先を考えるとき、小学校児童数の増加と、一九六八年に中学校まで延長された九年間の義務教育により生み出された多数の教職ポストが、彼らにとって最も魅力的かつ堅実な選択となっていったのである。

学歴を得て教職に就くという農村の「勉強のできる子」のライフ・コースは、台湾の他の農漁村でも容易に見出せるほど普遍的な現象である。家族史を中心に見ると、教員になった第一世代の文化資本は、次世代に大きな影響を与えた。親兄弟に無理を聞いてもらった彼らは、恩に報いる意味で兄弟の子どもたちに自らの教育資源を提供するとともに、一族の中で身近な、手の届く範囲の「立身出世」のモデルとなったのである。こうした家族内と世代間における資源継承に関するさらなる考察については、今後の課題としておきたい。

注

(1) 山﨑直也「九年国民教育政策の研究——戦後台湾教育の二面性の起源に関する考察」『日本台湾学会報』第三号、二〇〇一年五月、五〇—六九頁。
(2) 同、五一頁。
(3) 王良行『芳苑郷志：経済編』芳苑郷公所、一九九七年、二二—二五、三六—三八、二七七、二八四—二八五頁。
(4) 陳静瑜『芳苑郷志：社会編』芳苑郷公所、一九九七年、四一、四四、四六頁。
(5) 芳苑区は二〇一七年現在、芳苑村、芳中村、仁愛村、信義村、後寮村、五俊村、三合村、永興村の八村からなるが、日本統治期には五つの「保」に分かれ、芳苑村は一保、芳栄村（一九七八年に人口減のため、芳中村に合併）は二保、芳中村は三保、仁愛村は四保、信義村は五保であった。筆者が聞き取りを行った際には、信義村出身の複数のインフォーマントは、なお「五保」という称呼を使用した。
(6) 八人のほか、幼少期に夭折した子どもは四人いた。
(7) 康婉への聞き取り、彰化県芳苑郷、二〇一二年五月三日。
(8) 康武恭への聞き取り、台中市、二〇一三年一〇月一六日。
(9) 台湾省政府教育廳編『進展中的台湾教育』台湾省政府教育廳、一九五六年、二〇頁。彭台臨「台湾地区人口変動與国民教育発展」『人口学刊』一九九〇年、一三頁。

(10) 陳静瑜『芳苑郷志：社会編』芳苑郷公所、一九九七年、二六―二七、五五頁。厳密に言えば在学率と就学率とは異なるが、義務教育の実施後、両者の差異が小さく、また就学率算出用のデータ収集が困難であったため、二〇〇二年以降、台湾政府は学齢児童就学率の集計を中止した。中華民国教育部統計処 https://depart.moe.edu.tw/ED4500/cp.aspx?n=7A643F5D3CBE57FB&s=28AB1D16ECF7E63C を参照（二〇一七年八月二五日アクセス）。

(11) 彭台臨「台湾地区人口変動與国民教育発展」『人口学刊』一九九〇年、二二頁。

(12) 康武強「回想録」未刊稿、二〇一七年、八―一〇頁。

(13) 康武恭への聞き取り、台中市、二〇一三年一〇月一六日。

(14) 王家通「台湾の人口問題と義務教育」『慶應義塾大学大学院社会学研究科紀要』第九号、一九六九年、七二頁。

(15) 王家通「台湾の人口問題と義務教育」『慶應義塾大学大学院社会学研究科紀要』第九号、一九六九年、七二頁。

(16) 本章のインフォーマントの全員（康婉、康武恭、張菊美、康武強、康芳芬）がほぼ同様の表現を用い、当時の状況について説明したのは興味深い。

(17) 進学のための学力向上、受験対策の目的で、学校では非受験科目の授業時間が国語、算数などの受験科目に振り替えられたり、費用を徴収して放課後を補習に充てるなどした。教員は保護者の要請を受け、あるいは低い本給以外の収入を増やすため、自宅などで放課後に生徒に補習を行った。生徒は学校を終えても夜三〜四時間の授業を受け、さらにその宿題を消化し、頻繁に模擬試験を受けるようになった。

(18) 山﨑直也『戦後台湾教育とナショナル・アイデンティティ』東信堂、二〇〇九年、七三、七五―七六頁。

(19) 康武強「回想録」未刊稿、二〇一七年、八―一〇頁。

(20) たとえば、石僊「国校畢業生補習問題」『台湾教育』第三五期、一九五三年一一月、一頁。銘鑫「当前国民教育的病態」『台湾教育』第一〇九期、一九六〇年一月、七―八頁。

(21) 徐南号「台湾教育史的回顧與展望」『台湾教育史』師大書苑、一九九三年、二一九―二二〇、二二六頁。
(22) 彭台臨「台湾地区人口変動與国民教育発展」『人口学刊』一九九〇年、二八頁。
(23) 陳静瑜『芳苑郷志：社会編』芳苑郷公所、一九九七年、五七―五八頁。
(24) 一九五六年に同校は高級部を増設し、彰化県立二林農業職業学校に改制。
(25) 李園会『台湾師範教育史』南天、二〇〇一年、九三頁。
(26) 康武強「回想録」未刊稿、二〇一七年、三四頁。
(27) 康武屋の長女康芳芬、妻張菊美への聞き取り、台北市、二〇一七年三月一四日、七月九日。
(28) 彰化県議会全球資訊網歴屆議員名録 http://www.chcc.gov.tw/form/index.aspx?Parser=2,4,34（二〇二一年二月一八日アクセス）。頼盟騏「戦後彰化地方派系的起源與組織結構」『高雄応用科技大学学報』第三八期、二〇〇九年、二三三―二三四頁。
(29) 張菊美、康芳芬への聞き取り、台北市、二〇一七年三月一四日、七月九日。
(30) 張菊美への聞き取り、台北市、二〇一七年七月九日。
(31) 康武強への聞き取り、台北市、二〇一七年七月六日。および八月二七日に電話による補足調査。
(32) 康武強への聞き取り、台北市、二〇一七年七月五日。しかし彼は妻の教職と子女の教育など家庭生活の安定を優先し、居住地以外の地域に配属されるのを忌避し、取得した公務員資格を利用して転職するのは諦めたという。
(33) 李園会『台湾師範教育史』南天、二〇〇一年、二六二―二六三頁。
(34) 林永豊「台湾師範教育之演進」『台湾教育史』師大書苑、一九九三年、五二頁。
(35) 李園会『台湾師範教育史』南天、二〇〇一年、二六四頁。
(36) 戦後、国民党政権とともに台湾に移った中国大陸出身者。
(37) 康武強への聞き取り、台北市、二〇一七年七月六日。および八月二七日に電話による補足調査。武強によれば、当時、たとえ中学校校長であっても、政治命令による配属を拒否することはきわめて困難であった。

中華民国台湾の諜報、捜査機関である法務部調査局の元調査員が精神的な病を患ったため、同校に配属されるという事例さえあった。

初出一覧

第一章「理解と和解の間——「親日台湾」と歴史記憶」『言語文化』第五〇巻、二〇一三年一二月、一七—二九頁

第二章「読み書きと植民地——台湾の識字問題」『言語文化』第四九巻、二〇一二年、七五—九三頁

第三章「植民地の法と慣習——台湾社会の女児取引をめぐる諸問題」浅野豊美・松田利彦編『植民地帝国日本の法的構造』信山社、二〇〇四年、二四五—二七三頁

第四章「もう一つの「日本時代」——近現代台湾女性の識字とエンパワーメント」『中国語中国文化』第一六号、二〇一九年、三一—四六頁

第五章「彼女たちの「日本時代」——植民地台湾の製帽業にみられるジェンダー・階層・帝国」『言語文化』第五五号、二〇一九年、三五—五三頁

第六章「性別視角下的日本帝国域内移動與跨境——以台湾為中心」国際シンポジウム「日本帝国與殖民地：人流與跨境」中央研究院台湾史研究所主催、二〇一四年一〇月三日、台湾、台北市

第七章「戦争記憶與殖民地記憶：開原緑的台湾日記」『近代中国婦女史研究』第二四号、二〇一四年、四七―八二頁

第八章「ある台湾人少女の帝国後――嶺月の文学活動と脱植民地化」『言語文化』第五六号、二〇一九年、七九―九七頁

第九章「戦後台湾農村における学歴と教職」『言語文化』第五四号、二〇一八年、九一―一〇七頁

本研究は以下のＪＳＰＳ科研費の助成を受けたものである。

「植民地台湾「少国民世代」の戦後史に関する基礎研究」基盤研究(C)二〇一八年度～二〇二二年度、JP18K11809

「戦後台湾の農山漁村における家族変動の社会史」基盤研究(C)二〇一四年度～二〇一七年度、JP26360006

「台湾家族における文化資本の継承と変容：戦前・戦後を跨ぐオーラル・ヒストリーの構築」基盤研究(C)二〇一一年度～二〇一三年度、JP23510308

あとがき

故郷は台湾の彰化平原にある小さな町である。町のランド・マークでもある高くそびえたつ製糖会社の煙突を目指し、幼い頃の私は、そのすぐ脇にある小学校に通学していた。良質な砂糖を使用していたためか、製糖会社の売店で売られていた色とりどりのアイス・キャンディとオレンジ・ジュースは絶品だった。それらを目当てに、昼休みには小学生が一人、そしてまた一人と、学校の垣根を飛び越えて製糖会社の敷地内に侵入し、甘い香りの漂う売店に殺到した。午後の始業時間までに教室に戻ればいいので、私はいつも一緒に行動していた級友の家に上がり込んで過ごした。級友の家は製糖会社の職員宿舎で、緑溢れる庭付きの日本式家屋であった。

そこから約二〇キロ離れた海辺の村に、父の実家があった。休みになると父は、一家全員をスクーターに乗せて祖父母の家に向かう。父の帰省は私たちにとって小さな家族旅行のようなものでもあった。スクーターで五人乗り。今の感覚では、ありえない行為だ。フットスペースに立った私の頬を台湾海峡からの潮風が正面から強く打ちつけるなか、道路の両脇の防風林を眺めつつ四〇分ほど走り続ける。周囲に広がる蒼色のサトウキビ畑は、今でも忘れられない。

幼い頃のこの記憶に潜む土地の歴史を知ったのは、大学二年時に初めて台湾史の授業を履修した頃であった。あの製糖会社は、一九一九年に台湾人資本家辜顕栄が創業した大和製糖であり、翌年に日本の内地資本に買収され明治製糖株式会社となったこと、母校は同社の日本人職員の子女を収容する小学校であったこと、そして祖父母の村一帯は、帝国日本の糖業資本による強制買付などに抗い、農民が立ち上がった二林事件の現場であったこと。

一九世紀末から百年来の政治変動は、台湾社会の集合的記憶を絶えず揺さぶり続けてきた。一方、学校の歴史教育の内容といえば戦前の日本統治期にはいうまでもなく日本史であり、戦後の中華民国期になると中国史となった。民主化運動の成果として教科書に台湾史が正式に登場したのは、一九九〇年のなかば以降、すでに私が日本に留学してきた後のことだった。他方、歴史の記憶を語り継ぐ役割を家庭に期待することは難しかった。記憶の不確実性や非体系性という問題のみならず、世代間の言語の問題が長らく存在して、現在それは母語教育の努力により少しずつ解消されつつあるものの、今度は戦前世代が徐々に去っていく事態に直面している。

本書は、前著『近代台湾女性史――日本の植民統治と「新女性」の誕生』の出版以来、発表してきた論文や講演録をもとに再構成したものである。この約二〇年間に私の研究関心は、新たに二つの方向に広がってきた。一つ目は、複眼的な社会史の構築である。農山漁村を含む多くの台湾人が、植民地期から戦後へと加速した社会変化にいかに対応してきたのか、をめぐる問題群である。二つ目は、戦争と帝国植民地をめぐる、日本と台湾における歴史の記憶の断絶と連続の問題である。

しかし、このような論文群から構想を描いていく中で、本書がある種の「家族史」になっていることに気付いた。新作は前作でやり残した課題を遂行する中で誕生した。振り返ってみれば、本書の構想は、前作を執筆する過程ですでに芽生えたことに気付く。日本時代に纏足をやめ、学校教育を受けた新女性という集団の誕生、という近代台湾社会史の一頁を描き出しながら、自分のなかには、「もう一つの日本時代」が静かに流れていた。幼い記憶の中に鍛冶屋を経営していた母方の祖父母は、多忙な教員であった両親の代わりに私たち兄弟姉妹の面倒を見てくれた。外祖母は日本時代について色々語ってくれた。外祖父が太平洋戦争期に闇の豚肉を購入して日本人警察に連行されたり、また金属供出を強制されたとき原料の鉄を隠して捕まり、鼻から水を注入された話、倉庫の前に集まった日本人警察たちに日本語が全く分からない外祖母が立ち向かっていった武勇伝などである。

また、海辺の村でいつも私たちの帰省を笑顔で迎えてくれた父方の祖父母、伯父伯母、従兄弟姉妹たちのことも忘れられない。海辺で養殖している牡蠣を採りに、牛車に乗せてもらったこと。真夏の炎天下に伯母や従姉妹たちにくっついて、落花生を収穫しに畑に行ったものの、休憩時間に出されたデザートをペロリと平らげただけで、何の戦力にもならず情けなかったこと。思い返せば、そこには沈黙の日本時代が潜んでいたのだ。

台湾研究を進めれば進めるほど、そこにはないもう一つの台湾史をつねに意識するようになった。後ろめたさを感じていたのは、私だけではないようだ。台湾の五大名門家族をテーマとしていた大

芳苑郷信義村の子どもたち（筆者の従姉妹），1960 年代
左上から時計回りに洪淑芬，洪善，洪淑華，洪瑛姿

学院時代の先輩は、その研究対象である名家の近くに住んでいた彼の祖母が、日本時代に使用人の仕事を求めてその名家を訪ねたが、採用されなかった、と笑っていた。さまざまな民衆の歴史的経験を可視化することによって初めて多様な解釈が成り立つことは理解しながらも、それを語れるだけの土台が出来ていないことが心細かった。時間が掛かりすぎたことには恥じ入るしかないが、本書がともかく一つの形となって世に出ることに安堵を覚えている。

家族の過去について少しずつ話を聞けるようになったのは、大学院生になって台湾史を研究してからのことだった。祖父母と外祖父は私が小中学生のころに相次いで亡くなり、日本時代のことを一番多く教えてくれた外祖母も二〇一六年の春に他界した。その後、帰省時に訪問していた伯父伯母たちも一人また一人と、この世を去っていた。従兄弟姉妹たちは進学や就職のために都市部に出ていき、八〇年代まで賑やかだった海辺の村では、一族が住んでいた一帯はほとんど空き家になった。時間は出足の遅い私を待ってはくれなかった。

そして筆者のもう一つの家族史にも重なった。一九九二年の夏に福山の開原家を訪れた際に、自宅療養中で横になっていた誠は、体を起こして「台湾のお嬢さんか」と笑顔で迎えてくれた。しかしながら翌々年に誠が逝去したため、のちに孫嫁となった筆者は直接に義祖父に台湾時代のことを聞く機会を逃した。家族によれば、戦争と台湾時代について生前の誠はほとんど話したことはなかったという。第七章の執筆時、戦友会の刊行物に寄せた誠の回想記や、台湾人戦友からの書信を読みながら胸が熱くなった。毎年夫の実家に帰省し福山に立ち寄る際、義祖母の緑はいつも本格的なビーフンをご馳走してくれた。そこで義祖母と台湾生まれの義母は古いアルバムをめくりながら記憶を辿り、断片を照らし合わせながら、新竹での生活、引き揚げと戦後の歩みを、少しずつ教えてくれた。考えてみれば、警察官として新竹に駐在した義祖父と、日本人警察からの暴力を受けた彰化の外祖父は、あの時代にはそれぞれ支配側と被支配側に分かれていた。大学教員として奉職する中で近年、日本と台湾、また韓国や中国など複数のルーツをもつ学生が増えていることに気付く。今日では、多くの家族の記憶のなかで複数の歴史が共存し交錯している。「もう一つの日本時代」を提起することは、告発でもなく、糾弾でもない。日本と台湾の間には、戦後の民間社会の交流の中で一歩一歩、着実に築き上げてきた信頼関係があるからこそ、これからも互いの過去の歴史に向き合い、理解を深めるという、本当の意味での和解が実現できると信じている。

最後に、数えきれないほどの回数の聞き取りと、そして写真や資料の提供に快く協力してくれた洪家、魏家、開原家の皆さんに御礼申し上げたい。プライバシーの観点から本人の意思を尊重し、一部の方々については仮名で表記した。また、各論文の執筆時にも多くの方々にお世話になった。一橋大学大学院言語社会研究科の安田敏朗教授、星名宏修教授、同法学研究科の柏崎順子教授、台湾中央研究院近代史研究所の游鑑明教授、同台湾史研究所の鍾淑敏教授、陳培豊教授、国立成功大学の陳文松教授には、有益な助言をいただいた。資料収集や講演原稿の下訳については、台湾国立師範大学台湾語文系博士課程（当時）の邱比特さん、一橋大学大学院言語社会研究科博士課程（当時）の黄耀進さん、一橋大学大学院社会学研究科博士課程の松葉隼さんの協力を得た。記して謝意を表したい。

本書を構想してから、不覚にもかなりの年月が過ぎてしまった。その間、温かく励まし、細かい配慮をいただき、見捨てることなく、辛抱づよく待ち続けてくださった法政大学出版局の奥田のぞみさんに心より感謝を申し上げたい。

二〇二一年四月

洪　郁如

は　行

ま　行

や　行

ら　行

わ　行

た　行

な　行

索　引

著者

洪 郁如（こう・いくじょ／HUNG Yuru）
台湾彰化県生まれ。台湾大学法学院政治学系卒業，東京大学大学院総合文化研究科地域文化研究専攻博士課程修了，博士（学術）。現在，一橋大学大学院社会学研究科教授。専門は台湾近現代史。
主要業績：
著書に『近代台湾女性史――日本の植民統治と「新女性」の誕生』勁草書房，2001年。編著に『性別與権力』国立台湾大学出版中心，2020年。論文に「フェミニズム運動, 政党, キャンパス――近現代台湾政治と女性」『言語文化』(52), 2015年,「植民地台湾の〈モダンガール〉現象とファッションの政治化」タニ・バーロウ／伊藤るり／坂元ひろ子編『モダンガールと植民地的近代――東アジアにおける帝国・資本・ジェンダー』岩波書店，2010年,「女子高等教育の植民地的展開――私立台北女子高等学院を中心に」香川せつ子／河村貞枝編『女性と高等教育――機会拡張と社会的相克』昭和堂，2008年など。

サピエンティア　62

誰の日本時代
ジェンダー・階層・帝国の台湾史

2021年6月1日　初版第1刷発行
2022年2月1日　　　第2刷発行

著　者　洪 郁如
発行所　一般財団法人 法政大学出版局
〒102-0071　東京都千代田区富士見2-17-1
電話03（5214）5540／振替00160-6-95814
組版　村田真澄／印刷　平文社／製本　積信堂
装幀　奥定泰之

ISBN 978-4-588-60362-4　Printed in Japan